# Gŵyl y Pasg

## Deunyddiau ar gyfer oedfaon Cyfnod y Grawys a'r Pasg

Casglwyd gan
D. Ben Rees

CYHOEDDIADAU'R
GAIR

*Cyflwynedig i*
*bobl dda yr Arglwydd*
*ar hyd fy ngweinidogaeth ers 1962.*


Casglwyd gan: D Ben Rees
Golygydd: John Pritchard
Golygydd Cyffredinol: Aled Davies
Clawr: Rhys Llwyd
Mae'r cyhoeddwr yn dymuno cydnabod yn ddiolchgar gymorth Adrannau Golygyddol ac Ariannol Cyngor Llyfrau Cymru.

Oni nodir yn wahanol, daw'r dyfyniadau Beiblaidd allan o *Y Beibl Cymraeg Newydd Diwygiedig 2004,* gyda diolch i *Cymdeithas y Beibl* am bob cydweithrediad.

ISBN 978 1 85994 754 8
Argraffwyd gan Wasg Gomer



**Cyhoeddwyd gan**
**Cyhoeddiadau'r Gair, Cyngor Ysgolion Sul Cymru,**
**Ael y Bryn, Chwilog, Pwllheli, Gwynedd LL53 6SH.**
**www.ysgolsul.com**

# CYNNWYS

# RHAGAIR

Hyfrydwch mawr oedd derbyn gwahoddiad y Parchedig D. Aled Davies i baratoi'r gyfrol hon gan fod Cyhoeddiadau'r Gair wedi cyfoethogi bywyd ysbrydol unigolion, capeli ac eglwysi gyda'r holl gyfrolau a baratowyd yn ystod y ganrif hon. A dyma ychwanegiad i'r llyfrgell honno. Credaf i mi elwa yn fawr trwy'r dasg o ddod o hyd i ddaioni, cariad, caredigrwydd a gofal Duw tuag atom fel dynoliaeth yn yr Ysgrythurau yn y myfyrdodau godidog a ddetholwyd. Tystiolaeth Duw amdano ei hun yw ei fod yn drugarog a graslon (gweler Salm 111:4 a Joel 2:13) a dyna pam y cawn ein bendithio bob amser y deuwn ato ar lwybr gweddi a mawl, myfyrdod a diolchgarwch. A chredaf mai'r hyn a welir yn y gyfrol hon yw geiriau grasol. Ni ellir dweud hynny am bob cyfrol Gymraeg a aeth trwy fy nwylo yn ein cyfnod ni. Ond am y gyfrol hon, geiriau grasusol sydd i'w canfod, a'r cyfan er mwyn ein haddysg grefyddol, ein cyfoethogi fel credinwyr, a'n cynnal fel disgyblion mewn byd lle cawn ein hamgylchynu gan drybini, gweithredoedd drygionus a geiriau annoeth. Anrhydeddu Duw yw'r prif gymhelliad, a gwn o brofiad mai 'trwy ras Duw yr ydwyf yr hyn ydwyf' (1 Corinthiaid 15:10). A bu ymadroddion cyffelyb o eiddo'r Apostol Paul yn gysur cywir wrth osod y gyfrol hon at ei gilydd, a cheisio cynnal y dystiolaeth amdano mewn alltudiaeth ac yn gwerthfawrogi'r holl gyfoeth Cristnogol sydd at ein gwasanaeth fel Cymry. 'Trwy ras yr ydych yn gadwedig', y mae pob peth sydd yn perthyn i gadwedigaeth yn gwbl o ras (Effesiaid 2:5).

Defnyddiais gynnyrch yr oeddwn yn hynod o gyfarwydd ag ef, gwaith amrywiol ond ei neges er hynny'n glir ac efengylaidd. Lluniwyd llawer ohono yn wreiddiol yn Gymraeg, a chyfieithwyd deunydd Saesneg i'r Gymraeg. Ceisiais daflu'r rhwyd mor helaeth ag y medrwn gan sylweddoli nad yw'r hanfodion yn newid o gwbl, y neges fod rhaid i bechadur gael ei gymodi â Duw trwy ffydd yng Nghrist, a'i sancteiddio trwy undeb â Christ, fel y derbynio yn gyflawn o gyfiawnder yr anfeidrol, cyn iddo allu dwyn ffrwythau da, derbyniol a chymeradwy gan Dduw. (Darllener Ioan 1:16 a 15, 4:15 yn ddiymdrol).

Rhoddodd Duw drysorau i ni ar bob adeg o'r flwyddyn, ond yn arbennig yng nghyfnod y Grawys a'r Pasg, a mawr hyderaf y bydd y gyfrol hon yn gymorth i eglwysi ac arweinwyr ac aelodau, a phob un sydd yn ymchwilio, i dderbyn bendithion fyrdd. Soniai hen bobl bro fy mebyd am 'flwyddyn gwaredigion Duw', sef adeg y mae'r Efengyl yn ei grym. Wel, y Pasg a'r Grawys yn sicr yw'r adeg y mae'r Efengyl yn rymus. Ac am Iesu a'i farwol glwy', ni allwn ond dal i seinio yn orfoleddus am y waredigaeth. Gallwn ddechrau'r Grawys, ar Fercher y Lludw, yng nghwmni Daniel:

'I ti, Arglwydd, y perthyn cyfiawnder; ond heddiw fel erioed, cywilydd sydd i ni... am inni bechu yn dy erbyn. Ond y mae trugaredd a maddeuant gan yr Arglwydd ein Duw, er inni wrthryfela yn ei erbyn a gwrthod gwrando ar lais yr Arglwydd ein Duw,' a chwblhau tymor y Pasg trwy eilio Paul, yr Apostol: 'Eithr nyni, pregethu yr ydym Grist wedi ei groeshoelio, y mae'n Grist, gallu Duw a doethineb Duw.'

Gyda phob cyfrol debyg i hon y mae fy nyled yn fawr am gael defnyddio myfyrdodau a cherddi llu o bobl a mudiadau sydd yn golygu cymaint i mi. Diolch o galon. Rhaid diolch hefyd i Dr Pat Williams, blaenor yn ein heglwys yn Lerpwl, am ddarllen y drafft a chynnig gwelliannau. Teipiwyd y cyfan, gyda medr, gan Mrs Iona Bailey o Geredigion, sir fy mebyd. Gobeithiaf y caiff pawb a ddarlleno'r gyfrol fendith fawr. Gweinidog y Gair yw'r teitl a etifeddais o'm hordeiniad yn Llangeitho; a chofiaf yn barhaus yn y pulpud, fel ag yn y dasg o olygu'r gyfrol hon, eiriau John Calfin, cryn arwr i mi ers dyddiau llunio cofiant y Dr Owen Thomas, Lerpwl yn 1979:

'Nid i ddynion y rhoddodd Crist ei awdurdod ond i'w Air. A gweision y Gair yw ei weinidogion. Dylent fentro'r cyfan yn nerth y Gair hwn a'i gymhwyso i bob amgylchiad. Boed iddynt herio'r byd yn ei rym a'i falchder i ymostwng o flaen mawredd y Gair hwn; gorchymyn mawr a bach i ufuddhau; adeiladu tŷ Dduw a dymchwel teyrnas y Diafol; bugeilio'r praidd, lladd y bleiddiaid, dysgu ac annog pob un; ceryddu, cywiro ac argyhoeddi'r gwrthryfelwyr – y cwbl trwy gyfrwng Gair Duw.' Ni ellir dweud yn amgenach.

***Yr eiddoch yn yr Efengyl***
***D. Ben Rees***
***Lerpwl***

# 1. Ar drothwy'r Grawys

## Y Cymry yn Genedl

### Darllen Eseia 52:1, 7–10

Cofiwch eich bod yn genedl trwy ordeiniad Duw; am hynny, gwnewch yr hyn a allwch, i gadw'r genedl, trwy gadw'i hiaith, a phob peth gwerthfawr arall a berthyn iddi. Os byddwch anffyddlon i'ch gwlad a'ch iaith a'ch cenedl, pa fodd y gellir disgwyl i chwi fod yn ffyddlon i Dduw ac i'r ddynoliaeth? Na fydded arnoch gywilydd o'r pethau hynny sy'n eich neilltuo oddi wrth genhedloedd eraill; ac os mynnwch ddynwared y genedl nesaf atoch, dynwaredwch hi yn y pethau y mae hi yn rhagori arnoch...

Gan i Dduw eich gwneuthur yn genedl, ymgedwch yn genedl; gan iddo gymryd miloedd o flynyddoedd i ffurfio iaith addas i chwi, cedwch yr iaith honno; canys wrth gydweithio â Duw yn ei fwriad tuag atoch bydd yn haws i chwi ei gael wrth ei geisio. Pwy a ŵyr nad yw Duw wedi cadw'r Cymry yn genedl hyd yn hyn am fod ganddo waith neilltuol i'w wneuthur trwyddynt yn y byd? Ni fyddai yn niweidiol i chwi gredu hynny, pa un bynnag. Y mae llawer cenedl fach wedi myned yn genedl ddylanwadol mewn byr amser, a llawer cenedl fawr wedi cwympo megis un dydd. Y mae i genhedloedd, fel i bersonau, eu hamseroedd rhagosodedig. Ni chaffer y Cymry yn amharod pan ddelo amser eu hymweliad.

***Y Parchedig Robert Ambrose Jones (Emrys ap Iwan)***

## Gweddi adeg Gŵyl Ddewi

Ein trugarog Dad, a Thad ein cenedl a chenhedloedd daear, edrych arnom yn dy dosturi. Â'th hael ysbryd cynnal ni yn ein gwendidau a'n pryderon. Cofiwn fel y buost yn dyner tuag atom fel pobl, ac er i ni dy anghofio mor aml, eto dygaist ni i wybodaeth ohonot trwy ymroad gwŷr a gwragedd a lynodd ym mhob amgylchiad wrth yr Efengyl.

Mawrygwn di am mai gŵr amryddawn o'r enw Dewi a glywodd alwad yr Efengyl oedd nawddsant ein cenedl, ac am i Ti ei fendithio yn helaeth yn ei waith o wynebu peryglon anuniongrededd y tu mewn i'r Eglwys Geltaidd, yn ogystal â brwydro'n ddewr, wyneb yn wyneb ag anwybodaeth a rhagfarn y paganiaid a oedd yn cydoesi ag ef.

Diolchwn felly am ystyr dydd Gŵyl Ddewi, mai cofio un o'th seintiau a wnawn. Clywsom lawer tro mai sant ydyw person sy'n caru Duw ac yn dilyn yn ffyddlon yr Arglwydd Iesu Grist. Dymunwn ninnau fod ymhlith y saint, a derbyn nodweddion y rhai a alwyd gennyt yn saint, sef: ffydd fywiol ynot, argyhoeddiad o arbenigrwydd Iesu Grist fel y Duw-ddyn, dewrder yn ein proffes, ac aberth yn ein crefydd. Ar ddydd Gŵyl Ddewi, teimlwn mai tannau coll yn ein telyn ydyw'r tannau hyn, ac am hynny, ein Tad nefol, nertha ni i garu'r pethau a garodd Dewi fel un o genhadon Efengyl tangnefedd.

Diolchwn i Ti am y glendid sydd i'w weld mor aml yng ngorffennol ein cenedl; am yr emynwyr a ganodd odlau ysbrydol peraidd; am gerddorion a briododd yr emyn a'r dôn; ac am ysgolheigion a llenorion a gostrelodd feddyliau dyrchafol yng ngwisg iaith a drysorwn. Dymunwn dy gydnabod yn ddiolchgar, ein Tad nefol, am ddiwygwyr cymdeithasol, a'u tystiolaeth o blaid cymod a chyfiawnder, a welodd drais y blynyddoedd ond a fu'n gydwybod effro i'w cyd-fforddolion. Dymunwn gadw ysbryd ac aberth ein cyndadau yn wyrddlas er mwyn arbed ein hiaith rhag cael ei hanghofio. Byddwn ffyddlon i Gymru, i gyd-ddyn ac i Iesu Grist holl ddyddiau ein heinioes. Gofynnwn hyn oll yn enw ac yn haeddiant ein Harglwydd Iesu. Amen.

# 2. Y Grawys

## Gweddi yn ystod tymor y Grawys

O Dduw, yr Hwn sy'n cynnal ein hysbrydoedd ac yn llefaru wrthym o awr i awr, deuwn yn wylaidd a gostyngedig ar lwybr gweddi i'th gydnabod am holl fendithion y daith. Maddau i ni ein bod yn anobeithiol am gydnabod dy ddaioni am ein bod yn gadael i'n hunanoldeb lywio ein meddyliau, ac am ein bod yn amharod i adael i'r gorfoledd a ddaw o faddeuant yr Arglwydd ein gorfodi i gyhoeddi'n ddi-ofn wrth ein byd am deyrnas a brenhiniaeth Iesu Grist. Cadw ni rhag amharu ar dy gariad aberthol ond yn hytrach adael iddo berarogli yn ein byw, a'n gorfodi i blygu gerbron y Meddyg Da. Yng ngwahoddiad un o'th weision:

> 'O Grist, Ffisigwr mawr y byd,
> down atat â'n doluriau i gyd;
> nid oes na haint na chlwy' na chur
> na chilia dan dy ddwylo pur.'

Y Gŵr a fu ar y Groes yw ein gobaith.

> 'Down yn hyderus atat Ti,
> Ti wyddost am ein gwendid ni,
> gwellhad a geir ar glwyfau oes
> dan law y Gŵr fu ar y Groes.'

Dyro i ni nerth i hunanymwadu er mwyn Crist ac yn ei enw.

> 'Anadla arnom ni o'r nef
> falm dy drugaredd dawel gref;
> pob calon ysig, boed yn dyst
> fod hedd yn enw Iesu Grist.'

Symudir y beichiau trymion sydd yn ein llethu gan ei air o faddeuant, ac awn ymlaen wedi'n cryfhau fel y gallwn ryngu dy fodd ar air ac ar weithred. Hyn a ofynnwn yn enw ac yn haeddiant Iesu Grist, yr Hwn a'n dysgodd i ddywedyd gweddi teulu Duw, sef Gweddi'r Arglwydd:

Ein Tad yr Hwn wyt yn y nefoedd, Sancteiddier dy enw. Deled dy deyrnas. Gwneler dy ewyllys, megis yn y nef, felly ar y ddaear hefyd.

Dyro i ni heddiw ein bara beunyddiol. A maddau i ni ein dyledion, fel y maddeuwn ninnau i'n dyledwyr. Ac nac arwain ni i brofedigaeth, eithr gwared ni rhag drwg. Canys eiddot Ti yw'r deyrnas, a'r nerth a'r gogoniant, yn oes oesoedd. Amen.

## Gweddi yn y Grawys

Trown atat, Ein Tad, mewn diolchgarwch am yr Efengyl:
Efengyl a ddaeth atom mewn person a thrwy berson, Iesu o Nasareth;
Efengyl sydd i bob person, beth bynnag ei liw a'i le, ei iaith a'i genedl;
Efengyl sy'n cydio person wrth berson yn un teulu cymodlon a thangnefeddus;
Efengyl sy'n rhoi urddas i berson, yn adeiladu cymdeithas, ac yn dyrchafu cenedl.
Diolchwn yn arbennig am ddylanwad yr Efengyl ar ein cenedl ni'r Cymry, ac am y diwygiadau crefyddol pwerus a'u hetifeddion ym mhob cenhedlaeth.
Diolchwn i Ti am ddylanwad yr Efengyl ar y rhai a aeth o'n blaen ac a fu'n arloesi'r ffordd ar gyfer cenhadon Gobaith.
Diolchwn i Ti am nad wyt wedi gadael Cymru'n gwbl ddi-dyst o ddyddiau plentyndod ein cenedl hyd ein dyddiau dyrys ni.
Diolchwn i Ti am y rhai sydd heddiw'n tystio am yr hyn a gyflawnaist Ti erioed, ac yn arbennig yr hyn a gyflawnaist trwy Iesu Grist, a hefyd am yr hyn yr wyt yn ei gyflawni drwyddynt hwy.

Gweddïwn ar i Ti ein hysbrydoli ninnau i fod ar dân i dystio i Iesu Grist, a bod yn agored bob amser i Ti gyflawni rhywbeth ynom a thrwom fel y daw eraill, drwom ni, i adnabod dy gariad yn Iesu Grist. Amen.

## Gweddi'r Gynulleidfa yn y Grawys

Diolchwn yn arbennig am etifeddiaeth Gristnogol y Cymry o ddyddiau cynnar y seintiau i'r Diwygiad Protestannaidd ac i'r Diwygwyr Methodistaidd, ac am eu dylanwad ar y tirlun a'r trigolion.

Gweddïwn ar i Ti ein hysbrydoli ninnau i fod yn egnïol a brwdfrydig dros y Deyrnas, i dystio i Iesu Grist a'i wirionedd, a bod yn agored bob amser i Ti gyflawni dy wyrthiau. Ond y wyrth fwyaf oedd gwyrth y Groes:

'Fe roes ei ddwylo pur ar led,
fe wisgodd goron ddrain
er mwyn i'r brwnt gael bod yn wyn
fel hyfryd liain main.'

Ei addewid ef yw'r addewid ar ein cyfer ninnau ei ddisgyblion.

'Ac yna caf fod gydag ef
pan êl y byd ar dân,
ac edrych yn ei hyfryd wedd,
gan' harddach nag o'r blaen.'

Gweddïwn y daw eraill trwom ni i adnabod dy Gariad, O Dduw, yn Iesu Grist y Diddanydd anfonedig.
Yn ei Enw. Amen.

## Gweddi am Adnewyddiad yn y Grawys

O Arglwydd ein Duw, gweddïwn yn daerach nag erioed am adfywiad i'n ffydd a'n bywydau, ac yn arbennig i'r enwadau sy'n arddel Crist, a'r holl eglwysi sydd yn perthyn iddynt. Tydi yn unig all roddi'r adfywiad hwnnw trwy rym yr Ysbryd Glân.

'O anfon di yr Ysbryd Glân
yn enw Iesu mawr,
a'i weithrediadau megis tân –
O deued ef i lawr.'

Yr wyt, O Dduw, wedi addo rhoi i ni dy Ysbryd i'n bywhau a'n glanhau, ein puro a'n cysuro a'n cofleidio, fel y medrwn fod yn gyfryngau bendith i eraill.

'Yn ôl d'addewid fawr ei gwerth,
O Arglwydd, tywallt di
dy Ysbryd Sanctaidd gyda nerth
i weithio arnom ni.'

Ie, i weithio arnom ni sy'n chwilio yn gyson am esgusodion rhag rhoddi mwy o amser i fuddiannau'r Deyrnas, ac yn gyndyn iawn i ildio ein holl fywydau i'r Hwn a roddodd ei einioes drosom ac a'n gwnaeth yn genhadon a llysgenhadon, arweinwyr ac addolwyr yn y gymuned weddigar sydd yn gartref ysbrydol i ni bob wythnos, os dymunwn hynny.

'O'th wir ewyllys deued ef i argyhoeddi'r byd o bechod, o gyfiawnder, o farn, o gyfle, o gyfrifoldeb ac i fod yn gydwybodol bob amser dros y da a'r cyfiawn yn ein hymbiliadau gerbron Gorsedd Gras. Ac arwain etifeddion nef drwy'r anial maith i gyd. Addewaist i ni adnewyddiad calon, meddwl a deall, a dedwyddwch er mwyn i ni gefnogi pob ymdrech i fywhau cymunedau'r ffydd.'

'Yn ôl d'addewid, Iesu mawr,
yr awron anfon di
y gwir Ddiddanydd yma i lawr
i aros gyda ni.'

Dyna'n dymuniad, O Arglwydd, cael cwmni a chyfarwyddyd y Diddanydd Arall wrth dystio i'r gwirionedd am Grist Iesu ein Harglwydd. Amen.

## GWEDDI ADEG Y GRAWYS

Dros ddeugain dydd a deugain nos bu dy Unig-anedig Fab, O Dduw graslon, yn gweddïo ac yn ymprydio yn niffeithwch Jwdea i'w baratoi ei hun ar gyfer ei waith achubol yn y byd. Bendithia ninnau, dy ddisgyblion, mewn dyddiau sy'n galw am ymroddiad meddwl a chorff, yn arbennig yn nhymor y Grawys wrth i ni geisio efelychu Iesu yn ei ymgysegriad a'i ddisgyblaeth.

Wrth i ni ein paratoi ein hunain i ddilyn ôl traed ein Harglwydd a'n Gwaredwr i Jerwsalem, i Gethsemane, i Galfaria ac i fuddugoliaeth y Pasg, rho i ni yn ein bywyd Cristnogol y ddisgyblaeth honno a'n gwna ni weiniaid yn yr Ysbryd yn ddilynwyr teilwng i'th 'Annwyl Fab dy hun'.

Rho i ni ddisgyblaeth dros ein meddyliau, fel y gwrthodwn ystyried yr aflan a'r gau, a rhoi ein holl feddwl ar yr hyn sy'n wir, yn gyfiawn, yn hawddgar, ac yn gyforiog o drysorau'r Deyrnas. Rho i ni ddisgyblaeth dros ein cyrff, fel y dysgwn feistroli pob chwant a gorchfygu pob temtasiwn, a dod yn demlau addas i'th Ysbryd Glân.

Rho i ni hefyd ddisgyblaeth dros ein lleferydd, ac arbed ni rhag llefaru'r gair creulon a chableddus, fel y ceisiwn ar bob amgylchiad fod yn gymedrol a meddu ar wefus bur.

Rho i ni ddisgyblaeth yn ein gwaith beunyddiol, fel y gochelwn rhag pob diogi a diofalwch, a cheisio bob amser gyflawni d'ewyllys di yn ein holl orchwylion fel gweithwyr da a diwyd yn y gymdeithas.

Rho i ni ddisgyblaeth yn ein defosiwn, fel y byddwn yn ffyddlon mewn addoliad ac yn gyson mewn gweddi, gan roi amser bob dydd – ar ddechrau'r dydd neu ganol dydd, neu cyn gorffwys – i ddarllen y Gair a gweddïo'n ddilys.

O ddilyn Iesu yn ei hunanobaith a rhannu yng nghymdeithas ei ddioddefiadau, gad i ni hefyd gyfranogi o lawenydd ei fuddugoliaeth fawr ar y Groes ac yn yr Ardd, er mwyn ei enw. Amen.

## Grawys

**Darllen 1 Samuel 16:1–13; Salm 23; Effesiaid 5:8–14; Ioan 9:1–41**

**Cofio cyfannu Ewrop**

**Gweddi**

(Cofier os yw'r weddi'n cael ei hoffrymu yn gyhoeddus eich bod yn defnyddio'r symbolau – pridd, bara, baneri, map, Beibl, cannwyll).

**Arweinydd:**
Symbolau yw'r rhain o bethau yr ydym yn eu rhannu.
Down â pheth o bridd Ewrop, symbol o'r ddaear yr ydym yn ei rhannu.
Am y rhodd o'n genedigaeth a'n hetifeddiaeth gyffredin ...
**Pawb:**
Molwn enw'r Arglwydd.

**Arweinydd:**
Down â'r bara hwn, symbol o ffrwyth y ddaear, a llafur y bobl.
Am y rhodd o fwyd, a'r dasg gyffredin o adeiladu bywyd
ein cenhedloedd ...
**Pawb:**
Molwn enw'r Arglwydd.

**Arweinydd:**
Down â'r baneri hyn o wahanol wledydd Ewrop, symbol o'n hanes gwahanol.
Am amrywiaeth ein hetifeddiaeth gyffredin, sy'n ein cyfoethogi, nid ein gwahanu ...
**Pawb:**
Molwn enw'r Arglwydd.

**Arweinydd:**
Down â'r map o Ewrop, symbol o Ewrop sy'n ehangu ac uno.
Am y ddealltwriaeth sy'n tyfu, a'r ymdrechion ar y cyd mewn gwleidyddiaeth a masnach ...
**Pawb:**
Molwn enw'r Arglwydd.

**Arweinydd:**
Down â'n Beiblau mewn gwahanol ieithoedd, sylfaen ein ffydd gyffredin.
Am ein cyfeillach yng Nghrist, a'r dasg gyffredin o ledaenu'r Efengyl i'r cenhedloedd ...
**Pawb:**
Molwn enw'r Arglwydd.

**Arweinydd:**
Down â'r gannwyll hon, symbol o oleuni'r byd, Iesu Grist.
Am y rhodd gan Dduw i'r holl bobl, y Gair yn gnawd ...
**Pawb:**
Molwn enw'r Arglwydd.
Yn enw Iesu. Amen.

***Derek Wales***

## GWEDDI

Drwy'r hoelion, a'r coroni – draw, a'i gur,
    Drwy y gwawd a'r poeri,
  Drwy y gwinegr, dir gyni,
  Drwy ei boen fawr, derbyn fi.

***Robert ap Gwilym Ddu***

## YSTYR YMPRYDIO YN Y GRAWYS

### Darllen Jona 3

Y mae'r syniad o ympryd yn hen iawn, fel y gwelwn yn Llyfr Jona a rhannau eraill o'r Hen Destament. Ystyr y Grawys yw - y deugain niwrnod o 'ympryd' cyn Gŵyl y Pasg, a dyna bwysigrwydd y cyfnod hwn i Gristnogion pob oes.

Gwyddom fod Iesu ei hun wedi ymprydio yn ystod y deugain niwrnod cyn y temtiad. Ond mae'n amheus gennyf yn bersonol ai ymprydio rhag bwyd a wnaeth Iesu. Gall fod elfen o hynny yn bresennol, ond gwell gennyf ystyried ei ympryd fel ympryd o ran ei feddwl, ei enaid a'i ysbryd. Hwnnw yn ddiamau yw'r ympryd y galwai'r proffwyd amdano a'r ympryd sydd ei angen yn ein hanes ni'r Grawys hwn.

Cofiwn mai'r hyn sydd y tu ôl i ymprydio cywir yw ein hadnabyddiaeth ohonom ni ein hunain. Sylweddoli a wnawn ein bod yn ffaeledig ac yn gwbl amddifad o gyfiawnder Duw a grasusau adnewyddol Iesu. A bod yn gwbl onest, pobl â thraed o glai ydym; mewn geiriau eraill, pobl a syrthiodd yn fyr o'r nod, o'r uchel alwedigaeth yng Nghrist Iesu. Mae angen maddeuant arnom. Rhaid i ni gofio o hyd ac o hyd am wyrth gras Duw, a'i drugaredd a'i gariad hael at bobl. Deuwn gyda'n gilydd i wleddoedd yr Efengyl. Dywedwn gydag Ann Griffiths, yr emynyddes o Faldwyn, am ein Gwaredwr a wyddai am lwybr yr ympryd:

'Rhosyn Saron yw ei enw,
    gwyn a gwridog, teg o bryd;
ar ddeng mil y mae'n rhagori
    o wrthrychau penna'r byd:
        ffrind pechadur,
    dyma'r llywydd ar y môr.'

Ffrind pechadur yw ein cysur ni.

'Beth sydd imi mwy a wnelwyf
    ag eilunod gwael y llawr?
Tystio'r wyf nad yw eu cwmni
    i'w gystadlu â'm Iesu mawr:
        O am aros
    yn ei gariad ddyddiau f'oes.'

'Aros yn ei gariad' trwy'r Grawys a'r Pasg a'n holl fywyd.

*D. Ben Rees*

## Cyflawnder yr Iachawdwriaeth

Cyflawnder yr Iachawdwriaeth
Hyfryd lais efengyl hedd
Sydd yn galw pawb i'r wledd:
Mae gwahoddiad llawn at Grist;
Oes, i'r tlawd, newynog, trist.
Pob cyfiawnder ynddo cewch;
Dewch â chroeso, dlodion, dewch.

Cyfod, haul cyfiawnder llon:
Dyrcha dros y ddaear hon;
Aed dy belydr i bob gwlad,
Yn dy esgyll dwg iachâd:
Dos ar gynnydd, nefol ddydd;
Doed y caethion oll yn rhydd.

Talodd Crist anfeidrol Iawn
Ar y croesbren un prynhawn;
Llifodd ar Galfaria fryn
Ddŵr a gwaed i'n golchi'n wyn:
Iachawdwriaeth sydd heb drai;
Dewch i'r ffynnon, aflan rai.

Iesu gaiff y clod i gyd;
Ymaith dug bechodau'r byd:
Rhoes ei hunan yn ein lle –
Bellach beth na rydd efe?
Haleliwia! llawenhewch;
Dewch, moliennwch, byth na thewch.

***Pedr Fardd***

## Dydd Mercher Lludw
## Rho heibio!

**Darllen Eseia 58:1–12; Mathew 6:1–6, 16–21**

Rho heibio!
Dyma'r adeg o'r flwyddyn ar gyfer defod 'ymprydio'.
Rhoi rhywbeth heibio dros y Grawys.
Gwneud ympryd – mae'n draddodiad.
Ond pam?
Rhown rywbeth heibio...
...i wella'n golwg,
...i fod yn fwy heini na'n cymydog,
...i deimlo'n well,
...fel y byddi di yn sylwi arnom?

Os taw er ein lles ein hunain y gwnawn yr aberthau dibwys hyn,
ac nid i ryngu dy fodd Di,
mwy buddiol fyddai i ni ymatal rhag ymprydio.

Ymroi!
Gwell fyddai i ni ymroi.
Ymroi i rywbeth newydd dros y Grawys.
Ond beth?
Ymroi i rywbeth a all fod o gymorth ...
...i ddatod rhwymau anghyfiawnder,
...i fwydo'r newynog,
...i ddilladu'r noeth,
...i groesawu'r anghenus.

Arglwydd, yr wyt ti yn ein gweld yn y dirgel.
Yr wyt yn gwybod pryd y mae ein defodau yn ddiystyr a gwag.
Cynorthwya ni i fod yn ddiffuant –
i fod yn onest o'th flaen di a'n hunain.
Pan fydd ein calonnau yn onest a glân,
yno hefyd y byddi Di –
ein Hadnewyddwr, ein Cynhaliwr a'n Harweinydd.

*Allan o Llawlyfr Gweddi 2004–2005*

## Beth yw'r Efengyl

Beth ydyw'r Efengyl? 'Rwy'n meddwl mai John Calfin a ddywedodd unwaith nad oedd yr Efengyl yn ddim byd ond datganiad fod Duw yn Iesu Grist yn maddau i bechaduriaid. Erbyn meddwl, 'doedd yntau ond yn ailadrodd yr hyn a ddywedwyd ganrifoedd lawer o'i flaen gan awdur y llythyr cyntaf at Timotheus yn y Testament Newydd, sef fod Iesu Grist wedi dod i'r byd i gadw pechaduriaid – gan ychwanegu, fel y mae'n briodol i bob Cristion ychwanegu, mai ef ei hun oedd y pennaf o'r rheini. 'Daeth Iesu Grist i'r byd i gadw pechaduriaid, o ba rai, pennaf ydwyf fi.' Mewn brawddeg ichi, dyna'r Efengyl.

Felly, mae cyhoeddi'r Efengyl hon yn golygu gwneud dau beth. Mae'n golygu, i ddechrau, dangos i bobl eu bod nhw'n bechaduriaid – hynny yw, yn rhai sy'n anufudd i Dduw, yn torri ei orchmynion, yn elyniaethus tuag at ei hawliau arnynt, yn ei gasáu yn eu calonnau. A rhaid mynd ymhellach na hyn, rhaid dangos iddynt hefyd fod eu pechod yn golygu eu bod dan ddigofaint a chondemniad Duw ac wedi eu dedfrydu ganddo i farwolaeth dragwyddol – ac nid marwolaeth y corff yn unig ond marwolaeth ysbrydol hefyd. Mewn gair, nid pechaduriaid yn unig ydynt, ond pechaduriaid colledig.

Wedyn, wedi gwneud hyn, fe ellir mynd ymlaen i ddangos fod yna Geidwad i'r colledig, fod Iesu Grist wedi dod i'r byd i gadw pechaduriaid. Ac fe wnaeth hynny, yn y pen draw, drwy farw drostynt, marw eu marwolaeth yn eu lle. 'I mi y perthyn y diwedd yna ar grocbren', meddai Karl Barth am farwolaeth y groes. Ond nid marw'n unig a wnaeth Iesu Grist ond atgyfodi hefyd, a heddiw y mae'n cynnig i ni faddeuant a bywyd newydd o gymod â Duw, ond i ni droi cefn ar ein pechod a'n hymddiried ein hunain iddo Ef – ac nid oes terfyn byth ar y bywyd newydd hwn: y mae'n fywyd tragwyddol.

***Dr R. Geraint Gruffydd***

## Gweddïo

Y mae'n ffaith erbyn hyn fod gweddi, fynychaf yn fater o fenthyg geiriau i'w darllen, yn hytrach na chloddio am eiriau ynom ni'n hunain i'w rhannu. Cynhyrchodd 'dosbarthiadau gweddïo' y gorffennol ormod o weddiwyr a fyddai'n gorymarfer ystrydebau. Aethant allan o ffasiwn ers tro a'r her i ni heddiw, bawb ohonom, yw ail ddarganfod yr awydd i weddïo. Mae gweddi fer sy'n 'llawn awyddfryd' yn llawer tebycach o daro tant i'n cyd-addolwyr na 'darlleniad yn ôl y disgwyl'. A ninnau'n byw ynghanol argyfwng cred a gweinidogaeth, gwyliwn rhag dibynnu gormod ar lawlyfrau i siarad drosom. Ynom ni ein hunain y mae'r gweddïau mwyaf eu gwerth – ac nid oes rhaid iddynt fod yn stribed o eiriau. Y mae'n llawer haws trysori profiadau ysbrydol prin eu geiriau ac ymborthi arnynt.

*Yr Athro Hywel Teifi Edwards*

## Myfyrdod Cynddilig

Un o'r beirdd Cymraeg a ffieiddiodd ryfel oedd yr athrylithgar T. Gwynn Jones (1871-1949). Bu'r Rhyfel Byd Cyntaf yn siom enbyd iddo, a datblygodd yn ei syniadaeth yn heddychwr pybyr. Arhosai'r Parchedig E. Tegla Davies ar ei aelwyd ym mis Hydref 1917. Ac meddai Tegla: 'Mae'r hen ryfel 'ma wedi creu llawer o anffyddwyr'. Fe gafodd ateb cwbl annisgwyl ac a'i lloriodd yn llwyr gan Gwynn Jones:

'Ydy, ond wyddoch chi beth a wnaeth o i mi? Fy ngwneud yn Gristion. Roeddwn i'n meddwl bod dynoliaeth yn datblygu'n ara' a sicr, drwy addysg a datblygiad a gwareiddiad, i rywbeth niwlog a alwn ni yn Deyrnas Dduw. Heddiw 'rydw i'n gweld nad oes dim ond dau ddewis iddi – cyflawni hunanladdiad, fel mae hi'n gwneud neu ail-greadigaeth drwy'r Arglwydd Iesu Grist.'

Ac fe gafwyd campweithiau o'i ddwylo o'r darganfyddiad newydd hwn yn ei brofiad crefyddol. Cymerer i brofi'r pwynt y gerdd feistrolgar 'Cynddilig'. Yn fyr, dyma'r neges. Y mae rhyfel yn dinistrio'r wlad, yn ei rheibio'n ddidrugaredd, ac y mae dau ynfytyn yn lladd ei gilydd. Fi sydd yn eu galw yn ynfytyn, dynion ydynt i'r bardd. Gwelir dwy golomen yn codi o'r ddau gorff. Arwr y gerdd yw Cynddilig, brawd un o'r ddau a laddwyd. Tangnefeddwr ydyw fel ein Harglwydd Iesu Grist, un sy'n caru Duw a charu plant y byd. Bodlona dalu pris, sef aberthu ei einioes werthfawr ei hun, er mwyn achub caethferch rhag y bwystfilod a'r drwgweithredwyr, a gwelir tair colomen yn hedfan fel angylion yn yr awyr las uwchben. Tair colomen yn symbol perffaith, teimladwy o...

Cymod, Tangnefedd a Brawdgarwch.

Ond ni ddaeth y weledigaeth iddo

heb ddioddefaint drud.
A gwayw'i nwyd yn y gïau'n edwi,
ymgroesai, ac am ei euog rysedd,
ei ddialedd, ymgreiniodd Cynddilig,
yn y gwaed a thrwy'r rhedyn a'r gwellt,
drwy y drain a chwerwder ei drueni,
a baich ei bechod,
yn ei ing yr ymwingai
oni bu efô yn ei boen
fel marw ar gyfyl y meirwon,
y ddeugorff oedd agos
onid bod ynddo ef anadl –
pob deisyfiad fel pe bai wedi sefyll,
bod wedi peidio â byw...

Dyma ddarn sy'n dweud am yr ing a baich ei ofidiau. Cariad fel cariad Crist sydd gan Cynddilig, nid cariad sy'n mesur a phwyso, ond cariad sydd yn afradlon ac yn agored. Cariad Duw yn lledu ei gysgod amdanom ar faes y gad fel ar faes y Gymanfa. Mae'r colomennod sy'n hedfan uwchben dinistr y Somme a Bagdad yn cyhoeddi heb betruster eiliad fod y cariad nad oes terfyn arno yn gwbl anorchfygol.

Nid rhyfedd o gwbl fod y diweddar Barchedig O. M. Lloyd, Dolgellau (gŵr hynaws ei ysbryd oedd ef) yn sôn amdano yn dysgu cerddi T. Gwynn Jones ar ei gof. Dysgodd bob gair o'r campweithiau, sef 'Ymadawiad Arthur', 'Cynddilig', a rhannau helaeth o 'Gwlad y Bryniau'. Fel gweinidog ifanc yr Annibynwyr Cymraeg teithiai O. M. Lloyd ar hyd a lled Eifionydd i ddarlithio ar y testun, 'Gweithiau Gwynn Jones'. Mewn ysgrif yn y cylchgrawn byrhoedlog, *Y Llanw* dywed yn 1949: 'Anfodlon oeddwn ar glywed ei ddisgrifio fel bardd paganaidd. Barn gwbl arwynebol oedd honno, o gofio'i waith yn gyfan.'

Gwir y dywedodd, a chytunaf bob gair ag ef. Bardd gwir Gristnogol oedd T. Gwynn Jones.

***D. Ben Rees***

## Caru ein Gilydd

Wrth garu ein gilydd y dygwn fwyaf o ogoniant i Ben yr Eglwys. Mae y pen yn dioddef pan mae yr aelodau yn ymryson â'i gilydd. Tywysog Tangnefedd yw ein pen, dilynwyr tangnefedd y dylai yr aelodau fod. Mae y pen ei hun yn anweledig i'r byd, ac wrth nodweddiad yr aelodau y maent hwy yn barnu ei gymeriad ef. Mae cymeriad yr ysgolheigion yn dweud yn uchel dros neu yn erbyn yr athraw. Wrth Undeb yr Eglwys y mae y byd i gael gwybod fod Crist yn anfonedig y Tad. Nyni ydyw ei gynrychiolwyr ar y ddaear.

Dyfyniad o bregeth y Parchedig Ddr Thomas Rees, Abertawe ar eiriau o Efengyl Ioan, pennod 13, adnodau 34 a 35:

'Gorchymyn newydd yr wyf yn ei roddi i chwi, ar garu o honnoch eich gilydd; fel y cerais i chwi, ar garu o honnoch chwithau bawb eich gilydd. Wrth hyn y gwybydd pawb mai disgyblion i mi ydych, os bydd gennych gariad i'ch gilydd'.

***Gweler John Thomas, Liverpool, Cofiant y Parch. T. Rees, DD***

## Gweddi ar y Grawys

Arglwydd Iesu, y Bugail da, dewisaist wacter llym yr anialwch a'r unigrwydd llethol sydd yn y fangre honno, ac yn arbennig yr her i wynebu ar demtasiynau mawr bywyd. Diolch O! Iesu, am i ti lwyddo i oresgyn y temtasiynau hyn a chyhoeddi i ni heddiw wirioneddau yr ydym yn eu trysori.

Nid ar fara yn unig y bydd dyn fyw, gan ei fod yn dibynnu arnat Ti, Gynhaliwr y Cynhaeaf. Nid da yw grym heb egwyddor ac nid da yw rhoi Duw ar ei brawf.

Cynorthwya ninnau, weiniaid o ran y Ffydd ond awyddus o ran ein dyheadau, i ddianc o afael secwlariaeth sy'n dinistrio cymuned ac unigolion, a hefyd i gadw draw oddi wrth hud materoliaeth ddifaol, a gwagio'n calonnau a'n meddyliau a'n dwylo er mwyn dysgu yn well sut mae rhodio'n gywir ar lwybrau bywyd a derbyn yn ddiolchgar o'th ddarpariaeth yn yr Efengyl. Amen.

## Briwsion y Gair o Efengyl Mathew yn y Grawys

Dylai'r adnodau canlynol o'r Ysgrythur gael lle pwysig – blaenoriaeth yn wir – yn ein meddyliau yn ystod tymor y Grawys. Ceisiwn ddysgu'r cyfan ar gof, neu o leiaf eu hadrodd yn feunyddiol. Ie, o leiaf unwaith bob dydd hyd ddydd Gwener y Groglith. Darllenwch yr adnodau hyn:
i) Mathew 5:9; 'Gwyn eu byd y tangnefeddwyr: canys hwy a elwir yn blant i Dduw.'
ii) Mathew 7:21; 'Nid pob un sydd yn dywedyd wrthyf, Arglwydd, Arglwydd, a ddaw i mewn i deyrnas nefoedd: ond yr hwn sydd yn gwneuthur ewyllys fy Nhad yr hwn sydd yn y nefoedd.'
iii) Mathew 10:32; 'Pwy bynnag gan hynny a'm cyffeso i yng ngŵydd dynion, minnau a'i cyffesaf yntau yng ngŵydd fy Nhad yr hwn sydd yn y nefoedd.'
iv) Mathew 10:37; 'Yr hwn sydd yn caru tad neu fam yn fwy na myfi, nid yw deilwng ohonof fi: a'r neb sydd yn caru mab neu ferch yn fwy na myfi, nid yw deilwng ohonof fi.'

## Gweddi Adeg y Grawys

Clodforwn Di, O Dduw,
am lygad i weld, a holl wasanaeth ein golwg i ni;
am glustiau i glywed, a'r holl drysorau a ddaw i ni trwy ein clyw;
am lais i lefaru, a holl hyfrydwch cyfarch a siarad;
am ddwylo i weithio, i'w hagor i roi a'u plethu i weddïo;
am draed i sefyll a cherdded a rhedeg a dawnsio.

Clodforwn Di, O Dduw,
am sbectol i warchod a chynnal golwg
pan ballo'r llygaid ac am bob darpariaeth ar gyfer deillion;
am y meicrosgob i weld y bach yn fwy,
a'r telisgob i weld y pell yn agos.

Clodforwn Di, O Dduw,
am gymorth clywed fel y gall rhai trwm eu clyw wrando ar leisiau annwyl,
ac am allu clywed trwy ffôn a radio a theledu
ac am bob cynhorthwy mewn byd ac eglwys i fyddariaid.

Clodforwn Di, O Dduw,
am bob ffordd i gadw llef a llais ar dâp a record a chompiwtar,
ac am bob help i rai mud.

Clodforwn Di, O Dduw,
am bob help i rai nad yw eu cyrff yn gryf na'u dwylo'n ystwyth,
ac am bob offer i ysgafnhau caledwaith,
am beiriannau mewn ysbytai,
siopau, ffatrïoedd ac ar faes y byd i gryfhau grym dwylo dyn.

Clodforwn Di, O Dduw,
am ffon i'r cloff, a chadair olwyn ac offer i helpu'r gwan,
am bob ffordd i gludo plant i'r ysgolion,
am athrawon brwd i'w dysgu,
ac am bopeth yn ein cymdeithas
sy'n hwyluso mynd a dod o ddydd i ddydd.

Clodforwn Di, O Dduw,
yr Hwn wyt ardderchog yn dy ofal cariadus,
yn dy ragluniaeth ddoeth, ac yn dy ofal amdanom yn Iesu Grist,
yr hwn a'n dysgodd i ddweud Ei weddi Ef,
'Ein Tad...
Amen.'

## Cwestiynau ar gyfer y Grawys

**Darllen Ioan 3:1–17**

**Myfyrdod**
Arglwydd,
Mae'r Grawys yn adeg dda i ofyn cwestiynau.
Ond yn aml mae holi yn arwain at fwy o holi.
Daeth Nicodemus,
arweinydd yr Iddewon,
athro'r bobl,
ceisiwr arwyddion Duw,
atat gyda chwestiwn.

Rhoddaist ateb iddo: rhaid iddo gael ei eni o'r newydd.
Ond ni ddeallodd.
    Daeth Nicodemus,
    dyn a anwyd o gnawd,
    dyn mewn oed,
    atat gyda chwestiwn arall.

Rhoddaist ateb iddo: rhaid iddo gael ei eni o ddŵr a'r Ysbryd.
Ond ni ddeallodd hynny chwaith.
    Daeth Nicodemus –
    dyn oedd yn dyheu am ateb –
    atat eto gydag un cwestiwn mawr arall.

Rhoddaist ateb iddo: rhaid iddo dystiolaethu am fywyd, marwolaeth a bywyd newydd Mab y Dyn.

Ac fel Nicodemus, yr ydym ninnau yn ei chael hi'n anodd deall.
    Arglwydd, cynorthwya ni i ofyn cwestiynau,
    i ni gael deall,
    a chredu,
    fel y bydd i ni gael ein hachub.

***Llawlyfr Gweddi 2004–2005***

## MYFYRDOD

Weithiau ymddengys nad yw Teyrnas Nef,
Yn ôl a welwn, yn eiddo iddo Ef.

Bydd bandiau'r Filitariaeth a'r milwyr mân
Yn cuddio'r allor ac yn boddi'r gân.

Bydd yr holl offeiriaid a'r preladiaid prudd
Yn ochneidio drwy ddefodau'r Ffydd.

Breiniol a phendefig yn y sedd
Yn moli – â llaw ar garn y cledd.

A'r esgob wrthi â'i eglwysig lais,
Fel pe bai'r Duwdod yn syr o Sais.

Weithiau ymddengys nad yw Teyrnas Dduw
Ond temel o frics ar stad y byw.

Fe'i codwyd dros nos, a'r bildar balch
Yn brolio'r sement a'r colofnau calch.

Bydd y beiciau'n boen ar y llwybr cul,
A stŵr nos Sadwrn yn stomp fore Sul.

Cysegr y Sanct a phorth y byd-a-ddaw,
A chlamp o garej a chlwb ar bob llaw.

Ac oddi mewn, rhyw gennad bach o grydd
Yn mesur morfil Jona yn enw'r Ffydd.

O Grist, â llygaid llym,
        Datguddia Deyrnas Dduw,
        – Nad braint, nad rhwysg, nad grym,
Nad rhagfarn yw;
Dim ond Dy gariad yma'n awr
Yn pwnio fel gwythïen fawr.

***Rhydwen Williams***

## WELE'N SEFYLL

Wele'n sefyll rhwng y myrtwydd
        Wrthrych teilwng o fy mryd,
Er mai o ran yr wy'n adnabod
        Ei fod uwchlaw gwrthrychau'r byd;
                Henffych fore
        Y caf ei weled fel y mae.

Rhosyn Saron yw ei enw,
    Gwyn a gwridog, teg o bryd,
Ar ddeng mil y mae'n rhagori
    O wrthrychau penna'r byd;
        Ffrind pechadur,
    Dyma'i beilat ar y môr.

Beth sydd imi mwy a wnelwyf
    Ag eilunod gwael y llawr?
Tystio'r wyf nad yw eu cwmni
    I'w gystadlu â'm Iesu mawr;
        O am aros
    Yn ei gariad ddyddiau f'oes.

*Ann Griffiths*

## Gwaith yr Arglwydd

Yn dy waith y mae fy mywyd,
    Yn dy waith y mae fy hedd,
Yn dy waith dymunaf aros
    Tra bwy'r ochor hon i'r bedd;
Yn dy waith ar ôl mynd adre,
    Trwy gystuddiau rif y gwlith:
Moli'r Oen fu ar Galfaria –
    Dyma waith na dderfydd byth.

*Evan Griffiths*

## Y Bywyd

'Y ffordd a'r gwirionedd a'r bywyd'. Dyna oedd Crist, meddai Ef amdano'i hun. Y tro hwn yr ydym wedi cyrraedd yr olaf o'r termau hyn: bywyd. 'Myfi yw'r bywyd'. Beth ydyw synnwyr dweud peth felly?

Nid sôn am fywyd y corff y mae yn gymaint ag am fywyd yr ysbryd. Wrth gael eu torri i ffwrdd oddi wrth Dduw drwy eu gwrthryfel (fel yr oeddem yn sôn wrth feddwl am Grist fel y ffordd), y mae dynion wedi colli bywyd yr ysbryd. O ran eu hysbrydoedd y maent yn farw.

Nid yw marwolaeth y corff ond fel petai'n amlygu marwolaeth yr ysbryd. Ond un o'r pethau pwysicaf ynglŷn â Duw ydyw ei fod yn fyw, ac y mae'r un peth yn wir am Fab Duw, Iesu Grist. Yn wir, y mae Ioan yn dweud amdano fod ganddo yntau, fel ei Dad, fywyd ynddo'i hun a'i fod yn gallu rhoi bywyd i'r sawl a fyn. Pan fu Crist farw drosom, nid oedd modd i farwolaeth ei gadw'n gaeth ac ymhen tridiau yr oedd wedi codi'n fyw o'i fedd. A'r un modd fe all roi ei fywyd ei hun i bob un ohonom, ein gwaredu ni bob un o'r farwolaeth ysbrydol y'n ganwyd iddi.

'Sut y gall peth felly ddigwydd?' meddech. Fe all ddigwydd – fe wna ddigwydd – pan fyddwn yn gwrando ar eiriau Crist ac yn eu credu. 'Y mae'r sawl sy'n gwrando ar fy ngair i ac yn credu'r hwn a'm hanfonodd i yn meddu ar fywyd tragwyddol.' Bywyd ydyw hwn nad yw marwolaeth y corff yn mennu dim arno, bywyd sy'n cael ei nodweddu – neu a ddylai gael ei nodweddu – gan gariad a chan lawenydd. Yr wyf yn dweud 'a ddylai gael ei nodweddu' oherwydd fy mod yn ymwybodol iawn mor ddiffygiol ydyw'r gorau o ddilynwyr Crist wrth ddangos a mynegi'r bywyd hwnnw. Ond nid yw'r diffyg yn newid dim ar y ffaith fod y bywyd yn eu meddiant.

'Myfi yw'r ffordd a'r gwirionedd a'r bywyd.' 'Hwn yw fy Mab, yr Anwylyd; gwrandewch arno.' Nid rhyw eiriau diystyr o gyfnod pell yn ôl ydyw'r rhai yma. Y maent mor llawn o rym heddiw ag a fuont erioed, dim ond i ni roi cyfle iddynt. Y peth hanfodol ydyw ein bod ni, fel Mair, yn fodlon eistedd wrth draed Crist a chymryd ein dysgu ganddo, gwrando ar ei eiriau. Os gwnawn hynny, y mae gobaith i ni. Heb hynny, nid oes dim gobaith. Ganddo Ef y mae geiriau'r bywyd tragwyddol, a chan neb arall, heddiw fel erioed.

***Dr R. Geraint Gruffydd***

## Angen Aelodau am WAREDWR

Fel pobol pob capel ac eglwys Gristnogol, casgliad o bechaduriaid yw pobol Bryn Seion. Yr ydym yn un yn ein hangen am Waredwr, ac yn rhinwedd yr angen hwnnw y deuwn at ein gilydd i addoli. Y mae'r gymdeithas yno'n braf gyfun; byddai'n gyfoethocach yn yr ysbryd petaem yn gallu bwrw ein swildod a rhannu profiadau yn amlach.

***Yr Athro Hywel Teifi Edwards***

## CEISIWCH DEYRNAS DDUW

### Darllen Mathew 6

Y peth sylfaenol ar ein hagenda o ddydd i ddydd yw ceisio Teyrnas Dduw. Y mae'r Deyrnas yn eich calonnau, meddai Iesu Grist, os ydych yn gadael iddo ef ddylanwadu arnoch a thrigo ynoch. Gwrthod y Deyrnas yw gwrthod Iesu Grist, a derbyn y Deyrnas yw derbyn Iesu.

''Rwy'n dewis Iesu a'i farwol glwy'
yn Frawd a Phriod imi mwy;
ef yn Arweinydd, ef yn Ben,
i'm dwyn o'r byd i'r nefoedd wen.'

Ein braint ni felly yw hybu'r deyrnas, sef llywodraeth ddaionus Duw yn ei fyd. Cofiwn mai prif amcan yr Eglwys Gristnogol yw nid ehangu ei thiriogaeth ond hybu buddiannau'r Deyrnas, ac yn arbennig hybu'r gwerthoedd hynny fydd yn clymu ysbrydolrwydd a chyfiawnder gyda'i gilydd. Dylem weithio am undod ymhlith Cristnogion ac undod ymhlith y ddynoliaeth. Sylwch fy mod yn dweud 'undod' ac nid 'undeb'. Cymerwch Undod y Ddynoliaeth fel nod i Gristnogaeth. Daeth y teledu â ni'n agosach at ein gilydd, ond methodd y teledu â'n huno yn un teulu. Yn wir, gallwch brynu diod Coca Cola yn Asswan a Hebron a Jericho, ond mae ar yr Eifftiwr a'r Iddew a'r Palestiniad angen mwy na hynny. Mae angen i'w hysbrydoedd a'u dyheadau a'u hagwedd fod yn Un. Rydym yn byw mewn byd cyfalafol, ond mae'r weledigaeth o Undod y Ddynoliaeth yn dal yn gwbl fregus.

Y mae'r disgybl yn sylweddoli fod yr Eglwys yn llawforwyn i'r Deyrnas. Y cwestiwn sylfaenol i ni yw ansawdd ein cariad at Iesu Grist a'n hymgysegriad iddo, a llwyredd ein gwasanaeth i alwadau Teyrnas Dduw. 'Iesu, Iesu, rwyt ti'n ddigon.' Ai ceisio Teyrnas Dduw a'i gyfiawnder ef yw cymhelliad arglwyddiaethol ein bywyd? A ydym fel disgyblion o ddifrif am orseddu Crist yn ein bywyd beunyddiol a gweld yn amlwg ei ddylanwad iachusol a daionus yn treiddio i ganol cymdeithas?

*D. Ben Rees*

## Duw'r Tlawd

Cyngor buddiol oedd cyngor John Calfin i'r Eglwys Brotestannaidd yn ninas Genefa'r unfed ganrif ar bymtheg. 'Rhowch,' meddai wrth yr aelodau, 'un rhan o bedair i'r newynog, rhan arall i'r tlawd, rhan arall i'r Weinidogaeth a rhan arall i gynhaliaeth yr eglwys leol'. Dysgodd Diwinyddiaeth Rhyddhad yr Eglwys ni i gofio fod sefyllfa, cyflwr ac anghenion tlodion ein byd yn dylanwadu ar ein dealltwriaeth o Dduw. Duw'r Tlawd yw ein Duw ni, sy'n clywed cri'r dirmygedig ac sydd yn eu rhyddhau o'u trafferthion. Profiad yr ecsodus yw man cychwyn ein dealltwriaeth o'r ddiwinyddiaeth hon.

Cydnabyddwn nad problem Cymru a Chymry sydd yn Ne Amerig. Cawsom ni etifeddiaeth ffyniannus bellach er dyfodiad y Wladwriaeth Les ar ddiwedd yr Ail Ryfel Byd. Ein problem ni bellach yw anghrediniaeth, diffyg ffydd, anffyddlondeb a difaterwch. Eilunaddoliad a seciwlariaeth sydd yn ein llethu, nid tlodi'r oes o'r blaen.

Y mae Duw'r Tlawd yn ei ddatguddio ei hunan yn Iesu Grist. Ei berson hael a'i ddysgeidiaeth sy'n parchu pob enaid byw. Y mae Crist o blaid y tlodion yn ei bregethau. Mae'n eu galw hwy yn bobl y 'gwynfydau'. 'Gwyn eu byd y tlodion yn yr ysbryd: canys eiddynt yw teyrnas nefoedd.' Gwelwn Iesu yn ei Groes fel cyflwyniad o broffwydoliaeth y Gwas Dioddefus o Lyfr Eseia, a daeth pobl Dduw i weld delwedd arall o'r anfeidrol, sef Duw'r Bywyd diddiflanedig sy'n brwydro yn erbyn pob math o ddiraddio a bychanu a thrais a dinistr.

Yr Eglwys a oedd yn bwysig i'r diwinydd tanbaid Leonardo Boff oedd eglwys sy'n efengylaidd, yn syml ei hadeiladau, yn ymwrthod ag ysbryd tra arglwyddiaethol, yn tosturio, yn oddefgar, wedi ei seilio ar y Deyrnas, yn rhyddhau'r caethion, yn gweinidogaethu i'r amddifad a'r di-gefn. Eglwys y Merthyron a'r methedig, eglwys pobl llwm eu byd ond llawn o orfoledd. Mewn geiriau eraill, eglwys y bobl gyffredin, gwerin gwlad.

***D. Ben Rees***

## Y Grawys

### Darllen Mathew 4:1–4

Yn ystod tymor y Grawys byddwn yn cofio am Iesu yn yr anialwch.

Cyn mynd ati i drafod yr adran hon mae'n werth rhoi sylw i'r gair 'temtio'. Y gair Groeg yw peirazo. Pan ddefnyddiwn ni'r gair 'temtio' yn Gymraeg, mae rhyw arlliw drwg iddo, sef cymell rhywun i wneud drwg neu berswadio rhywun i gerdded y llwybr anghywir. Ond mae'r gair Groeg yn cynnwys elfen wahanol, sef 'profi' rhywun. Yn yr hanes am Abraham ar fin aberthu ei fab Isaac yn yr Hen Destament, dywed y Cyfieithiad Awdurdodedig Saesneg fod Duw wedi 'temtio' Abraham, ond dywed y Beibl Cymraeg Newydd 'rhoddodd Duw brawf ar Abraham' (Genesis 22:1). Go brin y byddai Duw wedi temtio, yn yr ystyr o arwain Abraham i wneud drwg, fel yr awgryma'r fersiwn Saesneg. Yr hyn a wna Duw yw profi teyrngarwch a ffyddlondeb Abraham. Felly, yn hanes Iesu yn yr anialwch yr hyn a geir yw Duw yn profi Iesu, sydd bellach ar gychwyn ei weinidogaeth ac yn ystyried pa lwybr i'w gymryd. Pa ffordd – ffordd Duw neu ffordd y byd? Nid mynd i'r anialwch o'i fodd a wnaeth Iesu, ond cael ei arwain gan yr Ysbryd. Ac yn yr anialwch y mae'r profwr a ddaeth yn ôl droeon yn ystod ei weinidogaeth. Profwyd Iesu i'r eithaf yng ngardd Gethsemane ond Iesu a orchfygodd, 'Ond gwneler dy ewyllys di, nid fy ewyllys i' (Luc 22:42).

O'i amgylch yn yr anialwch roedd cerrig, neu ddarnau bychain o greigiau carreg galch, oedd yn edrych yn hynod o debyg i dorthau bychain. Tybed oedd Iesu am ddefnyddio'i rym er ei fwyn ei hun, yn hunanol a hunangar? Ond roedd ochr arall i gwestiwn y profwr. Pa ddull oedd Iesu am ei ddefnyddio i ennill pobl i Dduw? Un ffordd bosibl fyddai rhoi bara iddynt; rhoi pethau materol iddynt. Onid oedd hanes y genedl o blaid gwneud hynny o gofio bod Duw wedi rhoi manna i'r bobl yn yr anialwch? Ac o gofio mai gweledigaeth fawr y proffwyd Eseia oedd, 'Ni newynant ac ni sychedant' (Eseia 49:10), oni fyddai Iesu mewn olyniaeth fawreddog pe byddai'n gwneud hyn? Ond gwrthod wnaeth Iesu, ar ddau gownt. Yn gyntaf, ceisio swcro pobl trwy roi bwyd yn eu boliau fyddai peth felly. Mae Iesu yn galw pobl i fywyd o roi yn hytrach na bywyd o gael. Nid llwgrwobrwyo pobl oedd diben ei weinidogaeth. Yn ail, cael gwared â'r symptomau heb ddelio â'r afiechyd fyddai hynny. Y cwestiwn holl bwysig i'w godi oedd, pam fod dynion yn newynu? Ai oherwydd eu ffolineb, eu diofalwch a'u hesgeulustra? Gofynnwn yr un cwestiwn yn ein dyddiau ni? Beth sy'n gyfrifol heddiw fod cymaint yn ein byd yn newynu a sychedu? Yn un peth, ein difaterwch ni. Gwelwn ar y sgrin luniau o blant a phobl mewn gwahanol rannau o'r byd yn wynebu argyfyngau: y cnydau wedi methu neu arweinwyr y gwledydd wedi anghofio amdanynt. A cheir ymgyrch fawr i gael bwyd a diod i'r trigolion. Ond ymhen ysbaid mae'r cyfan wedi'i anghofio, a does dim llawer o sôn amdanynt. Yn hytrach na'n bod yn meddwl amdanynt ac yn ceisio eu helpu'n gyson, maent wedi mynd yn angof. Beth felly yw arwyddocâd yr ymryson cyntaf hwn â'r profwr? Yr unig ffordd i gael gwared â'r 'newyn' hwn ydi dileu'r achosion, ac mae'r rhain i gyd yn deillio o galon dyn. Dyfyniad o Lyfr Deuteronomium 8:3 yw ateb Iesu i'r profwr, 'Nid ar fara yn unig y bydd rhywun fyw, ond ar bob gair sy'n dod allan o enau Duw'. Trawsffurfio pobl ydi'r cam pwysicaf.

**Myfyrdod pellach:**
Ydych chi'n credu y byddai Duw'n temtio rhywun i wneud drwg?
Ai trawsffurfio pobl oedd nod a phwrpas gweinidogaeth Iesu?

***Huw John Hughes***

## Y Grawys

### Darllen Mathew 4: 5–7

Edrychwn yn awr ar yr ail brofiad a gafodd Iesu yn yr anialwch. Y tro hwn, mae'r profwr yn newid ei ddull. Yn ôl yr hanes yn Efengyl Luc, dyma'r trydydd tro i Iesu gael ei brofi; ond mae Mathew yn ei roi yn ail yn ei efengyl ef. Wrth i Iesu hel meddyliau, mae'r profwr yn mynd ag ef a'i osod ar dŵr uchaf y deml gan ddweud wrtho, 'Os mab Duw wyt ti, bwrw dy hun i lawr; oherwydd y mae'n ysgrifenedig: "Rhydd orchymyn i'w angylion amdanat; byddant yn dy godi ar eu dwylo rhag iti daro dy droed yn erbyn carreg."' (Mathew 4:6).

Mae'n rhaid troi i dudalennau'r Hen Destament i ddechrau. Onid oedd y proffwyd Malachi wedi rhagweld, 'Wele fi'n anfon fy nghennad i baratoi fy ffordd o'm blaen; ac yn sydyn fe ddaw'r Arglwydd yr ydych yn ei geisio i mewn i'w deml' (Malachi 3:1)? Ac oni chawn addewid yn Llyfr y Salmau, 'Oherwydd rhydd orchymyn i'w angylion i'th gadw yn dy holl ffyrdd; byddant yn dy godi ar eu dwylo rhag iti daro dy droed yn erbyn carreg' (Salm 91:11–12)? Pam na ddylai Iesu, felly, ei fwrw ei hun i lawr? Adeiladwyd y deml yn Jerwsalem ar gopa mynydd Seion, oedd wedi ei lefelu'n llwyfandir, ac ar y llwyfan hwn y codwyd adeiladau'r deml. Ar un gongl, roedd Porth Solomon a'r Porth Brenhinol yn cydgyfarfod; ac yno'r oedd disgynfa serth i lawr i ddyffryn Cedron.

Ar ben to'r deml, pan fyddai llewyrch o oleuni blaen y wawr yn ddyddiol yn torri dros fryniau Hebron byddai offeiriad yn sefyll i ganu ei gorn. Arwydd oedd hwn fod awr aberth y bore wedi torri. Gyda'r cefndir hwn byddai llam Iesu o binacl y deml wedi bod yn olygfa i ryfeddu ati. Pam y gwrthododd Iesu ag ymateb i gais y profwr?

Un rheswm, mae'n debyg, yw bod unrhyw un sydd am ddenu pobl â gweithredoedd o ryfeddod a chyffro yn gorfod gwneud rhyfeddodau cyson bob gafael. Cafodd plentyn wahoddiad i barti pen-blwydd ei ffrind gorau ac fe aeth yno'n ddigon anfoddog. Pan ddaeth adref gyda'r nos, a'i rieni'n holi am hynt a helynt y dydd, ei ateb oedd, 'Roedd y parti ei hun yn iawn ond roeddwn i wedi gweld y consuriwr o'r blaen, a'r un hen driciau oedd ganddo. Doedd ganddo ddim byd newydd, cyffrous.' Mae'n debyg fod rhyfeddodau consuriwr bellach yn weithredoedd cyffredin, bob dydd. Roedd y cyffro wedi mynd ohonynt.

Yng ngwaith y deyrnas, mae gofyn i ni gymryd risg a bod yn fwy mentrus, ond nid er mwyn ein dangos ein hunain a dweud pa mor eofn a beiddgar ydyn ni. Mae'r ffydd sy'n ddibynnol ar arwyddion a rhyfeddodau yn fyrhoedlog a di-werth. Efallai mai amheuaeth sydd yma a'n bod yn chwilio am brawf, a hynny yn y lleoedd anghywir. Gwrthododd Iesu wneud sioe ohono'i hun er mwyn denu dilynwyr. 'Paid â gosod yr Arglwydd dy Dduw ar ei brawf' oedd ateb Iesu i'r profwr gan ddyfynnu o lyfr Deuteronomium (6:12). Yr hyn y mae Iesu'n ei ddweud yw – peidiwch â cheisio gweld pa mor bell y gellwch fynd efo Duw; does dim gwerth mewn rhoi eich hunain mewn sefyllfaoedd bygythiol ac yna gofyn i Dduw eich arbed a'ch cynnal.

**Myfyrdod pellach:**

Oes yna berygl i ni geisio creu cyffro a rhyfeddod yn ein haddoliad? Beth am sylw un o'r dorf, 'Os Mab Duw wyt ti … disgyn oddi ar y groes'? A gafodd Iesu ei brofi bryd hynny?

*Huw John Hughes*

## Y Grawys

### Darllen Mathew 4:8–11

Trown at y trydydd darlun y mae Iesu'n ei droi a'i drosi yn ei ben. Yn ei weledigaeth mae'n cael darlun o'r byd – y byd y daeth i'w achub. Meddai'r llais wrtho, 'Y rhain i gyd a roddaf i ti, os syrthi i lawr a'm haddoli i' (Mathew 4:9). Trown eto at Lyfr y Salmau, ac onid oes adlais o'r geiriau hyn yn yr ail Salm, 'Dywedodd wrthyf, "Fy mab wyt ti, myfi a'th genhedlodd di heddiw; gofyn, a rhoddaf iti'r cenhedloedd yn etifeddiaeth, ac eithafoedd daear yn eiddo iti"' (Salm 2:7–8).

Beth mae'r profwr yn ei ddweud wrtho'r tro hwn? Un gair yn unig – cyfaddawdu! Beth am iti ddod i delerau â mi? Paid ag anelu'n rhy uchel! Os gwnei di osod d'egwyddorion yn rhy uchel bydd pobl yn dy wrthod, a dyna dy genhadaeth ar ben! Plyga dipyn ar d'egwyddorion, a bydd pobl yn siŵr o'th ddilyn! Tyrd i delerau â'r byd! Beth am i ti geisio newid y byd trwy ddod yn un â'r byd? Unwaith eto daeth ateb Iesu gyda dyfyniad o'r Ysgrythur, o Deuteronomium 6:13 y tro hwn, 'Yr Arglwydd dy Dduw a addoli ac ef yn unig a wasanaethi' (Mathew 4:10). Mae Iesu'n dangos yn berffaith glir na ellir dileu drygioni trwy gyfaddawdu â drygioni. Nid nod Cristnogaeth yw plygu i lefel y byd ond yn hytrach codi lefel y byd i wastad Cristnogaeth.

Beth sy'n dod yn amlwg i ni ym mhrofiadau Iesu yn yr anialwch? Pa adnoddau oedd ganddo yn ei frwydr yn erbyn y profwr? Bob tro y mae'r profwr yn meddwl ei fod wedi cael y gorau arno mae Iesu'n dyfynnu o'r Ysgrythurau. Mae wedi'i fagu ar faeth y Gair, a dyma sy'n ei gynnal yn y dydd blin. Cafodd ei nerthu a'i arwain gan wirionedd y Gair. Ond mae'n rhaid cofio y gallwn ddefnyddio'r Gair i bob pwrpas dan haul a hyrddio adnodau at ein gilydd i brofi neu wrthbrofi hyn ac arall. Ond mae'n rhaid cofio un sylw gan Mathew ar ddechrau'r bennod, 'Yna arweiniwyd Iesu i'r anialwch gan yr Ysbryd, i gael ei demtio gan y diafol' (4:1). Yr Ysbryd hwn oedd yn ei gynnal a'r Ysbryd hwn oedd yn ei alluogi i amgyffred pethau Duw, fel y dywed Paul wrth aelodau'r eglwys yng Nghorinth, 'Nid yw'r rhai anianol yn derbyn pethau Ysbryd Duw, oherwydd ffolineb ydynt iddynt hwy, ac ni allant eu hamgyffred, gan mai mewn modd ysbrydol y maent yn cael eu barnu' (1 Corinthiaid 2:14). Sylweddolodd Iesu yn yr anialwch fod geiriau ei Feibl yn berthnasol i'w sefyllfa yng ngrym yr Ysbryd Glân. Yr Ysbryd hwn oedd yn ei oleuo a'i arwain.

Mae'n werth gosod profiadau'r anialwch yng nghyd-destun hanes cenedl Israel gan eu bod yn adlewyrchu'r profion y bu'n rhaid i Israel eu hwynebu. Rhoddwyd ffydd y genedl ar brawf – caniatawyd i Israel newynu er mwyn iddi ddysgu ufuddhau i Dduw, ond methu a wnaeth. Rhoddwyd teyrngarwch y genedl ar brawf – gan fynnu mai Duw yn unig a wasanaethai, ond methu a wnaeth. Rhoddwyd ffydd Israel yn Nuw ar brawf – ond dangosodd ei diffyg ffydd, a methu a wnaeth. Ond lle methodd y genedl, llwyddodd y Mab – Mab Duw – i wynebu'r profion a gweithredu'r ufudd-dod, y teyrngarwch a'r ffydd oedd mor ddiffygiol yn hanes y genedl. Gadawodd Iesu'r anialwch yn goncwerwr.

**Myfyrdod pellach:**
Ydych chi wedi cael eich profi?
Beth yn eich barn chi oedd cyfrinach dewrder Iesu yn yr anialwch?

***Huw John Hughes***

## Y Grawys

**Darlleniad: Luc 4:1–13**

**Gweddi**
Arglwydd ein Duw, trown atat ar ddechrau'r Grawys, gan ofyn am dy fendith a'th arweiniad yn ystod y tymor pwysig hwn.

Diolchwn am yr hanes a ddarllenwyd sy'n sylfaen i'r Grawys, a helpa ni i fyfyrio o'r newydd ar y digwyddiadau.

Cofiwn fod yr Ysbryd a fu'n arwain Iesu yn yr anialwch yn dymuno ein harwain ninnau, wrth i ni wynebu profiadau amrywiol yr anialwch a ddaw i gwrdd â ni yn ein bywydau. Yn ein hunigrwydd, ein siom, ein diflastod, ein dryswch, ein hanobaith, ein gofidiau a'n hanawsterau, helpa ni i sylweddoli dy fod ti yn Arglwydd ar yr anialwch hefyd, ac yn drech na holl amgylchiadau dyrys bywyd.

Meddyliwn yn arbennig am ddisgyblaeth Iesu dros y deugain niwrnod a gweddïwn am gymorth i ninnau ymddisgyblu. Rhaid i ni gydnabod, Arglwydd, ein bod ni'n gallu bod yn ddiffygiol yn ein hymroddiad i'r bywyd Cristnogol ac yn annheilwng o gael ein galw'n ddilynwyr a disgyblion i Iesu. Mor aml y byddwn yn crwydro oddi wrthyt mewn meddwl a gair a gweithred.

Cawn ein hannog gan y Gair i ganolbwyntio ar y gwir a'r anrhydeddus, y cyfiawn a'r pur, yr hawddgar a'r canmoladwy, ar bob rhinwedd sy'n haeddu clod; ac eto gwyddom ein bod yn cael ein denu mor rhwydd at y gau a'r anurddasol, yr anhaeddiannol a'r amhur.

Cawn ein hannog gan y Gair i atal y tafod rhag drwg a'r gwefusau rhag llefaru celwydd, i gyfrannu bendith a gweddïo dros bawb, ond eto gwyddom mor rhwydd y llithra allan y geiriau angharedig a'r saethau miniog i glwyfo a dilorni.

Cawn ein hannog gan y Gair i garu'n gilydd, nid ar air ac ar dafod yn unig, ond mewn gweithred a gwirionedd, ond gwyddom mor rhwydd y gadawn i gyfle fynd heibio a methu gwneud unrhyw beth dros y lleiaf o dy blant di.

Trugarha wrthym, Arglwydd, yn ein methiant, ac adnewydda ni â'th faddeuant.

Yn ystod y Grawys hwn, cynorthwya ni i'n rhoi ein hunain o'r newydd o dan iau Iesu a dysgu ganddo ef. Cyfeiria ni'n gyson at lwybrau defosiwn, i astudio'r Gair ac offrymu gweddi, fel y gallwn ddyfnhau ein bywyd ysbrydol a gwrthsefyll pob temtasiwn, fel y gwnaeth Iesu.

Mewn byd sy'n ymwrthod â phob disgyblaeth ac sy'n mynnu troi rhyddid yn benrhyddid, bydded i ni ddangos gwerth y bywyd disgybledig a'r bendithion sydd i'w cael o fyw o fewn terfynau dy fwriad a'th ewyllys.

Fel y bu i Iesu ddefnyddio'r anialwch yn gyfnod o baratoi ar gyfer ei waith o achub y byd, boed i ninnau wneud y defnydd gorau o'r tymor hwn i'n paratoi ein hunain ar gyfer y Pasg. Boed i'n golygon fod ar y groes, a boed i'n myfyrdodau ganolbwyntio ar yr aberth mawr a wnaed trosom ni, fel y bydd ein hymroddiad dros yr Efengyl a'n gwaith dros y deyrnas o'r radd flaenaf. Bydded i'n Grawys ni fod yn deilwng o'th Basg di ac o'r cariad a roddodd ei hunan yn llwyr er mwyn rhoi bywyd i'r byd.

Yn enw ac yn haeddiant dy Fab, ein Gwaredwr Iesu Grist, Amen.

***Robin Samuel***

## Y Grawys

**Darlleniad 1: Mathew 4:1–14**

**Darlleniad 2: Ioan 12:20–32**

**Gweddi**

Ein Tad nefol, wrth i ni droi atat, cynorthwya ni i wybod beth i'w ddweud – dyro drefn ar ein meddyliau; dyro rym i'n llefaru; anfon dy Ysbryd Glân i eiriol drosom ac i agor ein calonnau i ti. Gwêl ni'n plygu ger dy fron, O! Dad. Tosturia wrthym y munudau hyn, yn dy annwyl Fab, Iesu Grist.

O Grist, a droediodd ffordd unig yr anial, cynorthwya ni i ymwrthod â themtasiynau. Dysg ni nad trwy rym y byd y mae canfod ffordd i fywyd, ond trwy gydnabod Duw yn Dad cariadus i ni, a thrwy wneud ei Air yn sail i'n perthynas ag ef ac â'n gilydd. Cynorthwya ni, O Grist, i'th ganlyn – drwy anialwch ein hoes – i'r bywyd sydd ar gael yn y Tad. Agor ein llygaid i'th weld; agor ein clustiau i'th glywed; agor ein calonnau i'th adnabod, er mwyn ein cadw rhag profedigaeth a'n gwared rhag yr Un Drwg.

O Grist, a gerddodd ffordd unig gwrthwynebiad a chasineb, nertha ni â'th Ysbryd ar gyfer pob brwydr a ddaw i ran y rhai sy'n barod i'th ganlyn di i'r pen. Yn ein hymdrech, rho i ni'r nerth i ymwrthod â dulliau'r byd o weithredu, ac ysbrydola ni â geiriau grasol a chariad. Agor ein llygaid i'th weld; agor ein clustiau i'th glywed, agor ein calonnau i'th adnabod, fel y gallwn adnabod a gwrthod drygioni a charu'r drwgweithredwr fel ni ein hunain.

O Grist, a wynebodd ffordd ddioddefaint ac ing, cryfha'r rhai sy'n cael eu llethu gan bryder a phoen, ofn, ac unigrwydd yr enaid. Cofia'r rhai sy'n gorfod wynebu penderfyniadau dirdynnol ac anodd. Caniatâ i ni bwyso arnat a chanolbwyntio ein myfyrdodau ar dy brofiadau ingol yng Ngardd Gethsemane. Agor ein llygaid i'th weld; agor ein clustiau i'th glywed; agor ein calonnau i'th adnabod, fel y gallwn, gyda thi, wynebu ein hofnau dyfnaf, a chanfod y ffydd i ddweud, 'Eithr nid yr hyn a fynnaf fi ond yr hyn a fynni di'.

O Grist, a weddnewidiwyd, ledia'r ffordd i lawr o esmwythyd a llonyddwch copa'r mynydd; deffro ni ac arwain ni i ganol realiti'r byd a'i anghenion. Cynorthwya ni i beidio â cherdded o'r tu arall heibio pan welwn angen yn rhythu arnom. Boed i'th weddnewidiad di droi'n weddnewid cyson a pharhaol ynom ni – yn fywyd a goleuni newydd ynom. Agor ein llygaid i'th weld, agor ein clustiau i'th glywed, agor ein calonnau i'th adnabod, i'n gwneud fel lefain byw ym mlawd y byd.

O Grist, buddugoliaeth y Groes, bydd yn ddrych cyson i ni yn ein pechod a'n trueni. Cynorthwya ni i ganfod mai yn dy aberth di ar Groes Calfaria y mae ein hunig obaith i ganfod y ffordd at gariad Duw, ac mai ynot ti y mae'r fuddugoliaeth dros angau a'r bedd. Agor ein llygaid i'th weld; agor ein clustiau i'th glywed; agor ein calonnau i'th adnabod, fel y gallwn ymglywed â'th eiriau grasol di dy hun, 'O Dad, maddau iddynt, oherwydd ni wyddant beth y maent yn ei wneud'.

O Dad, diolchwn i ti am aberth dy Fab, am iddo ymwrthod â ffordd y byd, am iddo wynebu rhwystrau a dioddefaint, am ei weddnewidiad, am ffordd y Groes – y cyfan er mwyn i bob un sy'n credu ynddo beidio â mynd i ddistryw, ond cael bywyd tragwyddol. O Dad, diolchwn i ti am y cyfan, a gofynnwn i ti faddau ein pechodau, yn Iesu Grist. Amen.

***Dafydd Hughes***

## Y GRAWYS

**Darlleniad 1: Salm 139:23–24**

**Darlleniad 2: Ioan 13:31–35**

**Gweddi**

'Arweinydd pererinion', diolchwn i ti am sicrhau nod, pwrpas ac ystyr i fywyd ar y ddaear. Dwyt ti ddim am i neb ohonom grwydro'n ddiystyr a dibwrpas.

'Tyrd atom ni, O! Dad ein Harglwydd Iesu,
I'n harwain ato ef.'

Ie, tyrd â ni i'r man rwyt ti am i ni ddod iddo yn Iesu, yr hwn sydd yn gwaredu, bendigaid Fab y nef. 'Dwg ni i ffordd llesâd' yn y gwasanaeth hwn heddiw.

Fel y nesawn ni atat ti, diolchwn y bydd i tithau nesáu atom ni. Trwy dy ras, par i'r Grawys hwn fod yn amser o ddisgyblaeth a pharatoi ysbrydol i ni ar gyfer y Groglith a'r Pasg.

'Moliannwn di, O! Arglwydd,

Wrth feddwl am dy ras
Yn trefnu ffordd i'n gwared
O rwymau pechod cas:
Wrth feddwl am y gwynfyd
Sydd yna ger dy fron
I bawb o'r gwaredigion,
'N ôl gado'r fuchedd hon.'

Haleliwia! Clod i ti am i ti yn Iesu ddod atom lle rydym – i ganol ein cyflwr a'n hangen fel pechaduriaid colledig. O gariad atat ti, ac mewn ufudd-dod i ti, y Tad tragwyddol, daeth yr Arglwydd Iesu, yr Un perffaith, atom ni'r amherffaith. Yn ifanc, cymerodd y llwybr a arweiniodd i'r groes. A diolchwn i ti am iddo wneud i'r ychydig flynyddoedd y bu yma gyfrif a bod o werth. Diolchwn i ti ei fod wedi medru defnyddio pob dim a ddaeth i'w ran. Diolch ei fod ef yn feistr ar yr amgylchiadau, ac nad oedd yr amgylchiadau'n feistr arno ef.

Y Grawys hwn, O am weld fod yr Arglwydd Iesu'n ein gwahodd i fynd yr holl ffordd gydag ef. Ydym, O Dad, rydym fel aelodau dy Eglwys am gael archwiliad manwl gennyt y Grawys hwn. Ymdawelwn yn dy bresenoldeb sanctaidd yn awr. Ac wrth i ninnau ymdawelu, amlyga dithau'r pethau hynny sy'n groes i'th ewyllys, sy'n atal gwaith dy ras ac sy'n rhwystro dy deyrnas rhag ehangu.

*Cyfnod o dawelwch*

Rydym yn euog o hunan-dyb a mympwy. Maddau i ni. Rydym yn euog o goegni a gweld beiau; rydym yn llawn hunanddiddordeb. Maddau i ni. Rydym yn euog o lwfrdra moesol; rydym yn golchi'n dwylo o'n cyfrifoldebau fel Cristnogion. Maddau i ni. Rydym yn euog o adweithio yn anghristnogol yn hytrach na gweithredu yn Gristnogol. Maddau i ni. Rydym yn agos at Iesu, ond eto'n euog o'i fradychu a'i wadu. Maddau i ni. Rydym yn euog o ariangarwch. Maddau i ni. Rydym yn euog o hwyluso pethau ar draul eraill er ein mantais ein hunain. Maddau i ni. Rydym yn euog o falchder. Maddau i ni. Rydym yn euog o gamddefnyddio Iesu er mwyn ein bwriadau hunanol. Maddau i ni. Rydym yn euog o droi addoliad yn adloniant. Maddau i ni.

Helpa ni i gerdded gyda'r Gwaredwr Iesu i Galfaria, gan fyfyrio'n dawel uwch yr hyn a olygai'r daith boenus honno iddo. Ydym, rydym am fynd yr holl ffordd gydag ef, gan ein hildio ein hunain iddo'n llwyr, fel y medr ef gymryd trosodd ynom. Clod i ti ei fod ef, O Dad, wedi ei roi ei hun yn llwyr trosom, er mwyn i ni'r annheilwng rai fedru bod yn eiddo llwyr iddo ef am byth.

'Dim ond calon lân all ganu,
Canu'r dydd a chanu'r nos.'

Caner tragwyddol glod i ti, ein Tad, yr un wnaeth y 'ffordd yn rhydd i'r nefoedd wen'. Yn enw ac yn haeddiannau Iesu. Amen.

***Gareth Hughes***

# 3. Cymeriadau'r Pasg

## CLODFORI MAIR, MAM IESU

**Darllen Luc 1:26–56; Mathew 1:18–25**

Ni chaiff Mair lawer o sylw yn yr efengylau, ond erbyn hyn y mae hi yn bwysig ryfeddol o fewn yr Eglwys Gristnogol, yn arbennig yr Eglwys Babyddol a'r Eglwys Uniongred yn Rwsia, Gwlad Groeg, ac Ethiopia. Sonia Ioan amdani mewn priodas yng Nghana Galilea, pan alwodd hi sylw Iesu at brinder y gwin. Dywed Ioan hefyd ei bod wrth y Groes a bod ei mab wedi ei chyflwyno i ofal y 'disgybl annwyl', a'i dygodd yn ei hiraeth a'i phrofedigaeth i'w gartref. Dywed Luc yn Llyfr yr Actau ei bod hi yn Jerwsalem gyda'r disgyblion ychydig wedi'r Croeshoeliad (Actau 1:14).

Saif Mair bellach yn symbol o'r fam ar ei gorau. Lluniodd yr emynydd W. Rhys Nicholas englyn cofiadwy i'w fam:

'Gwên siriol oedd ei golud – a gweini'n
        Ddi-gŵyn oedd ei gwynfyd;
Bu fyw'n dda, bu fyw'n ddiwyd,
A lle bu hon mae gwell byd.'

Mae gennym garol hyfryd o waith dau frawd i'r Fendigaid Fair. Ysgrifennwyd y geiriau gan y Parchedig J. H. Williams a'r gerddoriaeth gan y cerddor, Meirion Williams. Eglwyswr oedd J. H. Williams, a'r gwir yw mai Eglwyswyr a Phabyddion at ei gilydd sydd wedi rhoi'r lle pwysig i Mair yn eu litwrgi. Mae Eglwys Rufain yn wahanol i'r Eglwysi Protestannaidd. Rhennir Cristnogion i ddau ddosbarth, y rhai cyffredin a'r rhai sydd wedi eu galw gan Dduw i fod yn saint. Ac i'r Saint y perthyn Mair.

Bu raid iddi ddioddef yn dawel wrth droed Croes Calfaria.

'Fendigaid Fam, pwy ŵyr dy loes
wrth weld dy Fab yn dwyn y groes,
pan wylaist ddagrau chwerwaf d'oes
Henffych well.'

Cafodd hi dystio iddo yn ei dagrau, ac o fewn tri diwrnod gwelodd y Mab yn dryllio pyrth y bedd ac yn rhoddi gobaith diderfyn i'r Eglwys Gristnogol fyd-eang am yr ugain canrif nesaf.

***D. Ben Rees***

## IAGO, BRAWD IESU

**Darllen: Marc 6:3; Actau 12:17; 15:13; 21:18; 1 Corinthiaid 15:7; Galatiaid 1:18–19; 2:9; 2:12**

Un o gymeriadau pwysicaf y Testament Newydd yw Iago, brawd Iesu, ac eto ychydig iawn o sôn sydd amdano yn yr efengylau. Mae Marc (6:3) yn cyfeirio at wrthwynebiad pobl Nasareth i Iesu, yn rhyfeddu fod mab y saer, a mab Mair, yn meddu ar gymaint o ddoethineb a gwybodaeth o Dduw. Rhyfeddu fod brawd Iago a Joses a Jwdas a Simon a'r chwiorydd (na enwir) yn ŵr mor athrylithgar. Ond yn Llyfr yr Actau a Llythyrau Paul, cawn olwg arall arno. Yn wir, cyfeiria Paul yn ei Lythyr at y Corinthiaid (15:7) fod Iesu wedi ymddangos ar ôl ei Groeshoelio, yn gyntaf i Pedr a'r disgyblion craill, ac yna i'w frawd ei hun, Iago. Bu'r ymddangosiad hwnnw yn sbardun i Iago, ac mewn byr amser, gwelwyd ef yn diogelu'r dystiolaeth am weinidogaeth ei frawd daearol trwy ymroddiad cwbl arbennig i'r eglwys a sefydlwyd yn Jerwsalem. Daeth yn golofn yr achos ac ni allai unrhyw arweinydd deithio i'r Ddinas Sanctaidd heb gysylltu gydag Iago.

Yr oedd Iago yn llawer mwy o Iddew na Phaul a Phedr. Gelwid ef ar lafar gwlad yn Iago'r Cyfiawn, hynny yw, Iddew da. Anfonodd Iago rai o'i gefnogwyr i Antioch i geisio perswadio Pedr rhag cyfeillachu dros bryd o fwyd gyda'r cenedl ddynion. Ceisiodd gadw arweinyddiaeth yr Eglwys Fore o fewn teulu daearol Iesu, a cheir cyfeiriad gan hanesydd o'r ail ganrif ato fel Esgob Cyntaf Jerwsalem a'i fod wedi trosglwyddo'r arweinyddiaeth i gefnder iddo. Nid oes unrhyw amheuaeth fod y Croeshoelio a'r Atgyfodiad wedi gweddnewid ei holl agwedd. Llugoer a difater ydoedd pan deithiai Iesu oddi amgylch y wlad yn cyflawni gwyrthiau o ddaioni a dysgu am hanfodion y Deyrnas. Ond daeth Iago yn dyst o'r Atgyfodiad, ac yn ôl pob tystiolaeth bu farw fel ei frawd trwy ddichellion yr awdurdodau crefyddol a gwladol. Rhoddwyd ef i farwolaeth yn Llys y Deml gan ei gydgenedl yn 62 Oed Crist. Merthyr arall yn hanes y Ffydd.

***D. Ben Rees***

## Dal ati i Ganmol

O deffro, i ganmol yr Oen;
        Pwy all fod mewn dyled mor fawr?
A chân nes anghofio dy boen;
        Nac oeda, ond dechrau yn awr.
Mae moliant llu'r nef yn rhy wan
        I ateb i gariad Duw Iôr;
Dod gymorth, a chana dy ran,
        Chwanega at allu y côr.

Yr awydd i ganmol yr Iawn
        A ddryso dy sôn am y byd;
Enilled holl allu dy ddawn,
        Ac oriau dy fywyd i gyd:
A throed dy freuddwydion di-lun
        Yn gyson fyfyrdod am Grist,
I'w foli o hyd drwy dy hun,
        Am fyned trwy angau mor drist.

O ddyn, paid â gwrthod yr hawl
        O fod yn agosaf i'r Oen;
Ti ddylai fod uchaf dy fawl;
        I'th brynu y bu yn ei boen!
Dy ddyled yw canu byth mwy,
        Pe tawai pob angel, cân di;
Gan ddeisyf eu cymorth hwynt-hwy,
        I ddiolch am Brynwr i ni.

Wrth ganu, dywedyd maent hwy,
        'Mae Iesu'n rhyfeddod i ni;'
Ond dyn sydd mewn modd i ddweud mwy,
        'Mae Iesu yn fywyd i mi:'

Hwy synnant at Iesu ar bren,
    Ond drosot ti deuai i'r gwawd;
Hwy allant ddweud, 'Dyma ein Pen!'
    Ond gelli di ddwedyd, 'Fy Mrawd!'

Bu Brenin yr engyl bob un,
    Do, drosot ti'n gweini yn was;
Ti ddylit gydnabod dy hun
    Y mwyaf ei ddyled i ras:
Angylion wrth ganu drwy'r nef,
    Yr anthem, mai 'Teilwng yw'r Oen,'
Gostegant i ddyn roddi'r llef,
    'Fi olchodd â'i waed o fy mhoen!'

***David Jones***

## GWEDDI AR WEITHREDOEDD Y SANHEDRIN

O Arglwydd Iesu Grist,
dy gondemniad anghyfiawn
a gondemniwn yn awr.
Gwared ni rhag bod yn
faleisus ac angharedig
yn ein hymwneud ag eraill;
rhag ofn i ni wneud i ti
yr hyn a wnawn i eraill;
gan dy groeshoelio drachefn,
ein Gwaredwr, ein Brawd
a'n Harglwydd, byth bythoedd. Amen.

***Yn seiliedig ar E. Milner-White ac Ivor Thomas Rees***

## HEROD ANTIPAS

### Darllen Marc 6:14–29; Luc 13:31–32; 23:7–12

Un o feibion Herod Fawr oedd y gŵr creulon hwn. Ar farwolaeth ei dad yn y flwyddyn 4 Cyn Crist fe'i hapwyntiwyd i deyrnasu dros Galilea fel tywysog. Ef a adeiladodd ddinas Tiberias i fod yn brifddinas iddo ar lannau Llyn Galilea. Cafodd ei frawd Philip fod yn dywysog tiriogaeth Itwrea a Trachonitis, a brawd arall Lysanias yn dywysog Abilene. Er bod Marc yn ei alw 'y Brenin Herod', pan ofynnodd ef yn y flwyddyn 39 o Oed Crist am y teitl o Frenin gan yr Ymerawdwr Caligula fe gafodd sioc ei fywyd o gael ei wrthod a'i esgymuno. Bu farw mewn alltudiaeth ymhell o Galilea yn Lyons.

Priododd â merch Aretas, brenin Arabia, a'i brifddinas yn Namascus, ond fe'i gadawodd. Cafodd ysgariad. Priododd yr eildro â Herodias, gwraig hanner brawd iddo. A dyna pam i'r proffwyd Ioan Fedyddiwr ei feirniadu'n llym gan fod Herodias yn nith iddo. Carcharodd Herod Ioan am fentro ei feirniadu, ac yn y diwedd cafodd Ioan Fedyddiwr ei ddienyddio ar ddymuniad Herodias.

Sonia Luc amdano ddwywaith. Y tro cyntaf oedd cyngor y Phariseaid i Iesu ymadael â Galilea gan fod Herod am ei ladd. Galwodd Iesu ef yn 'gadno', nid yn unig am ei fod yn gyfrwys, ond am ei fod yn barod i ladd. Gwna'r cadno hynny i'r ieir a'r ŵyn. Disgrifiad da o'r gŵr a laddodd Ioan Fedyddiwr. A dywed Luc (ef yn unig sy'n gwneud) y bu'n rhaid i Iesu ymddangos gerbron y gwalch gwaedlyd. Pan glywodd Pilat fod Iesu â'i wreiddiau yng Ngalilea, fe'i hanfonwyd at Herod oedd yn Jerwsalem fodd bynnag ar gyfer y Pasg. Ond nid oedd ganddo unrhyw hawl dros Iesu er ei fod, fel y dywed Luc, yn dra awyddus i gael sgwrs gydaIesu o Nasareth. Gwrthododd Iesu sgwrs gyda Herod Antipas. Yr oedd hyn yn rhwystredigaeth fawr i Herod gan ei fod yn disgwyl atebiad a gwyrth. Ni chafodd ei ddymuniad ond dangosodd ei anghymeradwyaeth wrth boenydio Iesu a'i drosglwyddo yn ôl i'w elyn mawr Pilat. Ond oherwydd seicoleg Pilat fe ddaeth y ddau lwynog yn bennaf ffrindiau. Daeth ychydig o ddaioni allan o'r cynllunio oedd yn sawru o ddrygioni tu hwnt i eiriau.

*D. Ben Rees*

## Joseff o Arimathea
## Marc 15:42–47; Luc 23:50–56; Mathew 27:57–66; Ioan 19:38–42

Y mae swyn anghyffredin yn perthyn i Joseff o Arimathea. Ym mhob un o'r pedair efengyl fe sonnir am Joseff fel y gŵr a fu'n gyfrifol am osod corff Iesu mewn ogof-fedd. Caniateid i ffrindiau neu gydnabod gan Rufeiniaid i gyflawni gweithred garedig fel hon. Iddew defosiynol oedd Joseff, yn gwybod y Gyfraith Iddewig, ac yn sylweddoli yn dda na ellid gadael corff dros y Sabath. Ar ôl iddo gael y caniatâd, gosododd Iesu mewn lliain main a'i roi mewn bedd a luniwyd o'r graig gan osod carreg ar draws i amddiffyn y corff rhag lladron ac anifeiliaid rheibus.

Beth yw cefndir y gŵr haelionus a meddylgar a elwid yn Joseff? Deuai yn y lle cyntaf o Arimathea, ger Lydda, yng ngogledd Jwdea, gelwir ef yn yr Hen Destament yn Ramathaim. Disgrifia Marc ef fel aelod o'r Sanhedrin a disgybl cuddiedig, o leiaf yn disgwyl dyfodiad Teyrnas Dduw. Aiff Mathew ymhellach a dweud fod Joseff yn ddisgybl cuddiedig i Iesu, ac mai ef oedd berchen y bedd y gosodwyd Iesu i orwedd ynddo. Y mae Ioan ar yr un trywydd: disgybl cuddiedig rhag ofn yr Iddewon yw Joseff ganddo, gyda chefnogydd da yn Nicodemus. Roedd y bedd newydd, nad oedd wedi ei ddefnyddio cyn hynny, mewn gardd yn agos i Galfaria fryn. Joseff a Nicodemus oedd yn bennaf gyfrifol am eneinio'r corff a'i osod mewn lliain. Ac ni wyddai'r gwragedd eu bod wedi cyflawni'r ddefod. Dyna'r prif reswm iddynt hwy ddod ar fore'r trydydd dydd i eneinio'r corff, gan na chawsant ddigon o amser bnawn Gwener cyn i'r haul fachlud ac i'r Sabath gychwyn. Mae'n amlwg nad oedd Paul, y Cenhadwr, yn gyfarwydd â'r cefndir y sonnir amdano. Yn ei adroddiad ef (1 Corinthiaid 15:4) a'i araith yn Antioch Pisidia dywedodd fod yr Iddewon wedi tynnu corff Iesu oddi ar y Groes a'i osod yn y bedd (Actau 13:29). Y mae dweud hynny yn ategu'r hanes a gawn yn yr efengylau. Ond yn ddiddorol iawn ni cheir cyfeiriad o gwbl i'r gŵr ymarferol o Arimathea ddod yn aelod o eglwys Jerwsalem o dan arweiniad Iago. Pam hynny tybed?

***D. Ben Rees***

## Mair y Pasg

### Darllen Ioan 20:13

Mae Mair yn dal i sefyll y tu allan i'r bedd yn wylo, a chwestiwn yr angylion iddi yw, 'Pam yr wyt ti'n wylo?' (Ioan 20:13) Ei hateb hi yw, 'Y maent wedi cymryd fy Arglwydd i ffwrdd, ac ni wn i lle y maent wedi ei roi i orwedd'. Dowch i ninnau ofyn pam fod Mair yn wylo? Mae'n wylo am ei bod wedi cael colled enfawr. Mae hi wedi colli'r dyn oedd wedi trawsnewid ei bywyd. Mae'n wylo am ei bod yn rhythu ar farwolaeth, a hynny'n golygu bod y cyfan wedi dod i ben. Mae hi'n teimlo mor fregus, mor wag, mor unig. Beth sy'n mynd drwy ei meddwl? Y ffordd y cafodd ei ladd? Yr hoelion, y gwaed, y goron ddrain, y gwawdio, y cernodio, y bonllefau a'r milwyr yn chwarae siawns wrth droed y groes? Y trywanu, a Pilat yn golchi'i ddwylo? Mor annynol y gall dyn fod tuag at ei gyd-ddyn; mor greulon, mor hunanol, mor ddichellgar.

Ar y Pasg, gofynnwn, 'Pam yr wyt ti'n wylo?' Chwiliwn am bob esgus i geisio osgoi ateb y cwestiwn. Rydyn ni wedi codi muriau preifatrwydd o'n cwmpas ac wedi gosod llenni o hunangynhaliaeth gan fynnu nad pobl emosiynol ydyn ni. Dydyn ni ddim mo'r teip sy'n colli dagrau, yn enwedig yn gyhoeddus. Ond mae edrych ar Mair, sy'n syllu ar ddiddymdra, yn taro tant yn ein bywydau ninnau hefyd. Edrych i ryw wagle rydyn ninnau o hyd.

Rwyf finnau'n wylo am fy mod, fel Mair, wedi colli pobl fu'n gyfrifol am fy nghodi ar fy nhraed. Rwyf finnau'n wylo am fy mod wedi fy nadrithio, wedi f'anafu a'm bradychu. Rwyf finnau'n wylo am fy mod yr hyn ydwyf. Rwy'n ymwybodol o'r ffordd yr wyf wedi trin eraill, wedi bod yn gas wrth eraill. Eu poenydio a'u hanafu.

Wrth i Mair droi ei chefn ar y bedd mae'n dechrau cynnal sgwrs â'r garddwr. Ond mae'n sylweddoli mai rhywun arall ydi hwn. A dyma'r un cwestiwn eto, 'Wraig, pam yr wyt ti'n wylo?' (20:15) Ond mae hwn yn ychwanegu, 'Pwy yr wyt yn ei geisio?' Cofiwch fod Mair yn wylo am ei bod wedi colli rhywun oedd mor annwyl iddi. Erbyn hyn, mae hi'n teimlo'n fregus, yn wan ac unig, ac y mae ei nerth wedi pallu. Am bwy mae'n chwilio? Iesu, sef yr hwn sydd wedi gorchfygu marwolaeth ac yn gallu trawsffurfio'r bregus a'r gwan a'r unig. Dim ond un gair a glywodd Mair, sef ei henw. Yn eich hiraeth, beth ydi'r peth mwyaf gwerthfawr fedrwch chi ei gael? Distawrwydd a dweud dim? Cyffyrddiad gofalus? Neu rywun yn siarad yn dyner â chi? Gair neu ddau? 'Mair'. Agorwyd ei llygaid ac mae'n edrych i fyw llygaid y Crist Byw.

Bellach mae'r dagrau'n wahanol. Os yw Iesu wedi dod o'r bedd, mae hi wedi dod o hyd i fywyd newydd. Gall freuddwydio am fyd lle mae creulondeb yn cael ei drawsnewid a dicter yn troi'n drugaredd.

Dyma ddyn a dynes yn yr ardd, a dyma'r darlun a gawn ym mhenodau cyntaf y Beibl, yn yr union le yr aeth pethau o chwith. A dyma'r ardd lle rhoddir pethau yn eu lle o'r newydd. Dyma'r aduniad rhwng dynoliaeth, y greadigaeth a Duw. Os nad ydi hyn yn mynd i wneud i chi golli dagrau o lawenydd, wnaiff dim byd arall.

**Myfyrdod pellach:**
Dychmygwch eich bod yn yr ardd gyda Mair.
Am beth fyddwch chi'n colli dagrau?

*Huw John Hughes*

## Cyflwyniad i Pedr

**Darllen: Marc 1:16–18; Luc 5:1–11; Ioan 1:40–44; Marc 1:29–34, 5;37, 9:2, 13:3, 14:33–37, 8:29–32; Ioan 6:66–69**

O'r holl ddisgyblion a gafodd Iesu yng ngwlad Palestina, nid oes neb yn fwy adnabyddus na Simon Pedr. Ef gaiff ei enwi gyntaf ym mhob adroddiad o'r efengylau. Yr oedd ei enw Iddewig Simon yn enw cyfarwydd, a rhoddodd Iesu enw Aramaeg iddo, 'Cephas', sydd fel y gair Groeg pétros yn golygu 'craig'. Yn ôl Mathew, digwyddodd hynny yng Nghesarea Philipi pan atebodd Pedr gwestiwn Iesu, a derbyn ei gymeradwyaeth, ond yn ôl Ioan, cafodd yr enw ar ôl y cyfarfyddiad cyntaf yng ngwlad Jwdea. Cymerai Marc yn ganiataol fod pawb yn gwybod pwy oedd Simon Pedr.

Rhydd Marc a Mathew yn fyr hanes galwad Pedr ar lan Môr Galilea, 'Dilyn fi ac mi a'th wnaf yn bysgotwr dynion'. Mae'n werth craffu ar adroddiad Luc, a'r darlun o Pedr fel pysgotwr oedd yn llwyddo i ddal llawer o bysgod, a Iesu yn rhoddi'r addewid iddo, 'O hyn allan fe gei ddal yn rhwyd yr Efengyl lu o bechaduriaid'. Ond yn adroddiad Ioan fe ddaeth Pedr at Iesu trwy ei frawd Andreas yn Jwdea. Yr oedd Pedr yn briod, a'i fam-yng-nghyfraith yn byw yng Nghapernaum. Iachawyd hi gan Iesu. Ond yn hytrach na sôn yn unig am Gapernaum, awgryma Ioan ei bod yn bosibl eu bod wedi byw yn y ddau le.

Ond gydag Iago ac Ioan, cafodd Pedr le pwysig ymhlith disgyblion Iesu. Cawsant brofiadau na chafodd gweddill y disgyblion, yn arbennig ar Fynydd y Gweddnewidiad. Profiad o fawredd Iesu ymhlith cewri'r gorffennol, Moses ac Elias. Yr oedd Pedr bob amser yn danbaid ei ysbryd ac yn gwbl frwdfrydig. Bydd gennym lawer iawn i'w ddweud wrtho, os byddwn yn onest â ni ein hunain. Mi fedrwn ni weld ein hunain yn ei gymeriad, yn ei anwadalwch, a hefyd yn ei awydd mawr i ennill y byd i Grist Iesu. Y mae gennyf feddwl mawr o'r disgybl hwn.

***D. Ben Rees***

## Gweddi yng nghwmni Pedr

Arglwydd Dduw, sy'n ysbrydoli disgyblion dy Fab ym mhob oes, diolch am gael dod yn awr i lerglor gweddi yng nghwmni Simon Pedr, disgybl sydd yn dal i'n cyfareddu heddiw. Fel ef, O Arglwydd, caniatâ i ni awydd a nerth i ymateb i'th alwad i wasanaethu yn y Deyrnas ar y Sul a diwrnod gwaith. Gwna i ni ddyheu am gael dilyn Iesu fel y gwnaeth Simon Pedr, ac amddiffyn ei enw a theimlo'r anrhydedd o ennill deiliaid i'r gymuned Gristnogol Gymraeg.

Teimlai Pedr fod ganddo drysor mawr yn Iesu a'i galwodd yn ddisgybl. Felly ninnau.

> 'Y mae gennyf drysor,
> Gwasanaethu f'oes
> Dros y Gŵr fu farw
> Unwaith ar y Groes.'

Brawd i ni yw Pedr a Brawd i ni hefyd yw Iesu, ac yr ydym oll yn frodyr a chwiorydd i'n gilydd trwy ei alwad ef i ni yn yr Efengyl. Diolch nad yw 'ef yn gwrthod cais yr isel lef'. Yn ei enw, Amen.

## Tröedigaeth Pedr

**Darllen Mathew 16:17–19; Marc 9:5, 10:28, 14:29–31; Mathew 14:28–31; Ioan 13:36–39, 18:10.**

Gŵr a ddaliwyd yn rhwyd yr Efengyl oedd Simon Pedr. Disgybl a gafodd dröedigaeth. Yn anffodus, mae'r gair tröedigaeth wedi mynd i olygu profiad arbennig iawn. Ond rhaid pwyllo. Ysgrifennwyd cyfrol bwysig iawn ar ddechrau'r ugeinfed ganrif gan seicolegydd o America, William James, *Varieties of Religious Experience.* Y mae'n trafod dau fath o dröedigaeth. Yn gyntaf, y dröedigaeth sydyn fel y digwyddodd i Saul o Darsus ar y ffordd i Ddamascus; profiad ysgytwol, achubol, ail enedigaeth. Ac yna'r dröedigaeth arall, sef yr ymlyniad drwy gartref a chapel o'r crud at wahoddiad yr Efengyl. Yr enghraifft o'r Testament Newydd yw hanes Timotheus. Erbyn heddiw, dros gan mlynedd yn ddiweddarach, mae'r geiriau'n dal yn berthnasol er bod lle i ailddiffinio o hyd.

Cofiaf ddarllen cyfrol o eiddo'r Athro Stephen Neil, rai blynyddoedd yn ôl, yn tanlinellu'r amrywiaeth sydd i brofiadau pobl yr achubiaeth. Cafodd rhai yn eu cenhedlaeth dröedigaeth trwy ddarllen y Testament Newydd o glawr i glawr. Digwyddodd hynny i'r Iddew galluog Hugh Montefiore a ddaeth cyn diwedd ei oes yn Esgob Anglicanaidd Birmingham. Tröedigaeth o Iddewiaeth i Gristnogaeth. Cafodd rhai dröedigaeth fel Awstin Sant, Martin Luther, John Calfin a Karl Barth trwy ddarllen ac astudio'r Epistol at y Rhufeiniaid, ac yn wir fe gyffyrddwyd â chalon John Wesley wrth ddarllen Esboniad Martin Luther ar yr Epistol at y Rhufeiniaid. Hyn a'i harweiniodd maes o law i brofiad cynhesol o'r Efengyl. Tröedigaeth o anghrediniaeth ac agnosticiaeth fel y gwelir yn hanes C. S. Lewis, y sgolor gwych, yn y ffilm *Shadowlands*. Ac felly'r unig beth sydd yn gyffredin i bob un a enwyd yw eu bod wedi cael eu dal yn gyfan gwbl – corff, enaid, meddwl ac ysbryd – yn rhwyd fawr yr Efengyl Gristnogol. A Simon Pedr o Galilea wedi ei ddal gymaint â neb ohonynt.

***D. Ben Rees***

## Gweddi'r Dröedigaeth

O Dduw ein Tad, molwn dy Enw a'th Dystiolaeth, dy Fab a'n Gwaredwr, yr Ysbryd Glân a'i grymusterau am roddi i ni, fel Pedr gynt, brofiad y dröedigaeth. Oni osododd un o'n beirdd yng ngenau Pedr yr alwad hon:

> 'Clywais ei lef
> A rhaid a rhaid oedd ei ddilyn Ef,
> Cryfach a thaerach yr alwad hon,
> Mwynach, mil mwynach na galwad y don,
> Ar noson loerolau ddigyffro ddi-stŵr,
> Gadewais y cyfan a dilyn y Gŵr.'

Ac yn nhraddodiad Pedr, gallwn gofio am filoedd ar filoedd o ddisgyblion a adawodd gartref a gwlad i ledaenu'r Gair ym mhellafoedd y ddaear. Cofiwn hefyd am y disgyblion hynny a wasanaethodd y cymunedau Cymraeg fel gweinidogion ac arweinwyr ym mhob enwad; tystion ffyddlon i Iesu Grist mewn erledigaeth ac mewn dyddiau o lwyddiant aruthrol yn hanes yr Efengyl ymhlith y Cymry. Diolchwn am bawb fel Pedr yn ein cylchoedd a safodd yn gadarn dros Grist, ac a ddefnyddiwyd yn helaeth mewn diwygiadau a chyffroadau dwyfol i ddwyn plant, ieuenctid ac oedolion i gorlan y Crist. Dyna pam ein bod ni yn gweddïo am weld rhagor o bobl yn cael profiad y dröedigaeth, trwy bregethiad y Gair, trwy weddi, trwy gyfarfod â Christ yn y dirgel neu ar lwybr oedfa, trwy astudio Gair Duw, neu ddarllen pob gair o'r Epistol at y Rhufeiniaid, trwy ddylanwad a chyfryngau dynol yn llaw'r Duw Anfeidrol. Dywedwn:

> 'Enw Iesu sydd yn werthfawr,
> Ynddo mae rhyw drysor im;
> Enw Iesu yw fy mywyd,
> Yn ei enw mae fy ngrym:
> Yn ei enw mi anturiaf
> Trwy bob rhwystrau maith ymlaen
> Yn ei enw mae fy noddfa
> Am ei enw bydd fy nghân.'

Gofynnwn hyn oll yn enw Iesu Bendigedig, Achubydd ein heneidiau. Amen.

## Iacháu Mam-yng-nghyfraith Pedr

### Marc 1:29–34

Y mae'r weithred hon o iacháu yn gwbl wahanol i'r gwyrthiau eraill a gyflawnodd Iesu. Gweithred syml ydoedd o fewn cylch teulu. Nid yw'r tyrfaoedd yn gweld y weithred er eu bod yn agos iawn. Ond mater preifat ydoedd mewn gwirionedd, a Iesu'n gweld fod salwch mam-yng-nghyfraith un o'i ddisgyblion amlycaf, Pedr, wedi peri gofid i lawer, ac yn arbennig o fewn y teulu i wraig Pedr ac i'w frawd Andreas.

Yr oedd iacháu'r wraig hon, na wyddom ei henw mwy nag enw ei merch, yn chwyldroadol. Ond yr oedd y ffordd y cyflawnodd Iesu'r weithred yn fwy chwyldroadol fyth. Dioddefai'r wraig o dwymyn llosgfaol. Yr oedd y dwymyn yn gyffredin yng Ngalilea yn nyddiau Iesu, ac yn wir yn ein dyddiau ni.

Ceir yn y Talmwd, ysgrythurau'r Iddew, gyfarwyddiadau ynglŷn â'r ffordd i wella'r clwyf (Exodus 3:2–5). Credai'r gwrachod fod ganddynt hwythau iachâd i'r clwyf. Anwybyddodd Iesu Grist y dull ofergoelus o'i iacháu, a chyda gweithred o dynerwch a thosturi, 'gafaelodd yn ei llaw a'i chodi' a dweud y gair. 'Gadawodd y dwymyn hi, a dechreuodd hithau weini arnynt.'

Y mae'r weithred hon yn taflu goleuni arbennig ar Iesu a Simon Pedr. Nid oedd Pedr wedi adnabod Iesu yn hir, ond yr oedd wedi ei adnabod yn ddigon da i wybod fod y Gwaredwr yn Feddyg ac yn gofalu ar ôl y gwan a'r claf, a'i fod yn disgwyl i bob un o'i ddisgyblion wybod am weinidogaeth gofal.

Diolch hefyd i Pedr am ei ofal am fam ei wraig. Mae'n bosibl mai ystyriaeth ddigon hunanol oedd y tu ôl i'r gofal. Gwelai'r bwrdd cinio'n wag. Yn ôl traddodiad yr Iddew, daw'r pryd bwyd yn syth ar ôl gwasanaeth y Synagog, ar y chweched awr; hynny yw deuddeg o'r gloch, sef hanner dydd. Mae diwrnod yr Iddew uniongred yn cychwyn am 6 o'r gloch y bore, ac felly'r chweched awr yw 12 o'r gloch. Bu llawenydd mawr yng Nghapernaum pan gyflawnodd Iesu'r weithred hardd hon o iachâd ar un o wragedd dienw'r efengylau.

***D. Ben Rees***

## GWEDDI AM IACHÂD

O Iesu'r Meddyg da, diolchwn am dy ofal amdanom ni oll, ac am ein dysgu mai dyna oedd profiad yr aelwyd yng Nghapernaum a phrofiad plant Duw ym mhob cenhedlaeth.

'Duw a ŵyr dy holl bryderon,
Agos yw
Dynol ryw
Beunydd at ei galon.'

Yr ydym yn diolch heddiw am yr iacháu sy'n digwydd yn ein byd ac yn ein cylch, am allu'r llawfeddygon a'r meddygon, am y gweinyddesau, am dechnoleg a holl waith y Gwasanaeth Iechyd Cenedlaethol. A diolchwn, wedi i'r afiechydon ymadael, ein bod ninnau'n medru ymateb i anghenion a galwadau ein dydd.

Defnyddiwyd y gair 'twymyn' gan esbonwyr i bwysleisio fod angen iachâd cyn y medrwn wir wasanaethu. Dyna fwrdwn yr ysgolhaig Jerôm, mewn pregeth o'i eiddo, pan drigai ym Methlehem, Jwdea.

'O na ddeuai'r Meddyg Da i'n cartref i'n hiacháu o dwymyn ein pechod trwy ei gyfarchiad. Y mae pob un ohonom yn dioddef o'r dwymyn. Pan af yn flin, yr wyf yn y dwymyn. Cymaint o feiau, a llawer twymyn fel canlyniad. Dewch i ni ofyn i'r apostolion i alw ar Iesu i ddod atom ac i gyffwrdd â'n dwylo. Pan gyffyrdda ef â'n llaw, fe aiff y dwymyn ymaith.'

**Gweddïodd J. H. Newman:**

'O Arglwydd, cadw ni ar hyd y dydd hir, hyd nes y bydd twymyn bywyd wedi mynd heibio, a'r gwaith wedi ei gyflawni'. Mae'n bosibl cyflawni gwaith a gwyrthiau'r Efengyl ar ôl derbyn iachawdwriaeth y Gwaredwr. Dyna neges emyn cofiadwy'r gweinidog disglair a wasanaethodd Gymry Penbedw rhwng y ddau Ryfel Byd, Dr J. Gruffydd Moelwyn Hughes:

'Ti, Arglwydd nef a daear,
bywha'n calonnau gwyw,
dysg in gyfrinach marw,
dysg in gyfrinach byw.
Rho glust i glywed neges
dy fywyd di dy hun;
rho lygad wêl ei gyfle
i wasanaethu dyn.'

Fe ddaw'r gwasanaeth ar ôl derbyn y feddyginiaeth: 'Edifarhewch, a chredwch yr Efengyl'.

## Adnewyddu'r Profiad Grasol

**Darllen Marc 14:66–72, 16:7; Luc 24:34**

Rhaid cofio wrth feddwl am Simon Pedr, fel y bu'n rhaid ei atgoffa ef hyd yn oed bod rhaid adnewyddu'r profiad grasol o alwad Duw o dro i dro. Cofiwn fel yr oedd yn ymffrostio yn ei deyrngarwch i'w Arweinydd. Ni fyddai ef o bawb yn mynd mor isel â gwadu ei fod yn adnabod Iesu. Ond dyma yn union a wnaeth wyneb yn wyneb â'r ferch honno yn yr ystafell y tu allan i lys y Sanhedrin pan oedd yr awdurdodau crefyddol yn rhoddi cyfweliad i Iesu. Yn y fangre honno, pan oedd Iesu yn awr ei gyfyngder, fe wadodd Pedr ei Arglwydd, a hynny dair gwaith. Wedi'r Atgyfodiad, nid yw'n rhyfedd o gwbl i Iesu ar lan Môr Galilea ofyn iddo dair gwaith y cwestiwn y mae'n awr yn ei ofyn i ni: 'A wyt ti yn fy ngharu i?'

Oherwydd fel pawb a alwyd gan Dduw i wasanaethu yn y Deyrnas fel etifeddion Ffydd a chyfeillion i Grist, llwyddodd Pedr yn gyson i'w fynegi ei hun yn gofiadwy. Digwyddodd hynny yn ei Gyffes fawr. Yr oedd Iesu wedi profi poblogrwydd gwerin Galilea, wedi ennyn llid Herod y tywysog, ac yn awr am gael cyfle i adnewyddu mewn lle prydferth o'r enw Cesarea Philipi. Ac ar amrantiad, fel ateb i gwestiwn Iesu, 'Pwy yr ydych chwi yn dywedyd fy mod i?' dywed Pedr, 'Ti yw Crist, Mab y Duw byw'.

Ac fe roddodd Iesu air o gymeradwyaeth iddo: 'Ar y graig hon yr adeiladaf fy Eglwys'. Bu dadlau mawr ar hyd y canrifoedd am y cwestiwn a'r ateb. Ac fe'u hesboniwyd fel datganiad sy'n mynegi profiad sy'n adeiladu'r Ffydd Gristnogol. Yn wir, adnewyddu profiad grasol a wna fel y dywed yr emynydd:

> 'Iesu, nid oes terfyn arnat,
> mae cyflawnder maith dy ras
> yn fwy helaeth, yn fwy dwfwn
> ganwaith nag yw 'mhechod cas:
> fyth yn annwyl
> meibion dynion mwy a'th gâr.'

Adnewyddwn y profiad grasol yn nhymor y bywyd diddiflanedig.

*D. Ben Rees*

## Gweddi'r Adnewyddu

Anfeidrol Dad y trugareddau, yr ydym ni, dy blant, yn falch o'r gyffes o eiddo Simon Pedr yng Nghesarea Philipi – cyffes sydd angen ei llefaru'n gyson – mai Iesu Grist yw dy Fab a'n Harglwydd ninnau.

'Enw'r Iesu a sancteiddia
holl serchiadau dynol-ryw,
deil i fyny'r galon ysig,
cyfyd feirwon eto'n fyw:
enw'r Iesu
gaiff y clod tragwyddol mwy.'

Gwrandawn ar eiriau'r Gwaredwr i chi a minnau heddiw. A wyt ti yn fy ngharu i? Oherwydd fe wyddom o brofiad ac o hanes eglwysi a chapeli fod cariad at Grist yn medru oeri, a'r rheswm pennaf dros gynnal addoliad cyson yw cynnal y gwres a'r dyhead.

Y gair allweddol a chanolog i'n gweddi yw'r gair 'adnewyddu'. Nid oes, meddai duwiolion yr Eglwys, brofiad o Grist sy'n para am genedlaethau, heb ei adnewyddu'n gyson yn narlleniad yr Ysgrythur ac ar lwybrau gweddi. Mi fedr cariad yr Eglwys at Grist, Pen Mawr yr Eglwys, leihau. Dyna a welodd Ioan yn Asia Leiaf, yn hanes yr eglwys yn Laodicea, a oedd wedi mynd yn glaear – nid yn oer nac yn wresog – ac yn rhoi rhyw hanner cefnogaeth. O Arglwydd, bywha yn rymus ein dymuniad i gynnau'r fflam o'r cyfamod. Maddau i ni ein bod yn medru bod mor ddifeddwl a difater ynglŷn â'r gwirioneddau pwysicaf a roddwyd i blant dynion. Dyna pam y ceisiwn yn awr yn ein hedifeirwch dy faddeuant, fel y medrwn adnewyddu ein tystiolaeth yn rymus ger dy fron.

'Arglwydd, maddau eto i minnau –
ar faddeuant 'rwyf yn byw:
d'unig haeddiant
yw 'ngorfoledd i a'm grym.'

Gofynnwn hyn oll yn enw ein Ceidwad. Amen.

## Darbwyllo Pedr

**Darllen Actau 10:1–48**

Wedi'r Atgyfodiad fe gafodd Pedr brofiad sydd werth ei grybwyll, ac ar ôl darllen y ddegfed bennod o Lyfr yr Actau, cawn y cefndir yn llawn. Ac mewn byr eiriau, canfu Simon Pedr wirionedd pwysig arall, nad yw Duw yn Dduw'r Iddewon yn unig, ond ei fod ef yn Dduw holl genhedloedd y ddaear. Bu'r genedl Iddewig yn genedl etholedig yn ôl Ysgrythurau'r Hen Destament, ond erbyn cyfnod Pedr yr oedd hithau wedi colli'r weledigaeth a'i phriod le fel llawforwyn Duw. Yn wir, erbyn dyddiau Iesu yr oedd Ysbryd Duw yn symud yn rymus nid yn unig ymhlith y genedl Iddewig a gafodd freintiau mor fawr, ond mewn cenhedloedd na chafodd yr un cyfleusterau. Deil yr Iddewon i ddisgwyl y Meseia hir addawedig. Credwn ni yn gydwybodol fod y Meseia hwnnw wedi dod yn Iesu o Nasareth. Yn wir, erbyn diwedd y cynhaeaf mawr mi fydd holl genhedloedd y byd yn genhedloedd etholedig i Dduw. Credwn fod cenedl y Cymry yn genedl etholedig iddo; felly hefyd genedl y Groegiaid a chenedl yr Alban. Yn wir, yr addewid yw 'holl genhedloedd y byd'.

'Yr wyf yn deall,' meddai Pedr wedi'r weledigaeth ryfeddol yn nhŷ Cornelius, 'nad ydyw Duw yn dderbyniwr wyneb'. Y peth pwysig ym mhob cenedl ydyw ei gorffennol hi. Y mae hynny yn gwbl arbennig. Ond awn gam ymhellach a dweud mai'r rhai sydd heddiw yn ei ofni Ef, ac yn gweithredu cyfiawnder yn ei Enw, ac sydd yn gymeradwy gan Dduw ei hun yw'r genedl etholedig. Mewn geiriau byr ond pwerus: y rhai sy'n caru Duw yng Nghrist yw'r etholedigion. Dyna i chi dröedigaeth ar ein cyfer ni heddiw yn ein gwahanol gymunedau: trowch o'r byd presennol i ganfod Iesu Grist; ac yna trowch i'r byd, yn ei angen a'i amrywiaeth, i ganfod drachefn yr Arglwydd Iesu, y Meddyg Da, a Chyfaill publicanod a phechaduriaid.

*D. Ben Rees*

## GWEDDI O YMGYSEGRIAD

Dduw annwyl, mor bersonol yw ein ffydd a'n cred ynot, a diolchwn am gyfle newydd i ddod i ymostwng yn ostyngedig gerbron Gorsedd Gras yr Efengyl. Cydnabyddwn yn edifeiriol ein bod yn aml iawn yn ddisgyblion sâl fel Pedr a Thomas a Jwdas gynt. Mae angen i'n Gwaredwr Iesu ddweud o hyd wrthym, yr hyn a ddywedodd wrth Simon Pedr: 'A wyt ti yn fy ngharu i?' A wyt ti, Gristion eiddil, yn rhoi'r flaenoriaeth i Waredwr y Byd? Soniodd ef yn aml yn ei ddysgeidiaeth am y blaenoriaethau, sef codi'r groes a'i chyfri'n goron, mentro dilyn er pob rhwystr, dal i gerdded llwybrau'r cysegr yn hytrach nag aros oddi yno. Gweddïo am weld y byd cyfan yn eiddo Crist. Mae'r Ysbryd ar waith bob eiliad o'r dydd, am mai'r Ysbryd Glân ydyw.

'O Ysbryd byw, dylifa drwom,
Bywha dy waith â grym y groes;
O Ysbryd byw, tyrd, gweithia ynom,
Cymhwysa ni i her ein hoes.'

Y mae'r oes bresennol yn gofyn am ymroddiad oddi wrthym, dycnwch arbennig a phenderfyniad i fod yn ewyllysgar o blaid gwerthoedd y Deyrnas.

'O ddwyfol wynt, tyrd, plyg a thrin ni
Nes gweld ein hangen ger dy fron;
Ac achub ni â'th hael dosturi,
Bywha, cryfha; clyw'r weddi hon.'

Yng nghwmni Iesu y cawn ein cofleidio a'n cynysgaeddu â'i ddoniau: ffydd, gobaith, cariad, ie doniau pennaf gras, a fydd yn addurno'n hoes trwy'r anial fyd.

'O gariad Crist, chwyth arnom eto,
rho galon ac ewyllys lân;
tyrd, gariad Crist, drachefn i'n huno,
glanha'r holl dŷ â'th sanctaidd dân.'

Er mor ofnus ydym, a llawn dryswch, dangos i ni oll yn awr sut y medrwn fyw fel rhai sydd am weld y weledigaeth yn cwmpasu'r byd cyfan, yn enw Ffrind a Phrynwr dynol-ryw, Iesu Grist ein Harglwydd. Amen.

## JWDAS A DYDD YR ARGLWYDD

Gofynnwyd i aelodau dosbarth allanol y Brifysgol ar raglen radio yn ddiweddar, dyddiadur pwy y carai pob un ei ddarllen. Ymhlith yr atebion diddorol oedd, 'Dyddiadur Jwdas'.

Ar yr wyneb, nid oes unrhyw gysylltiad rhwng Jwdas a Dydd yr Arglwydd, ond o feddwl ar ba achlysur y cyflawnodd y disgybl arbennig hwnnw ei frad, daw'r ateb yn gliriach.

Ac efallai nad yw sôn am frad mewn perthynas â'r Dydd arbennig hwnnw mor ddigyswllt. Gallwn fradychu diwrnod mor wir ag y gallwn fradychu person neu wlad pan fo arwyddocâd arbennig i ddiwrnod, fel y mae i Ddydd yr Arglwydd ac i berson ac i wlad.

Ond i ddod yn ôl at Jwdas. Dywed yr efengylau wrthym i'r prif offeiriaid a henuriaid y bobl ddod ynghyd ddeuddydd cyn y Pasg a chynllwynio i ddal Iesu trwy ddichell, a'i ladd. Ond meddent, 'Nid yn ystod yr ŵyl, rhag digwydd cynnwrf ymhlith y bobl' (Mathew 26.5). Ni feiddiai arweinwyr crefydd godi cynnwrf ar adeg felly; roedd ganddynt ormod o barch i'r ŵyl ac i grefydd.

Ond o bob adeg o'r flwyddyn, fe gyflawnodd Jwdas y brad yn ystod yr ŵyl gysegredig honno. Disgynnodd yn is na'r arweinwyr crefyddol Iddewig eu hunain: nid oedd ganddo barch o gwbl at ŵyl grefyddol os oedd brad yn ei galon.

Cysylltiadau diwrnod a gŵyl a'u gwna'n gysegredig yn y pen draw. Ac i ninnau, cysylltiadau Dydd yr Arglwydd sy'n bwysig. Yr un haul sy'n codi ar bob diwrnod arall o'r wythnos: ni wna'r haul unrhyw wahaniaeth rhwng diwrnod a diwrnod. Ond gwnaeth cysylltiad Dydd yr Arglwydd ag Atgyfodiad yr Arglwydd gogoneddus y diwrnod hwnnw'n unigryw ac arbennig i'r Cristion.

Pan gollodd Jwdas barch at yr Arglwydd Iesu Grist fe gollodd barch at ŵyl grefyddol, at ei gyd-ddisgyblion ac at bopeth oedd yn gysegredig cyn hynny.

Nid oes unrhyw beth mewn bywyd yn ddiogel pan gollwn barch at Iesu Grist. Nid yw diwrnod a'i gysylltiadau yn golygu dim. Diwrnod yw diwrnod – a dim arall – wedyn.

Ni fydd unrhyw arwyddocâd arbennig i wyliau Cristnogol fel Gwener y Groglith na Sul y Pasg, y Sulgwyn na'r Nadolig. Dyna paham y gwelwn golli parch at y gwyliau hyn. Yn y gwraidd colli parch at yr Arglwydd Iesu ydyw.

*Huw Ethall*

## Gweddi'r Pasg

Ein Duw Sanctaidd a thrugarog, nid arbedaist dy Fab dy hun, ond ei draddodi i farwolaeth trosom ni oll. Dwg ni at droed croes Calfaria i weld dy gariad rhyfeddol tuag atom yng Nghrist Iesu. Mawrygwn dy enw sanctaidd am i ti droi tywyllwch Golgotha yn oleuni i ni; am i ti droi unigrwydd Iesu ar y pren yn sicrwydd na fyddwn ni yn unig byth mwy, ac am i ti droi ei glwyfau yn foddion i'n hiacháu. Meddianna ni â meddwl yr hwn a ddaeth i'n plith fel gwas ac a fu'n ufudd hyd angau. Dyro i ni ei lawenydd ef yn barhaus. Amen.

***O Llyfr Gwasanaeth Undeb yr Annibynwyr Cymraeg***

## Teulu Bethania

### Darllen Luc 10, 38–42; 15, 11–32

Gwyddom i Iesu ymweld â llawer o gartrefi. Bu'n aros dan gronglwyd mam-yng-nghyfraith Simon Pedr yng Nghapernaum a bu'n cael pryd o fwyd yng nghwmni'r pen-publican o Jericho, Sacheus. Ond gwyddom am un teulu y meddyliai Iesu lawer ohonynt, a hwnnw oedd y teulu bach o Fethania, pentref ar gyrion tref Jerwsalem. Gwyddom iddo letya yno yn ystod wythnos olaf ei fywyd, a'i fod yn hoff iawn o gymdeithas Mair a Martha a Lasarus. Onid ef a roddodd anadl yn ôl yn ffroenau Lasarus?

Yn ôl Luc, y mae Iesu yn galw un tro ym Methania, ac yn cael derbyniad cynhyrfus gan Martha, am fod Mair yn tueddu i roddi'r cwbl o'r neilltu er mwyn gwrando ar sgwrs y Crist. Disgrifir Martha yn berffaith: 'Ond Martha oedd drafferthus ynghylch llawer o wasanaeth'. Roedd hi'n anfodlon iawn bod Mair yn eistedd i sgwrsio â Iesu, a gadael iddi hithau hulio'r bwrdd ar gyfer y pryd bwyd. Dyma hi'n mynegi ei phrotest drwy godi ei llais mewn tymer ddrwg. Dysgodd Iesu wersi pwysig i'r teulu, a phob teulu arall: yr angen i ni fod yn oddefgar o'n gilydd; a'r ffaith ein bod yn aml yn tueddu i anghofio materion pwysicach o lawer wrth ymdrafferthu ynglŷn â manion bethau.

Ni fedr teulu dyn na theulu Duw fyw heb oddefgarwch o bob tu. Os mynnir ennill cariad a chydweithrediad plentyn, dylai rhieni geisio deall ei agwedd a bod yn oddefgar wrth yr agwedd honno. Yn yr un modd mae'n rhaid i'r plant a'r ifanc gofio y disgwylir goddefgarwch oddi wrthynt hwythau pan eir ati i drafod pynciau a safonau a goleddir gan eu rhieni. Heb hyn, dim ond anghydfod sydd i'w ddisgwyl. Pwysleisiodd Iesu fod pob un o gymeriadau teulu bach Bethania yn dwyn cysur mawr iddo bob amser. Martha oedd mor ymarferol, Mair oedd mor sensitif, a Lasarus oedd mor oddefgar. Diolch amdanynt.

***D. Ben Rees***

## Gobaith y Byd yn y Gweddill

Dechreuodd Iesu Grist achub cenhedloedd y byd gyda deuddeg o ddynion digon cyfyng eu gorwelion ac amrywiol eu ffyrdd a'u diddordebau. Yr oedd rhai o'r disgyblion yn blwyfol o gul, ac eraill yn barod i gofleidio'r dieithryn. Ond cysur Iesu Grist iddynt oedd 'Nac ofna, braidd bychan; canys rhyngodd bodd i'ch Tad roddi i chwi y Deyrnas'.

Soniodd Iesu lawer am y pethau bychain, fel y gwnaeth rhai o'i ddisgyblion. Dyna oedd neges olaf ein nawddsant, Dewi: 'Gwnewch y pethau bychain'. A dysgodd Iesu werth y pethau bychain, cwpanaid o ddŵr oer, dwy hatling, un dalent. Tybid o hyd gan lawer mai'r unig ffordd i ennill y byd oedd trwy ddeuddeg miliwn o ddynion cryf, fel milwyr Nebuchodonosor gynt, gyda'r arfau anferthaf yn eu dwylo; ond gwyddom fod teyrnas pob rhyw unben wedi diflannu yn ei thro, a theyrnas Iesu yn unig sy'n aros.

Pan âi cenhadwr o Gymru i'r Dwyrain Pell, mynd a wnâi ar ei ben ei hun neu gyda'i wraig a'i deulu. Nid tyrfa fawr a fyddai'n hwylio o Lerpwl i Calcutta, ond un, neu ddau neu dri ar y mwyaf. Ac y mae Iesu yn ei ddysgeidiaeth yn pwysleisio'n gyson fel y medr yr ychydig gyflawni gweithredoedd nerthol, y lefain yn y toes yn gwneud torth fwytadwy, yr halen yn puro ac yn diogelu, y goleuni yn goleuo preswylwyr y ddinas. Yn wir, yn goleuo fel y gwêl pawb o'r trigolion y gwirionedd.

Y mae llawer dull o gyflwyno'r Efengyl. Un ffordd yw pregethu. Ac y mae'r ffordd hon yn anhepgor, ac fe lwyddwyd i adeiladu a chynllunio a sefydlu achosion yn y mwyafrif o wledydd y byd drwyddi. Mewn aml i wlad, mae'n anodd pregethu, oherwydd fe erlidir y rhai sy'n arddel Iesu. Mewn gwledydd eraill, caiff yr Efengyl ei llurgunio. Gosodir label anghywir ar ddisgyblion Iesu Grist, fel Catholigion a Phrotestaniaid, ac yn lle cydweithio fe gawn weithiau atgasedd. Siom yw peth felly. Yn wir, pwysleisia Iesu mai gobaith y byd yw'r gweddill gweithgar, gweddigar, grymus eu gweithredoedd a thangnefeddus eu hysbryd. Braint yw cydnabod hynny.

***D. Ben Rees***

## Myfyrdod ar Iesu fel Duw-ddyn

Y cwestiwn oesol yw'r cwestiwn a ofynnodd Iesu i'w ddisgyblion, 'Pwy y mae dynion yn dywedyd fy mod i?' Bu'r Tadau Eglwysig yn trafod y cwestiwn mewn aml i gynhadledd, fel yr un a gafwyd yn Nicea. A'r ateb a ddaeth i'r cwestiwn oedd y Duw-ddyn. Felly, yn gyntaf, y mae Iesu Grist, ein Harglwydd, yn wir Dduw, o'r un sylwedd â'r Tad Tragwyddol o ran ei Dduwdod. Mewn geiriau eraill, Duw o Dduw. Yn ail, mae'n wir Ddyn, o'r un sylwedd â ni ddynion a merched o ran ei ddyndod. 'Dwy natur mewn un person', meddai'r ferch o Ddolwar Fach. Cofier fod y ddwy natur, y dwyfol a'r dynol, heb eu cymysgu.

William Williams a osododd y gwirionedd mewn pennill sy'n ganllaw gwerthfawr.

'Henffych, Iesu'r Duw tragwyddol,
Gwir a sanctaidd berffaith ddyn!
Dwy ryw natur mewn un person –
Syndod nefoedd fawr ei hun.
A phob natur a phriodoledd
Eto'n hollol gadw ei lle,
Ddyndod, heb gymysgu â Duwdod,
Priod f'enaid byth yw E'.'

Ni ellir adnabod Duw ond yng Nghrist Iesu. Philipp Melancthon a ddywedodd: 'Trwy adnabod Crist adnabyddwn ei fendithion'. Y bendithion a gyfrennir ganddo i'w ddisgyblion. Ac felly gallwn ddweud fod Cristnogaeth wedi deillio o ddatguddiad arbennig a roddwyd trwy'r Arglwydd Iesu Grist. Y mae'r datguddiad hwnnw i'w werthfawrogi mewn cynulliad o gredinwyr yr Efengyl ar lwybr gair o brofiad. Trwy ei brofiad, mae'r Cristion yn cydnabod Crist Iesu fel y Duw-ddyn. Rhoddwn sylw arbennig bob amser i Grist Hanes a hefyd Crist Profiad. Yr oedd bywyd daearol Iesu yn ddigymar, nid Crist y credoau ydoedd, ond Crist a weithredai ewyllys a gallu ei Dad ar lwybr iachâd, gobaith, dysgeidiaeth a duwioldeb. Ef sy'n bwysig yn y Testament Newydd. Y mae pob un arall yn ei wasanaethu - Luc, Marc, Mathew, Ioan, Pedr, Iago a Paul. Trwy ddynoliaeth fawr Iesu, yn cofleidio'r dirmygedig a'r difreintiedig, y deuwn i adnabod ei Dduwdod. Gwerthfawrogwn y myfyrdod hwn ar fawredd Iesu, a chanwn yn gyson am ei benarglwyddiaeth a'i rym ar ein cyfer.

***D. Ben Rees***

## CREDAIS MAI FFŴL YDOEDD – HEROD

### Darllen Luc 23:1–12

Credais mai ffŵl ydoedd.
Pam cerdded i'r fagl a osododd y Phariseaid iddo?
Pam derbyn cusan y bradwr?
Pam bod yn ddistaw,
pan allai gwadiad syml achub ei fywyd?
Dim ond ffŵl allai wneud camgymeriadau fel yna,
felly penderfynais fanteisio ar ei ffolineb.
Penderfynwyd ei wisgo fel brenin
ac ymgrymu o'i flaen yn wawdlyd,
gan ddatgan ein teyrngarwch.
'Tyrd yn dy flaen,' meddem,
'rho i ni arwydd,
dangos i ni wyrth!'
Roeddem yn chwerthin o'i hochr hi
nes bod y dagrau'n llifo lawr ein gruddiau.
Ond pe baem yn onest,
nid chwerthin roeddem o dan yr wyneb,
ond rhyfeddu,
arswydo.
'Sut hynny?' rwy'n eich clywed yn gofyn.
'Beth a ddywedodd? Beth a wnaeth?'
Dyna'r peth –
ni ddywedodd yr un gair,
ni wnaeth yr un dim,

dim ond sefyll yno'n dawel,
a derbyn popeth a daflwyd ato yn urddasol.
Wrth iddo sefyll yno,
yn gadarn ac yn ddi-droi'n-ôl,
gwyddwn nad oedd wedi disgyn i unrhyw fagl
na cholli ei gyfle i ddianc.
Rhagwelodd y cyfan,
y dioddefaint a'r gwrthodiad.
Nid damwain oedd y prawf,
nid camgymeriad anffodus,
ond rhan o bwrpas na allwn ei amgyffred.
Dyna'r pryd y gwelais wacter fy mywyd fy hun.
Ceisiais ei anwybyddu,
a chymryd arnaf nad oeddwn ei angen,
ond doedd dim modd osgoi'r gwirionedd.
Hwyrach na allwn fod wedi ei achub o'i dynged y diwrnod hwnnw –
ond gallai ef fod wedi fy achub i;
collais fy nghyfle oherwydd fy mod yn ofni'r canlyniadau.
Anfonais ef i ffwrdd,
ac fe'i hoeliwyd ef i'r groes,
dioddefodd farwolaeth erchyll.
Ond mi wn i un peth erbyn hyn:
nid ef oedd y ffŵl y diwrnod hwnnw –
ond fi!

**Gweddi:**
Arglwydd,
y mae dy ffyrdd yn ymddangos i ni weithiau yn ffolineb –
ffordd aberth a hunan ymwadu,
ffordd cariad yn wyneb casineb,
ffyddlondeb yn wyneb anffyddlondeb.
Yng ngolwg y byd y mae pregethu Crist wedi ei groeshoelio yn ffolineb,
ond i ni amlygiad o'th nerth a'th ddoethineb ydyw,
mynegiant rhyfeddol o'th ras achubol.
Dysg i ni ddangos ein diolchgarwch, nid ar air yn unig,
ond drwy ddilyn dy ffordd,
a dangos y parodrwydd i fod yn ffyliaid er mwyn Crist.

***Nick Fawcett, addasiad Olaf Davies***

## Un o'r Dorf yn Jerwsalem

### Darllen Mathew 21:1–11

Ac yr oedd y tyrfaoedd ar y blaen iddo a'r rhai o'r tu ôl yn gweiddi: 'Hosanna i Fab Dafydd! Bendigedig yw'r un sy'n dod yn enw'r Arglwydd. Hosanna yn y goruchaf!' Pan ddaeth ef i mewn i Jerwsalem cynhyrfwyd y ddinas drwyddi. Yr oedd pobl yn gofyn, 'Pwy yw hwn?', a'r tyrfaoedd yn ateb, 'Y proffwyd Iesu yw hwn, o Nasareth yng Ngalilea' (Mathew 21:9–11).

Dylech fod wedi gweld y dorf y diwrnod hwnnw!
O'i gwmpas ym mhob man,
yn rhedeg o'i flaen,
ac yn gwthio o'r tu ôl,
miloedd yn tyrru drwy byrth y ddinas,
pawb yn gweiddi am y gorau.
Roedden nhw'n ecstatig,
yn chwifio palmwydd mewn croeso,
ac yn taenu eu dillad ar y ffordd.
'Hosanna!' gwaeddent.
'Hosanna i Fab Dafydd!'
'Bendigedig yw'r Arglwydd!'
A phwy oedd yn eu canol?
Y dyn o'r enw Iesu,
o Galilea yn y gogledd.
Roedd yr enw yn canu cloch,
oherwydd clywais storïau am arwyddion a rhyfeddodau,
am ddyn a iachaodd y cleifion,
bwydo'r tyrfaoedd,
a gostegu'r storm –
proffwyd heb ei debyg, yn ôl rhai.
Ond wir i chi,
welais i ddim byd arbennig ynddo,
dim byd i ddal fy llygaid –
dim ond person cyffredin,
fel chi a fi.
Eto dalient i gymeradwyo,

fel pe baent yn croesawu dyfodiad y Meseia ei hun,
Mab Duw,
brenin buddugoliaethus.
Mae'n dipyn o benbleth i mi,
oherwydd byddwn wedi disgwyl clywed sain yr utgyrn,
pe byddai hynny'n wir,
cerbydau aur a gorymdaith frenhinol –
nid dyn yn marchogaeth ar ebol asyn.
Ond mae'n rhaid bod rhywbeth ynglŷn â'r dyn i achosi'r fath gynnwrf,
rhyw ddawn i ennill calonnau a dal y meddwl.
Dydw i ddim yn siŵr beth,
na sut,
ond rwy'n bwriadu dod i wybod;
mae'n achos chwilfrydedd.
Gormod i'w anwybyddu.

**Gweddi:**
Arglwydd Iesu Grist,
gwared ni rhag cymysgu gwerthoedd y byd hwn
â'th werthoedd di,
a rhag ystyried dy deyrnas fel un sy'n ei gwthio'i hun ar bobl –
yn pwyso,
yn gorfodi.
Dysg i ni mai ffordd cariad yw dy eiddo di,
ffordd sy'n gwahodd ymateb.
Helpa ni felly i ymwadu â ni ein hunain,
er mwyn darganfod pwy ydym mewn gwirionedd:
i fod yn olaf er mwyn bod yn gyntaf,
i golli ein bywyd er mwyn ei ddarganfod,
i gerdded ffordd frenhinol y groes.
Amen.

*Nick Fawcett, addasiad Olaf Davies*

## Pontius Pilat

### Darllen Ioan 18:1–19:42

Daeth Pilat allan eto, ac meddai wrthynt, 'Edrychwch, rwy'n dod ag ef allan atoch, er mwyn ichwi wybod nad wyf yn cael unrhyw achos yn ei erbyn'. Daeth Iesu allan, felly, yn gwisgo'r goron ddrain a'r fantell borffor. A dywedodd Pilat wrthynt, 'Dyma'r dyn'. Pan welodd y prif offeiriaid a'r swyddogion ef, gwaeddasant, 'Croeshoelia, croeshoelia'. 'Cymerwch ef eich hunain a chroeshoeliwch,' meddai Pilat wrthynt, 'oherwydd nid wyf fi'n cael achos yn ei erbyn.' Atebodd yr Iddewon ef, 'Y mae gennym ni Gyfraith, ac yn ôl y Gyfraith honno fe ddylai farw, oherwydd fe'i gwnaeth ei hun yn Fab Duw'. Pan glywodd Pilat y gair hwn, ofnodd yn fwy byth. Aeth yn ei ôl i mewn i'r Praetoriwm, a gofynnodd i Iesu, 'O ble'r wyt ti'n dod?' Ond ni roddodd Iesu ateb iddo (Ioan 19:4–9).

Ni allwn gael achos yn ei erbyn,
dim cyhuddiad i'w ateb.
Nid rebel ydoedd yn annog gwrthryfel,
nid un â'i fryd ar rym daearol –
roedd ei fwriadau, yn nhermau'r byd, yn amlwg yn ddiniwed,
ac yn sicr yn gamarweiniol.
Ni achosodd ddolur i neb,
ni wnaeth gam â neb,
ond roedd hi'n bendant iddo dramgwyddo rhywrai,
a daeth yn glir fod yr hen Ysgrifenyddion a'r Phariseaid,
gyda'u rheolau a'u deddfau diddiwedd,
yn benderfynol o roi taw arno:
nid ei gosbi na'i garcharu,
ond ei ladd.
Ni fyddai hynny wedi fy mhoeni fel arfer –
beth yw un cythryblwr yn llai? –
ond fe wnaeth y dyn Iesu yma i mi deimlo'n anghysurus o'r dechrau.
Y llygaid yna!
Ei atebion sicr!
Cefais fy nhaflu'n llwyr,
a chefais yr argraff fod fy nhynged yn ei ddwylo ef,

yn hytrach na'i dynged ef yn fy nwylo i.
O ble daeth hwn, meddyliais?
Pwy oedd hwn?
Ymwelydd oddi wrth y duwiau?
Ac wrth i'r posibilrwydd ddal gafael ynof,
ceisiais ei ryddhau.
Ond roedd hi'n anobeithiol,
gan fod y cŵn wedi arogli gwaed,
a'r mwyaf y plediwn ar ei ran,
cryfaf y waedd am waed.
Ildiais, ymhen hir a hwyr.
Pa ddewis oedd gennyf?
Gwell mentro'i fywyd ef na'm bywyd i.
Ond chysgais i 'run eiliad ers hynny,
mae'r olwg ar ei wyneb yn parhau i darfu arnaf.
Ni chefais yr un achos yn ei erbyn,
eto traddodais ef i farw,
a does gen i ond gobeithio nad yw'r hyn a ddywedodd amdano'i hun yn wir –
brenin byd arall –
os gwir hynny, rwy'n ofni dedfryd arall ryw ddiwrnod...
mewn achos yn fy erbyn i.

**Gweddi:**
O Grist ein Gwaredwr,
am dderbyn ein dedfryd,
am wynebu ein cosb,
am gario beichiau'r byd,
addolwn di.
Derbyn y diolch, y mawl, yr addoliad a'r gwasanaeth
sydd wir yn eiddo i ti,
ac yn dy drugaredd
cymorth ni i dderbyn y fuddugoliaeth a enillaist trosom
ac i gerdded bob dydd mewn newydd-deb bywyd,
wedi'n glanhau,
ein hadnewyddu,
ac wedi derbyn dy faddeuant. Amen.

***Nick Fawcett, addasiad Olaf Davies***

## 'COFIA FI,' OEDD EI GRI' – MAM UN O'R LLADRON

### Darllen Luc 23:39-43

'Cofia fi,' oedd ei gri.
'Pan ddoi i deyrnasu
cofia'r truan tlawd a fu farw yn dy ymyl.'
Beth a barodd iddo ofyn?
Nid wyf yn gwybod,
ond yr oedd rhywbeth ynglŷn â'r dyn Iesu yma
a'i cyffyrddodd ddigon i beri iddo,
yn ei ing, i yngan ei gri olaf.
Roedd yn syndod i mi,
oherwydd nid oedd yn ddyn crefyddol;
roedd ei ffydd – nid yn unig yn Nuw ond ym mhopeth –
wedi diflannu ers blynyddoedd.
Gwyddai ei fod ar fai,
ac yr oedd yn dymuno newid,
anghofio'r gorffennol a dechrau eto,
ond pa obaith oedd ganddo,
faint oedd yn barod i roi ail gyfle iddo,
a chredu ei fod yn barod i newid ei ffyrdd?
Neb.
Un camgymeriad,
un eiliad o wallgofrwydd,
ac yr oedd yn wrthodedig,
wedi ei gondemnio i dreulio gweddill ei ddyddiau yn y gwter,
heb obaith,
heb ystyr.
Ni allai oddef rhagor,
ac aeth o ddrwg i waeth.
Torrodd fy nghalon pan ddaliwyd ef,
oherwydd fy mab ydoedd wedi'r cyfan,
ond erbyn hyn yr oedd wedi derbyn, i bob golwg,
ei fod yn haeddu cosb am ei droseddau.
Ond pan godwyd ei groes sylwodd ar y crocsbren nesaf,
a newidiodd ei wedd,
o anobaith i ddicter, anghrediniaeth a siom.

Gwyddwn beth oedd ar ei feddwl,
roeddwn innau yn teimlo'r un fath:
pam y dyn hwn? –
dyn dieuog,
heb ronyn o ddrwg ynddo,
heb awgrym o gasineb ynddo.
Dioddefodd y cyfan yn dawel,
y sarhad,
y gwrthodiad,
a hyd yn oed pan ddechreuodd y llall oedd yn hongian yno ei wawdio,
ni newidiodd ei agwedd,
dim dicter,
dim melltithio.
Ni welais erioed y fath beth –
dyma'r unig dro –
ac mae'n amlwg i'r olygfa gael effaith ar fy mab
lawn cymaint ag arnaf innau,
oherwydd y peth nesaf a glywais oedd ei lais,
yn galw, yn uchel ac yn glir:
'Iesu, cofia fi pan ddoi i'th deyrnas.'
Aeth â'm gwynt i gyd,
ofnais wrth feddwl beth ddigwyddai nesaf,
oherwydd pam dylai Iesu wrando, yno o bob man?
Ni wnaeth neb arall erioed.
Pa reswm oedd ganddo i boeni am ddim
ond ei ing ei hun?
Ond fe drodd gydag edrychiad nad anghofiaf byth –
y fath gariad,
y fath lawenydd,
y fath dderbyniad ar ei wyneb –
a llefarodd y geiriau rhyfeddol:
'Heddiw byddi di gyda mi ym Mharadwys.'
A oedd hynny'n wir?
Wel, mae'n amlwg na allaf ateb y cwestiwn hwnnw,
nid yn y bywyd hwn, o leiaf –
os am brawf rhaid i chi ddisgwyl.
Ond gallaf ddweud hyn:
pan dynnwyd fy mab i lawr a minnau yn ei ddal yn fy mreichiau –

dylech fod wedi gweld y wên ar ei wyneb,
y mynegiant o lawenydd a thangnefedd ar ei ruddiau.
Yr oedd yn ddigon i mi.
Gwyddwn y pryd hwnnw,
heb amheuaeth,
heb gwestiwn,
fod Iesu wedi clywed ei weddi,
a'i hateb!

**Gweddi:**
Arglwydd Iesu Grist,
pwy bynnag ydym, beth bynnag a wnaethom,
nid yw fyth yn rhy hwyr i ymateb i'th gariad.
Yr wyt ti bob amser yn barod i faddau ac anghofio,
a'n cynorthwyo i ailddechrau.
Dyna pam y daethost.
Down ninnau yn awr atat ti
i geisio dy gymorth a'th drugaredd,
oherwydd gwyddom ein gwendid a'n pechod,
ac am hynny gweddïwn ninnau:
'Cofia ni, pan ddoi i'th deyrnas.'

*Nick Fawcett, addasiad Olaf Davies*

## Un o'r Milwyr a Groeshoeliodd Iesu

**Darllen Luc 23: 33–43**

Daeth y milwyr hefyd ato a'i watwar, gan gynnig gwin sur iddo, a chan ddweud, 'Os ti yw Brenin yr Iddewon, achub dy hun' (Luc 23:36–37).

Beth oedd yr holl sôn yna am frenin?
Nid oedd yn edrych yn frenhinol i mi,
yn hongian yno ar groes,
a choron ddrain wedi ei gwasgu ar ei ben.
Ac eto, o'n blaen,
wedi'i ysgrifennu mewn llythrennau bras uwch ei ben:
'Hwn yw Brenin yr Iddewon.'

Jôc wael, meddem ni,
ffordd Pilat o ddangos i genedl falch pwy oedd wrth y llyw.
A digon da hefyd,
oherwydd roeddent yn cynllwynio rhywbeth neu'i gilydd byth a hefyd,
yn benderfynol o greu trafferth i ni.
Ond y tro hwn, yn rhyfedd iawn, nhw oedd yn ei wawdio,
nid ni,
yn gweiddi ac yn melltithio yn llawer iawn gwaeth na ni.
Beth bynnag oedd yr orsedd oedd ganddo mewn golwg,
doedden nhw ddim yn ei chydnabod,
neb ohonynt ar wahân i ryw ddyrnaid bach.
Felly, dyma ymuno yn yr hwyl,
wrth ein boddau fod y dorf am unwaith o'n plaid.
Ond erbyn hyn rwy'n difaru,
oherwydd roedd yna rywbeth rhyfedd yn y ffordd yr oedd yn hongian yno,
y ffordd y dioddefodd a marw.
Dim o'r hen hunandosturi yna.
Dim cri am drugaredd na dialedd.
Dim ond rhyw urddas anesboniadwy hyd yn oed wrth grynu yn ei ing...
a phan siaradodd,
dim ond geiriau o faddeuant,
ac o gariad;
yn wir roedd yna ryw dinc o fuddugoliaeth,
ac awgrym, er ein grym, mai ef oedd wrth y llyw.
Achubodd eraill, meddai rhai –
pam nad achubodd ei hunan?
Ond yna, beth fyddai gwir frenin wedi ei roi'n gyntaf:
ei orsedd,
neu ei ddeiliaid?
Gwnaeth i mi feddwl, mae'n rhaid i mi gyfaddef –
hwyrach mai brenin ydoedd, wedi'r cyfan.
Sut, does gen i ddim syniad,
ond dywedaf hyn,
os bwriadwyd y geiriau 'Brenin yr Iddewon' fel jôc,
arnom ni roedd hi,
oherwydd mewn rhyw ffordd ryfedd a digamsyniol,
ef oedd yn chwerthin yn y diwedd.

**Gweddi:**
Arglwydd yr Arglwyddi, Brenin y Brenhinoedd,
dysg i ni dy anrhydeddu
drwy fyw yn ôl gwerthoedd dy deyrnas:
dy wasanaethu drwy wasanaethu eraill,
dy garu drwy garu eraill,
rhoi i ti drwy roi i eraill.
Tyrd i'n calonnau,
ein bywydau,
ein byd,
a theyrnasa yn ein plith.
Amen.

*Nick Fawcett, addaiad Olaf Davies*

## ROEDD YN YMLADD AM EI WYNT – MAIR MAGDALEN

**Darllen Marc 15:33–36, 40–41**

Roedd yn ymladd am ei wynt,
ei gorff wedi ei anharddu gan y boen;
o'r braidd y gallwn ei wylio.
Hen fusnes ofnadwy yw'r busnes croeshoelio yma ar y gorau,
hyd yn oed pan fo'r troseddwr yn haeddu marw,
ond pan mae cyfaill yn hongian yno,
rhywun yr ydych yn ei garu,
y mae'r profiad yn annisgrifiadwy.
Y mae'n amhosibl i chi ddychmygu
beth yw sefyll yno'n ddiymadferth,
yn gwylio'r bywyd yn diflannu o'r corff,
gweld y trueni,
y boen,
yr anobaith,
a gwybod bod yn rhaid i'r boen ddwysáu,
cyn yr anadl olaf.
Os na fuoch mewn sefyllfa gyffelyb
ni ddowch fyth i wybod maint yr ing.

Dioddefodd pob un ohonom fu'n dystion
i'r olygfa erchyll
ei uffern bersonol ei hun.
Duw a ŵyr, ein dymuniad oedd rhedeg –
cau ein llygaid a chymryd arnom
nad oedd yr anfadwaith yn digwydd.
Ond nid oedd hynny'n bosibl.
Yr oedd ein hangen ni yno yn fwy nag erioed,
gwybod ein bod ni yno,
gwybod ein bod yn poeni,
gwybod nad oedd yn unig.
Nid oedd yn llawer, rwy'n cyfaddef,
y criw bychan ohonom,
yn gwylio'n betrus yn y cysgodion,
yn ofni cael ein hadnabod,
ond yr oedd yn ddigon,
un llygedyn o oleuni mewn anialwch tywyll;
oherwydd gwyddai, er gwaethaf ein ffaeleddau,
ein bod yn mentro ein bywydau
oherwydd ein cariad tuag ato.
Yr oedd yn ymladd am ei wynt,
ac yr oeddem yn gweddïo
ar iddo gael ei ryddhau o'i boenau yn sydyn.
Ond yn sydyn ai peidio,
beth bynnag fyddai'r gost,
yr oeddem yn benderfynol o aros hyd y diwedd –
dyna'r peth lleiaf y gallem ei wneud.

**Gweddi:**
Arglwydd Iesu Grist,
gwyddom na allwn ad-dalu ein dyled i ti,
ond fe allwn ddangos faint y mae dy gariad yn ei olygu i ni.
Gallwn geisio dy ewyllys a gwrando'n gyson ar dy lais.
Dyma fydd yn anadlu bywyd i'n ffydd a'n haddoliad;
dyma fydd yn gwireddu ein geiriau.
Helpa ni i gadw'n ffyddlon,
fel y buost ti yn ffyddlon i ni,
beth bynnag fo'r gost.

*Nick Fawcett, addasiad Olaf Davies*

## Yr oedd yn dywyll – Y Canwriad wrth droed y Groes

**Darllen Luc 23:44-49**

Yr oedd yn dywyll,
fel y fagddu,
mor ddu â phechod.
Fyddai dim yn anarferol yn hynny,
oni bai mai canol dydd ydoedd,
a'r haul yn danbaid mewn awyr ddigwmwl eiliadau ynghynt!
Diwrnod cyffredin arall ydoedd tan hynny,
dienyddiad arferol,
a buom yn gwylio'n ddidaro
wrth i'r gwehilion ddioddef yn y gwres,
yn gweiddi am ddŵr ac yn gwingo yn eu poen.
A oeddwn yn teimlo drostynt?
Dim o gwbl –
y mae rhywun yn cynefino gydag amser.
Ond yr oedd rhywbeth gwahanol
ynglŷn ag un ohonynt y tro hwn,
rhywbeth a ddaliodd fy sylw.
Roedd yno lonyddwch o'i gwmpas,
hyd yn oed awgrym o awdurdod,
a'i gwnaeth yn anodd i mi gredu'r hyn a welwn.
Yr oedd ei gyflwr yn druenus,
ei gefn yn greithiau,
a gwaed yn arllwys o'i ben, ei ddwylo a'i draed;
ond yr oedd rhai, er hynny, yn teimlo nad oedd wedi dioddef digon.
Fe'i gwawdiwyd,
ei sarhau,
ei geryddu,
digon i beri i ddyn cyffredin ymateb yn ffyrnig,
ond, credwch neu beidio, clywais ef â'm clustiau fy hun
yn gofyn i Dduw faddau iddynt.
Rhyfeddol!
A phan fu farw,
buaswn yn taeru bod awgrym o fuddugoliaeth yn ei lygaid,
yn union fel petai'n credu

bod ystyr i hyn i gyd,
bod yna bwrpas cudd.
Ond y tywyllwch a'm dychrynodd i fwyaf,
y modd y diffoddwyd y golau ar amrantiad,
y modd y diffoddwyd y sŵn.
Cyd-ddigwyddiad, medd rhai,
ond nid fi;
gwelais ddigon i'm hargyhoeddi bod y dyn hwn yn unigryw,
a heb os nac oni bai yn ddieuog,
bron na fuaswn yn dweud yn Fab Duw.
Fel arfer, nid oes gennyf fawr o amynedd â'r fath ffwlbri,
nid wyf yn ddyn teimladwy o bell ffordd –
ond wrth i mi ei wylio'n dioddef,
ac yn y diwedd yn marw,
dyna pryd y diffoddodd y golau i mi,
a'r byd yn dywyllach nag y bu erioed.
Yr oedd hi'n dywyll,
fel y fagddu.

**Gweddi:**
O! Dduw,
ni fu dydd erioed cyn ddued
â'r dydd y bu Iesu yn hongian ar y groes.
Casineb, dicter, rhagfarn ac ofn,
ar eu gwaethaf wrth i Iesu ddioddef.
O! Dduw, ni fu dydd erioed mor olau
â'r dydd y bu Iesu yn hongian ar y groes.
Gras, cariad, maddeuant a heddwch,
ar eu gorau wrth sicrhau ei fuddugoliaeth.
Arglwydd, ar y dydd hwnnw dangosaist
nad yw'r tywyllwch yn dywyllwch i ti,
fod y nos yn goleuo fel dydd.
Gyda'r sicrwydd hwnnw
yr ydym yn byw bob munud o'n hoes,
yn gwybod beth bynnag a wynebwn
y bydd dy gariad yn parhau i ddisgleirio,
drwy Iesu Grist ein Harglwydd.

*Nick Fawcett, addasiad Olaf Davies*

## Joseff o Arimathea

### Darllen Mathew 27:57–66

Cymerodd Joseff y corff a'i amdói mewn lliain glân, a'i osod yn ei fedd newydd ef ei hun, yr oedd wedi ei naddu yn y graig. Yna treiglodd faen mawr wrth ddrws y bedd ac aeth ymaith (Mathew 27:59–60).

Dylwn fod wedi gwneud mwy, rwy'n gwybod hynny,
fy rhodd dila o fedd, rhy ychydig, rhy hwyr.
Dylwn fod wedi ymateb pan allwn –
cyhoeddi fy nghariad, fy nheyrngarwch,
tra'i fod yn dal yn fyw.
Ond wnes i ddim, naddo,
enillodd ofn y dydd.
Gallwch gydymdeimlo, does bosib?
Roedd fy ngyd-Phariseaid yn casáu Iesu, cofiwch,
felly roedd cael eich gweld gydag ef,
heb sôn am gael eich galw yn gefnogwr,
yn golygu trwbl gyda 'T' fawr,
gwrthodiad o leiaf,
yr un dynged ag ef, mwy na thebyg.
Felly, beth newidiodd, rwy'n eich clywed yn gofyn?
Beth barodd i mi,
a fu'n ddistaw cyhyd,
ddangos fy ochr,
a mentro'r cyfan er mwyn dyn oedd wedi hen farw?
Dyna'r peth chi'n gweld.
Doedd dim angen iddo fod wedi marw,
os nad oedd yn dymuno hynny,
oherwydd roedd Duw gydag ef yn fwy na neb,
ond cynigiodd ei fywyd yn wirfoddol,
mewn hunanaberth,
yn sicr y gallai newid y byd am byth.
Dydw i ddim yn gwybod sut,
na pham,
ond mi wn i hyn:
allai neb fod wedi fy ngharu i yn fwy,

na rhoi cymaint
mor rhad.
Sut allwn i beidio ag ymateb?

**Gweddi:**
Crist ein Gwaredwr,
gwyddom na allwn ddiolch yn ddigonol i ti am yr hyn a wnaethost,
na'th foliannu ddigon am helaethrwydd dy ras
a dyfnder dy gariad,
ond cadw ni rhag defnyddio hynny'n esgus am beidio â'th anrhydeddu fel y dylem.
Helpa ni i ddangos ein diolchgarwch drwy'r hyn ydym:
calonnau'n agored i ti,
meddyliau'n dy geisio,
geiriau'n dy gyhoeddi
a gweithredoedd yn dy wasanaethu.
Er mor annheilwng ydym,
cynorthwya ni i barchu dy enw,
a hyrwyddo dy deyrnas –
i ymateb yng ngwir ystyr y gair.
Amen.

***Nick Fawcett, addasiad Olaf Davies***

## JWDAS ISCARIOT

### Darllen Ioan 12:1–8

A dyma Jwdas Iscariot, un o'i ddisgyblion, yr un oedd yn mynd i'w fradychu, yn dweud, 'Pam na werthwyd yr ennaint hwn am dri chant o ddarnau arian, a'i roi i'r tlodion?' Ond fe ddywedodd hyn, nid am fod gofal ganddo am y tlodion, ond am mai lleidr ydoedd, yn cymryd o'r cyfraniadau yn y god arian oedd yn ei ofal (Ioan 12:4–6).

Iawn, roedd gennyf gymhellion cymysg,
poenwn fwy am fy mhoced nag am anghenion y tlawd,
ond roedd gen i bwynt, does bosib na fedrwch roi hynny i mi.
Cofiwch, roedd ennaint Mair yn stwff drud iawn,

nid gwerth cyflog diwrnod neu ddau,
ond byddai'n rhaid i chi gynilo am wythnosau os nad misoedd
i fedru'i fforddio.
Meddyliwch am y gwahaniaeth y gallai fod wedi ei wneud
i fywydau pobl–
y bwyd y gellid bod wedi ei roi ar y bwrdd,
y dillad y gellid bod wedi eu prynu i'r plant –
a dyna lle'r oedd hi yn ei dywallt mewn gweithred sentimental,
a gwastraffu'r cyfan mewn amrantiad.
Roedd yn drosedd,
afradus –
felly roeddwn i'n gweld pethau,
ac os na allai hi weld gwell defnydd iddo,
fe allwn i.
Ond yn hytrach na'i cheryddu, fel y disgwyliwn,
trodd Iesu ei lid arnaf i, fel taswn i wedi gwneud rhywbeth o'i le.
Beth oedd arno?
Oedd e'n poeni am y tlodion?
Wrth gwrs ei fod a hynny'n fwy na neb,
ond sylweddolai hefyd, os na wnaeth neb arall,
fod yn rhaid iddo wynebu marwolaeth er rhoi bywyd i eraill –
ac roedd Mair, hyd yn oed yn ei diniweidrwydd,
yn eneinio ei gorff i'w gladdu.
Oedd, yr oedd yn poeni,
nid yn unig am y tlodion ond am bawb,
hyd yn oed gwalch diwerth fel fi:
yn poeni digon i'w roi ei hunan yn llwyr
er mwyn gwneud newid real yn bosibl yn ein byd trist ni.
Beth ddaeth drosof yn ei fradychu fel y gwnes?
Rhaid fy mod yn wallgof!
Ond, ar waetha'r sibrydion amdanaf yn dwyn,
roeddwn yn wir yn dymuno cynorthwyo fy mhobl,
a chredais yn fy ffolineb fod Iesu yn ceisio'u harwain ar gyfeiliorn –
ond ni allwn fod wedi gwneud camgymeriad mwy.
Rhoddodd ei fywyd er mwyn rhoi gobaith i bawb,
ac nid oedd dim yn ormod i'w dalu.
Felly os ydych chi'n poeni,
yn gwirioneddol boeni,

am y rhai mewn angen,
faint fyddwch chi'n barod i'w roi?

**Gweddi:**
Arglwydd,
dysg i ni roi yn hael,
i eraill ac i ti;
i ddefnyddio'r adnoddau a roddaist at ein gwasanaeth,
a cheisio mewn ffordd annheilwng greu byd gwell,
a dwyn dy deyrnas ar y ddaear yn nes.
Helpa ni i'th garu'n fwy,
ac i ddangos y cariad hwnnw yn ein haddoliad a'n gwasanaeth,
gan ymestyn allan at y rhai sydd mewn angen.
Drwy ymateb iddynt hwy,
boed i ni yn ogystal ymateb i ti.
Amen.

***Nick Fawcett, addasiad Olaf Davies***

## Joanna

**Darllen Luc 24:1–12**

Ar y dydd cyntaf o'r wythnos, ar doriad gwawr, daethant at y bedd gan ddwyn y peraroglau yr oeddent wedi eu paratoi. Cawsant y maen wedi ei dreiglo i ffwrdd oddi wrth y bedd... (Luc 24:1–2).

Roedd rhywbeth yn y gwynt y bore hwnnw,
rhywbeth arbennig,
anghyffredin,
bron yn arallfydol.
Ni allem roi ein bys ar y peth,
ond er ein bod yn ddigalon,
a'n llygaid wedi eu dallu gan ddagrau,
roedd ynom ryw ymdeimlad rhyfedd
fod y diwrnod hwn am fod yn wahanol i bob diwrnod arall:
diwrnod bythgofiadwy.
Roeddem yn credu ar y dechrau mai galar oedd achos y cyfan,

oherwydd cofiwch mai mynd i eneinio corff ein Harglwydd yr oeddem
– i dalu'r gymwynas olaf
a dweud ffarwel wrth ein breuddwydion.
Ond, er mai cyfnod o ddiweddiadau ydoedd,
yr oedd awgrym cryf
o ddechrau newydd,
addewid,
gobaith am y dyfodol.
Ai seiniau a golygfeydd y wawr ydoedd:
sŵn adar yn cyfarch diwrnod newydd,
ffresni'r gwlith ar lawr,
bywyd yn cyniwair eto?
Mae rhai'n dweud hynny,
hyd yn oed nawr,
er gwaethaf popeth –
er gwaetha'r maen a dreiglwyd,
y dillad a blethwyd,
a'r bedd gwag –
ond er iddi gymryd amser i ni dderbyn
a mwy fyth i ddeall,
gwyddom yn wahanol,
sef bod rhywbeth arbennig yn y gwynt y bore hwnnw,
yn fwy arbennig ac arallfydol nag y gall geiriau ei ddisgrifio.
Beth amdanoch chi?
A ddysgoch chi'r gwirionedd?
A ydych chi wedi amgyffred yr hyn a wnaeth Duw?
Roedd yr haul yn codi wrth i ni nesáu at y bedd,
gwawr diwrnod newydd
a gwawr byd newydd!

**Gweddi:**
Tyrd, O Arglwydd, yn nerth dy atgyfodiad,
i'n bywydau,
i'n byd,
a boed i'th oleuni lewyrchu,
dy ras drawsnewid,
a'th gariad adnewyddu.
Lle mae pobl yn rhodio mewn tywyllwch

anobaith,
dioddefaint,
ofn,
drygioni –
tyrd â'th wawr newydd
a'th ddechrau newydd:
tyrd â'th haul i'n calonnau.
Amen.

*Nick Fawcett, addasiad Olaf Davies*

## Ni allaf fynegi yr hyn a deimlais – Mair Magdalen

### Darllen Mathew 28:1–10

Ni allaf fynegi yr hyn a deimlais,
wedi'r arswyd a'r galar,
y tywyllwch a'r anobaith,
cael clywed y newydd syfrdanol –
fod Iesu'n fyw!
Bûm mewn dryswch llwyr tan hynny,
yn methu dychmygu'r boen a ddioddefodd,
a hynny gyda'r fath urddas a gwroldeb.
Fe'n rhybuddiodd i ddisgwyl y gwaethaf,
a gwyddem yn ein calonnau beth oedd ar y gorwel,
ond roeddem yn gwrthod ei dderbyn,
yn gobeithio y deuai ffordd arall,
ffordd lai costus y gallai ei dilyn.
Ond wrth gerdded at y bedd y bore hwnnw,
yr oedd y gobeithion hynny wedi eu chwalu,
wedi eu claddu gyda'n Harglwydd.
Yr oeddem yn ddall i bopeth ond ein galar,
ond wedi cyrraedd y fan a gweld y maen wedi ei dreiglo,
ni wyddem beth i'w wneud na'i ddweud.
Dyna'r pryd y torrodd y newydd arnom:
'Nid yw ef yma.
Y mae wedi cyfodi.
Dewch i weld lle bu'n gorwedd.'

Gan ofni mai breuddwyd ydoedd, yr oeddem yn gyndyn i edrych,
ond o'r diwedd magwyd digon o ddewrder i fentro,
ac, yn wir i chi,
yr oedd wedi mynd! –
dim ond y llieiniau a adawyd yn nodi'r fan lle bu'n gorwedd.
Gallwch ddychmygu ein teimladau,
ein calonnau yn llamu o gyffro;
ond yr oedd mwy i ddod,
rhywbeth llawer mwy rhyfeddol,
oherwydd wrth i ni redeg i rannu'r newyddion,
gwelsom ef o'n blaenau,
a'i freichiau ar led i'n croesawu,
yn disgwyl i'n cyfarch yn ei ffordd arferol.
Yr oedd wedi cyfodi, fel y dywedodd wrthym,
ni allodd angau ei gaethiwo!
Ond y mae'n bwysig i chi wybod
nad Iesu yn unig a gyfododd y diwrnod hwnnw,
ond pawb ohonom;
oherwydd yno, yn yr ardd, dechreuodd bywyd o'r newydd,
y bywyd yr oeddem yn credu a fu farw ynom am byth –
gobaith wedi ei aileni,
ffydd wedi ei adnewyddu,
cariad wedi ei ailgynnau,
llawenydd wedi ei adfer –
a gwyddem bellach na ellid ein dinistrio mwyach,
oherwydd yr oedd y prawf
yn sefyll yn ein hymyl!

**Gweddi:**
O! Dduw grasol,
drwy atgyfodiad Iesu Grist,
adnewyddaist ac adferaist ei ddisgyblion hefyd.
O ddyfnder diflastod daeth gorfoledd;
o bydew anobaith daeth gobaith;
o anialwch amheuaeth daeth ffydd.
Yr wyt ti ar waith o hyd,
pa le bynnag y mae gobaith yn brin
a ffydd wedi diflannu.

Gweithia arnom ninnau yn awr,
adnewydda ein calonnau ac adfer ein hysbrydoedd,
gwna ni'n greadigaeth newydd,
drwy Iesu Grist ein Harglwydd.

*Nick Fawcett, addasiad Olaf Davies*

## Er ei gyfarfod ar ffordd Emaus – Cleopas

### Darllen Luc 24:13–35

Er ei gyfarfod ar ffordd Emaus,
nid oeddem wedi deall –
allwch chi gredu hynny?
Er gwaethaf tystiolaeth y gwragedd a'r apostolion,
y bedd gwag,
yr angylion,
ni allem ei dderbyn!
Mae'n debyg ein bod yn benderfynol fod y cyfan ar ben,
a derbyniwyd y ffaith fod ein breuddwydion wedi eu chwalu.
Nid oedd yn bosibl i ni feddwl yn wahanol,
rhag ofn i ni gael ein siomi eto.
Gallwch ein condemnio os mynnwch,
ond cofiwch hyn:
fe'i gwelsom yn hongian ar y groes,
yr oeddem wedi ei wylio yn tynnu ei anadl olaf,
ac yr oeddem yno yn ein dagrau
pan dynnwyd ef i lawr a'i gladdu yn y bedd.
Nid yn hawdd y mae rhywun yn anghofio hynny.
Felly, pan ymddangosodd y dieithryn hwn
ni welsom ddim byd anarferol –
pam y dylem ni?
Roedd y posibilrwydd mai Iesu ydoedd yn bell o'n meddyliau.
Hyd yn oed wrth iddo ddehongli'r ysgrythurau i ni,
gan egluro pam fod yn rhaid i'r Meseia ddioddef a marw,
nid oeddem yn amau dim –
er bod ein calonnau yn llosgi o lawenydd ynom.
Ond wrth eistedd gyda'n gilydd wrth y bwrdd,

cymerodd fara a'i dorri;
nid oedd yn bosibl hyd yn oed i ni beidio â gweld
y gwirionedd anhygoel mai hwn oedd Iesu.
Yr oedd y Crist croeshoeliedig, atgyfodedig
yno gyda ni!
Yr oeddem yn credu fod yr anturiaeth ar ben,
ond nid oedd ond megis dechrau.
Yr oeddem yn credu nad oedd dim ond atgofion ar ôl,
ond yn sydyn roedd y dyfodol yn galw yn llawn addewid.
Yr oedd y nos yn dod i ben,
a'r dydd yn gwawrio.
Yr oedd bywyd yn dechrau eto –
ac yno y safasom yn rhyfeddu at ei ras,
oherwydd nid ni a gyfarfu ag ef y diwrnod hwnnw;
ef ddaeth i'n cyfarfod ni!

**Gweddi:**
Arglwydd Iesu,
rwyt yn ein gwahodd ninnau fel dy ddisgyblion
i'th ddilyn di.
Rwyt yn ein galw fel y gelwaist eraill ym mhob cenhedlaeth:
'Dewch ataf fi, bawb sy'n flinedig ac yn llwythog,
ac fe gewch orffwystra i'ch eneidiau.'
Diolchwn i ti am dy wahoddiad,
ac fe ymatebwn yn llawen.
Ond, yn fwy na dim,
diolchwn dy fod ti yn dod atom ni
cyn i ni ddod atat ti.
Daethost at Pedr, Iago ac Ioan wrth y llyn;
at y newynog, y cleifion a'r gwrthodedig ar strydoedd Galilea;
at Mair Magdalen yn wylo yn yr ardd;
at y disgyblion blinedig ar ffordd Emaus;
at yr apostolion y tu ôl i ddrysau caeedig;
at Saul ar ffordd Damascus;
ac at dyrfa ancirif ers hynny.
Diolchwn mai ti sy'n cymryd y cam cyntaf bob amser,
gan alw dy bobl i ffydd.
Agor ein llygaid i'th bresenoldeb

ac arwain ni ymlaen yn dy wasanaeth,
er mwyn dy enw.

*Nick Fawcett, addasiad Olaf Davies*

## Y PASG

### Darllen Luc 24:31

Rwyf wedi ymddeol droeon. Fel arfer, unwaith y mae rhywun yn ymddeol yn ystod ei yrfa, ond rydw i wedi ymddeol o fyd addysg, o fyd busnes a dwywaith o'r Weinidogaeth. Hen deimlad digon chwithig ydi ymddeol. Gadael pobl sydd wedi dod yn ffrindiau da, gadael taith yn ôl a blaen o'r gwaith ar ôl dod yn gyfarwydd â phob twll a chornel ar y daith honno. Gadael gwaith oedd mor felys ac a roddodd gymaint o bleser. Ond efallai mai'r chwithdod pennaf oedd gorfod gwrando ar yr areithiau ffarwél. Areithiau oedd ar brydiau yn ymylu ar fod yn deyrngedau a fyddai'n gwneud i'r dim i wasanaethau angladd! Cyfeirio oeddynt yn ddi-feth at orchestion ddoe. Gorffennol rhywun oedd yn cael ei drafod. Gweithredoedd a fu oedd byrdwn y teyrngedau. Ac ar ddiwedd y noson byddai rhywun yn mynd adref yn ddigon digalon gan dybio bod y diwedd yn agos ac nad oedd fawr o ddim i'w wneud bellach ond eistedd yn y gornel neu chwilio am y cartref nyrsio agosaf a phlygu i'r drefn. Ac o ymddeol bedair gwaith, fel yn fy hanes i, roedd y traddodi ar ddigwyddiadau ddoe yn fwy dirdynnol fyth.

Bob tro, adeg y Pasg, wrth i mi droi yn Efengyl Luc at hanes y ddau ar eu ffordd adref i Emaus bydd atgofion am yr ymddeoliadau yn brigo i'r wyneb. Mynd adref o Jerwsalem mae'r ddau, mynd adref yn eu hiraeth a'u digalondid. Mynd adref maen nhw am fod eu breuddwydion yn chwilfriw a'u gobaith yn deilchion. Mae'r groes wedi dod ar draws eu holl ddyheadau a'u dymuniadau, a does dim amdani bellach ond mynd yn ôl i'r hen rigolau, i'r hen ffordd o fyw. Mynd yn ôl i'r gornel.

Ar y ffordd adref, fel y cofiwch, mae cydymaith yn ymuno efo nhw ar y daith. Mae'n dechrau eu holi ac maen nhw'n bwrw eu bol ac yn sôn am ddigwyddiadau ddoe. Soniant am y dyn oedd yn broffwyd nerthol ei weithredoedd a'i eiriau, ac am eu gobaith nhw mai hwn oedd yn mynd i brynu Israel i ryddid. Roedd eu gobeithion yn fawr yn y gŵr hwn, ond daeth y diwedd ac fe gafodd ei groeshoelio. Dyn ddoe oedd Iesu iddyn nhw.

Ond mae'r cydymaith (nad ydyn nhw wedi ei adnabod) yn troi tu min ac yn ei dweud hi wrth y ddau bruddglwyfus trwy 'agorwyd iddynt yr Ysgrythurau' a dehongli ei fywyd ei hun a mynegi pam y bu'n rhaid iddo ddioddef y pethau hyn. Mae'n dangos iddynt, hefyd, ei fod yn ddyn heddiw.

Ar ôl cyrraedd gartref mae'r ddau'n gwahodd y dyn dieithr i noswylio efo nhw gan ei bod yn nosi a'r dydd yn dirwyn i ben. Ac ar doriad y bara, maen nhw'n ei adnabod. Iesu ydi o. Fo ydi'r dyn ddoe yr oedden nhw wedi bod mor barod i sôn amdano ar y ffordd. Mae'r ddau'n dychwelyd i Jerwsalem i rannu eu profiad efo'r lleill. Ydi, mae Iesu'n ddyn ddoe, ond mae o hefyd yn ddyn heddiw, yfory, ac yn dragywydd. Dyn pob oes a phob cyfnod ydi Iesu'r Pasg – yr Iesu Byw.

**Myfyrdod pellach:**
Ai Iesu'r Beibl yn unig ydi Iesu i chi? Ydi o'n brofiad byw i chi heddiw? Sut mae dehongli 'Iesu heddiw ac yfory ac yn dragywydd'?

***Huw John Hughes***

## Dychwelodd! – Pedr

**Darllen Luc 24:36–43**

Dychwelodd!
Daeth yn ôl i dir y rhai byw,
a ninnau wedi colli pob gobaith!
Tri diwrnod,
tri diwrnod o anobaith tywyll –
ein Harglwydd mewn bedd,
yn farw, wedi ei gladdu;
nid byth y gwelir ef eto.
Ac er ein bod wedi gweld â'n llygaid ein hunain
ni allai'r un ohonom gredu'r hyn a ddigwyddodd.
Yr oeddem yn disgwyl dihuno a gweld bod yr hunllef drosodd,
a chael clywed mai camgymeriad oedd y cyfan.

Ond wrth i wirionedd y sefyllfa ein taro,
dechreuodd y boen.
Dyma'r diwedd ar bopeth –
ein cynlluniau,
ein gobeithion,
ein breuddwydion.
Doedd bywyd ddim gwerth ei fyw bellach.
Yr oeddem wedi rhoi ein holl obeithion ynddo,
ond yr oedd wedi mynd am byth.
Wel, dyna a dybiwyd!
Oherwydd yr oedd yno,
yn yr ardd yn cyfarfod Mair wrth i'w chalon dorri.
Yr oedd yno,
ar ffordd Emaus wrth i'r ddau gerdded yn araf tua thref
a'u byd ar chwâl.
Yr oedd yno,
yn siarad gyda Thomas.
Yr oedd yno,
yn sefyll yn ein plith yn yr oruwch ystafell!
Yr oedd yn ôl ar dir y byw,
ac felly ninnau,
a'n ffydd eto ar dân,
ein gobaith wedi ei adfer,
ein llawenydd wedi ei ailennyn,
bywyd yn dechrau o'r newydd.

**Gweddi:**
Arglwydd Iesu Grist,
pan oedd y byd wedi anobeithio,
a hyd yn oed dy ddisgyblion wedi ildio,
daethost yn ôl gan droi methiant yn fuddugoliaeth.
Dysg i ni ddeall,
beth bynnag fo'r trychinebau a wynebwn,
beth bynnag fo'r rhwystrau a wynebwn
beth bynnag fo'r siomedigaethau a brofwn,
y gallwn godi eto gyda'th gymorth di.
Ti yw'r Duw all drawsnewid ein horiau tywyllaf
a'n harwain drwyddynt i oleuni dy gariad.

Cyflwynwn ein hunain, felly, i ti,
gan wybod na all bywyd nac angau
ein gwahanu oddi wrthyt ti.

*Nick Fawcett, addasiad Olaf Davies*

## TEIRGWAITH – PEDR

### Darllen Ioan 21:15–19

Teirgwaith y gofynnodd i mi,
teirgwaith yr un cwestiwn treiddgar:
'Pedr, a wyt ti yn fy ngharu i?'
Ac yr oeddwn yn blino ar y cwestiwn
yn ogystal â chael fy mrifo ganddo.
Oni ddylai fod yn gwybod erbyn hyn?
Dilynais ef am dair blynedd,
a chredais ein bod yn gyfeillion agos –
dyna'r argraff a roddodd ef i mi, o leiaf.
'Y Graig', dyna'r enw a roddodd arnaf,
sylfaen ei Eglwys –
mynegiant arbennig o ymddiriedaeth –
felly sut y gallai fy amau i'n awr,
heb sôn am gwestiynu fy nghariad?
Ond yna, wrth gwrs, fe gofiais fy addewid byrbwyll:
'Er i eraill dy adael
ni wnaf i byth' –
Yn sydyn fe ddeallais.
Gwyddai y buaswn yn methu, hyd yn oed wrth i mi siarad,
nid yn unig ei adael ond ei wadu.
Gwyddai hefyd pa mor ddrwg y teimlais,
pa mor fawr oedd fy nghywilydd.
Ond ni chafwyd arlliw o ddicter ganddo,
dim cerydd,
dim dial.
Poenai fwy amdanaf fi nag amdano ef ei hun,
a'i unig fwriad oedd cael dechrau ar lechen newydd,
a dyma fy nghyfle i ddelio â'r euogrwydd.

Teirgwaith y gwadais ef,
teirgwaith y gofynnodd y cwestiwn,
ac o'r diwedd dyma ddatgan
yr hyn y dylwn fod wedi ei ddweud wrth eraill:
'Ydwyf, Arglwydd; gwyddost fy mod yn dy garu.'
Ni allem newid y gorffennol, gwyddem hynny yn iawn,
ond gyda'i gymorth ef gallem newid y dyfodol.
Dyna a gynigwyd i mi'r diwrnod hwnnw:
dechreuad newydd,
pennod newydd,
bywyd newydd.
Fe'm hadferwyd,
fe'm glanhawyd,
derbyniais faddeuant.
Yr oedd y gŵr a adewais,
yn gwrthod fy ngadael i!

**Gweddi:**
O! Dduw grasol,
er ceisio claddu'r gorffennol a dechrau o'r newydd,
daw'r hen gamgymeriadau yn ôl i'n blino.
Dysg i ni gofio o hyd,
er cymaint yw camgymeriadau'r gorffennol,
yr wyt ti yn cynnig i ni faddeuant llawn.
Aeth yr hen heibio, ac mae'r dyfodol o'n blaenau –
ac ni all dim newid hynny.
Derbyn ein diolch ac arwain ni ymlaen,
yn enw Crist ein Gwaredwr.

*Nick Fawcett, addas Olaf Davies*

# 4. Yr Wythnos Fawr

## YSTYR Y PASG (1)

Fel hyn yr ysgrifennodd Paul: 'y mae Duw yn dangos ei gariad tuag atom, oblegid a nyni eto yn bechaduriaid, i Grist farw trosom ni' (Rhufeiniaid 5:8). Dyna le annhebygol i neb weld cariad Duw! Onid gwadu cariad Duw y mae hyn? Y Person yma, na allai Duw ddisgwyl dim mwy gan neb nag a gafodd gan Hwn, un a fu fyw yn llwyr i Dduw ac i eraill yn dod i ddiwedd mor ofnadwy! Ymhle mae Duw, yn wir, ei fod yn gadael i'r fath beth ddigwydd? Buasech yn disgwyl i farw Iesu Grist droi ei ddisgyblion yn anffyddwyr, bod y fath dynged wedi dod i ran y fath un. Ond y gwir amdani yw mai fel arall yn hollol y bu. Trwy'r Testament Newydd rydym yn cael y bobl hyn â llawenydd yn dawnsio yn eu calonnau eu bod wedi cael Duw ac wedi gwybod sut Un ydyw, ac mai yng nghroes Iesu Grist yn anad unman y cawsant hynny.

Sut y bu hyn? Does ond un esboniad: i'r disgyblion cyntaf weld, y tu hwnt i bob amheuaeth, mai Duw ei hun oedd wedi dod atynt yn Iesu Grist. Nid ar unwaith y gwelsant hynny. Dryswch llwyr iddynt ar y dechrau oedd yr hyn a ddigwyddodd ddydd Gwener y Groglith, a ffoi o'r lle mewn dychryn a siomedigaeth chwerw a wnaethant. Pa bryd, felly, y daethon nhw i weld pwy oedd Iesu Grist? Fore'r Pasg, yn siŵr, i ddechrau, pan ddaeth Iesu Grist o'r bedd yn fyw. 'Bobol! mae'n anodd credu,' meddwch. Felly'r disgyblion hefyd. Lol i gyd ganddyn nhw oedd stori'r gwragedd ei fod wedi codi o'r bedd. A phan ddaeth Iesu atynt, tybio ddaru nhw mai ysbryd oedd. Ond bu raid iddynt gredu oherwydd bu Iesu'n mynd a dod yn eu plith am bron i chwe wythnos wedyn. Ac eto ni welodd y disgyblion cyntaf yma yn iawn pwy oedd Iesu Grist tan y Sulgwyn, saith wythnos ar ôl y Pasg. Ydych chi'n cofio beth a ddigwyddodd ar y Sulgwyn? Ie, 'tywalltiad yr Ysbryd Glân' yn iaith y Beibl. Beth oedd hynny? Hyn yn un peth (ond nid dyna'r cwbl chwaith) iddynt gael goleuni ysbrydol i wybod pwy oedd Iesu Grist a beth oedd ystyr y Groglith a'r Pasg. Duw ei hun yn ei Fab oedd y Person rhyfedd hwn ac fe fu farw ar y groes 'er ein mwyn ni' a 'throsom ni'.

## Ystyr y Pasg (2)

Nid rhyw Santa Clôs, nid rhyw wlanen o Dduw ydyw. Darllenwch chi mor llym y bu ef wrth ei genedl ei hun, ac fel mae Iesu Grist yn dweud beth oedd i ddigwydd i Jerwsalem. Os yw Duw yn berffaith dda, sut y gall beidio â bod yn erbyn pob drwg, ac yn ei erbyn yn farwol? Mae gan Dduw amynedd hir i oddef yr holl ddrwg sydd yn y byd, ond ni wna byth ildio iddo, nac ildio'r mymryn lleiaf i'r drwg yn ein bywydau ni. Pe na bai ef ddim yn ein herbyn am y pethau drwg a gwael yn ein bywyd, sut y gallai neb ei barchu fel Duw? Y sefyllfa ddrwg hon rhyngom a Duw sydd i gyfrif am yr anhapusrwydd a'r tywyllwch a'r gwacter sydd ym mywydau pobl.

Ond sut y mae croes Iesu Grist yn delio â hyn? Trwy ddangos i ni'n gyntaf mai dyma'r gwir amdanom. Nid am eu bod nhw'n waeth na ni y bu i'r Iddewon a'r Rhufeiniaid ei gasáu mor ffiaidd a chael gwared ag ef mor greulon. Pobl debyg i ni oedden nhw, yr Iddewon, yn meddwl eu bod yn bobl dda a bod Duw yn siŵr o fod hefo nhw, a'r Rhufeiniaid yn malio'r un ffeuen am y grefydd yma. Doedd yna ddim yng nghalonnau'r bobl hyn nad yw ynom ninnau: syniad da amdanynt eu hunain, ofn cael cracio plisgyn eu parchusrwydd, ofn newid, amharodrwydd i adael i Dduw fod yn Dduw yn eu bywydau, ie, gelyniaeth gudd neu agored tuag at Dduw. Mae'r groes yn ein dinoethi, yn rhwygo i ffwrdd ddillad ein clyfrwch a'n parchusrwydd. Dyna'i chymwynas gyntaf, dangos i ni'r gwir amdanom ni'n hunain.

***Emyr Roberts***

## Gweddi'r Wythnos Fawr

**Darllen Salm 61 a 62; Rhufeiniaid 5:1–11**

**Gweddi wedi ei seilio ar Ioan 12:32, 27**
**Gwahoddiad:**
A minnau, os caf fy nyrchafu oddi ar y ddaear, fe dynnaf bawb ataf fy hun.

**Ymateb:**
A minnau, pan y'm dyrchefir oddi ar y ddaear, a dynnaf bawb ataf fy hun.

**Gwahoddiad:**
Am y rheswm hwn y deuthum i'r awr hon.

**Ymateb:**
Tynnaf bawb ataf fy hun.

**Gwahoddiad:**
Gogoniant i'r Tad, ac i'r Mab ac i'r Ysbryd Glân.

**Ymateb:**
A minnau, os caf fy nyrchafu oddi ar y ddaear, a dynnaf bawb ataf fy hun. Amen.

**EGLWYS MEWN TREF (DETHOLIAD O'R GERDD)**

'Ha, ha', chwardd yr Arglwydd o sblander Ei lais,
'Er bod twllwch yn gytûn mae golau yn Groes'.

Gerbron yr allor fel pagan annynol
Yn chwilio am rin y goruwchnaturiol
Penliniaf heb neb ond fy rheswm yn gydymaith,
Fy rheswm llibin mewn corff o anwybodaeth.

A throsof hed haul o ffenestr yr allor,
Haul mwy euraid na'r gwychaf drysor...
Ond wele mae cysgod yn llusgo drosto,
Rhyw gysgod mor waedlyd â'r haul sydd yno.

Ar wely pren fy mhechod fe gwsg yr Iesu
Mewn angau-fywyd sy'n ffenestr i'w Eglwys Lân.
Ymestynna'i freichiau ar led yn ddiog
Ac egyr Ei geg yn waedlyd, ond ni ddaw cân.

Cwsg yr Iesu'n dawel yn llong Ei eglwys,
Eithr ar frig y storm fe ddeffry fel Arthur Gawr.
Cerdd ar ddyfroedd Satan a'm harwain drosodd
I ddodi 'nhraed yn ddiogel ar nef y llawr.

Fe rydd ddau bysgodyn bach Ei galon a'i enaid
A phum torth fân Ei synnwyr i'm porthi'n ffri;
A thalaf iddo â chusan Gethsemane
A'i gario, fel ebol o ful, i Galfari.

Ar bren y bywyd, wedi dwyn yr afalau,
Mi hoeliaf Hwn fel rhybudd o gariad Duw.
Felly y rhydd Duw Ei nwyddau yn y ffenestr,
Y nwyddau rhad sy'n ein magu ni i fyw.

Eithr daw i lawr o'r nef a'r goeden waedrudd
A gedy lesni gloyw'i gynefin ar ôl
A holl frenhinol borffor Ei odidowgrwydd
I gymryd cartref tlodaidd yn fy nghôl.

Cnocia goleuni gwlyb yr Iesu ar fy sychder
A thyllu ym muriau llwydaidd eglwys f'aed,
Ac ar ôl blynyddoedd blin eiddil f'enaid anial
Deuaf at Ganan Ei gnawd ac oasis Ei waed.

O Dduw tyneraf, crwydryn llwydcudd ydwyf
O dywyll benglog gwlad faterol wael.
Tafla siaced fraith dy baradwys drosof,
Ar ferddwr fy mod liwiau D'oleuni hael.

***Bobi Jones***

## ECCE HOMO

**1**

Mae ar Gymru ymddiheuriad ers blynyddoedd i'r Arglwydd Grist:
gwnaethom ŵr parchus, diddrwg didda ohono, y troseddwr trist.

Rhyw fabi-siwgwr o feseia, ryw ddelff o dduw,
A ddaeth i'n byd i'n gwaredu rhag bwnglera byw.

Bwrw am y llwybr canol, beth bynnag am y llwybr cul;
Byw yn wyliadwrus drwy'r wythnos, ymdduwioli'r Sul,

Aeth ei Eni yn ein dwylo fel Blodeuwedd yn chwedl gain;
A'i Groes yn bopeth ond annibendod a drewdod a drain.

Rhyw daeog o Grist a'i feiddgarwch wedi hen ddiflannu;
Ei air yn ie a nage, a'i grwsâd yn gymanfa-ganu.

Cenedl fechan oedd ei genedl ef fel ninnau...
Hen linach; hen wynebau; hen lawenydd; a hen, hen iaith;
Salm ac ysgrythur yn drysorau hen draddodiad,
A'r Capel Mawr ar y bryn yn sefyll rywle rhwng Jerwsalem a'r Nef.

Yntau, dysgodd garu'r 'hen wlad' a gwarchod 'y pethe',
nid am fod eu tipyn tir a'u pethe'n amgenach, dim ond
am mai nhw oedd a'u piau, ac i'r patrwm hardd
ddod i lawr o genhedlaeth i genhedlaeth, o law i law.

Ysywaeth, gwlad wedi'i gorcsgyn oedd ei wlad yntau;
cenedl dan ormes, heb fod y mwyafrif yn anesmwytho dim am hynny –
'Onid yw'r 'gelyn' wedi gwella'n byd?' medde nhw; ac roedd hynny'n
wir, wrth gwrs!

Ond yr oedd rhai ar dân... ynfydion!
Cerddodd y fflam i'w galon ifanc; a dechreuodd sôn
Am 'roi'r deyrnas yn ôl i Israel' ryw ddydd...

Bydd y Llywodraeth a'r Sefydliad ymhob oes
yn galw'r plismyn i ddelio â rhyw ieuenctid di-wâr fel hyn.

'Meseia!' edliwiai'r bobl barchus yn y Capel Mawr,
'Pa Feseia yw hwn sy'n difrïo crefydd a bwgwth tynnu'r deml i lawr?'

Galwyd cwrdd-eglwys. Pasiwyd yn unfrydol, wrth gwrs.
'Croeshoelier ef!' – Mae'r gymdeithas a fyn gyfaddawd â Chesar,
Boed Fethel, boed fosg, yn gorfod gwneud hyn.

Nid yw'r Llywodraeth yn disgwyl meseia... O ran Rhufain,
os na fynychai'r ifanc y Capel Mawr, nid oedd yn ddiwedd y byd;
ac am Grist, nid ei grefydd oedd yn dramgwydd, ond...
roedd iaith Galilea yn ei galon a mynnai i genedl Israel fyw.

**2**

Wrth ei bobl, dywedodd: 'Os y Mab gan hynny a'ch rhyddha...'
ac ar y gair, cysegrwyd Mudiad Rhyddid pob cenedl fach dan haul.

Galwodd un o'r selotiaid yn ddisgybl, ac yn yr act,
aeth cenedlaetholdeb yn rhan o bolisi Teyrnas Dduw.
Chwipiodd yr offeiriaid a'r dynion-busnes; ac o'r pryd hwnnw ymlaen,
aeth cyfaddawd â'r pwerau mawr yn ffeidd-dra ar allor Duw.

Gwyddom y gweddill...
(Mae'r Nasaread Crog ar y Bryn
Yn un o ddarluniau hoffus orielau a pharlyrau Cymru!)
Nid yw'n anodd i'r twrneiod a'r bargyfreithwyr gael eu ffordd –
mae'r gyfraith yn erbyn y gŵr na fyn ei addasu ei hun i'r byd hwn.

Rhwygwyd y wisg oddi ar ei gefn – a'i waed fel enfys ar siôl!
Byrstiodd y traed yn eu sandalau, saeth y dur fel dur-pistyll wedi'r gawod.

Maddau iddynt – dyna'r cwbl a ddywedodd,
cyn i'r ffurfafen chwydu ei chywilydd a'i rhegfeydd yn gesair a mellt
ar ben twpdra didosturi, difalio, disynnwyr creadur o ddyn.

Mae'r Gwirionedd ar ein pyst ninnau heddiw,
a'r Gwaed ar ein harwyddion yfflon a'r pelmynt poen.

Arglwydd, a'th ieuangrwydd yn anadl i gredo o hyd,
maddau dy heneiddio gennym yn ryw geriatrig o Grist;
dy lusgo i'r eglwys-gadeiriol i wrando'r haerllugrwydd
yn troi dy Bregeth yn ddarn o bropoganda'r ymerodraeth fawr.

Maddau i ni altro'r Gair a cheisio meddiannu'r Gwirionedd;
mynnu ambell gam yn gywir ac ambell ddrwg yn dda;
a chymryd y dorth a'r cwpan fel pe bai'r sacrament yn barti –
rho halen Dy boen yn y bara a blas y gwaed yn y gwin!

Maddau, maddau, pan yw Israel a Chymru o hyd yn eu gofid,
nad wylwn ddeigryn o leia' dros roi'r deyrnas yn ôl iddyn-nhw.

***Rhydwen Williams***

## Ffordd Anodd y Groes

### Darllen: Luc 6:48–49

Dywedodd Iesu lawer o wirionedd yn y ddameg am y tŷ ar y graig a'r tŷ ar y tywod. Ceir yma gyferbyniad rhwng y gŵr sy'n rhoi pwyslais ar 'ddiogelwch yr Anodd' a'r gŵr a gaiff ei lygad-dynnu gan 'anwadalwch yr Hawdd'. Dweud mewn geiriau eraill a wna Iesu Grist ei fod ef yn cynnig, ar hyd ffordd anodd, y Groes yn ddiogelwch. 'Dilynwch fi ac fe fedrwch wynebu'r stormydd. Gwadwch fi, ac fe fydd trybini o'ch blaen.' Dyna osodiad anodd. Ond mae holl hanes yn esbonio'r dywediad ac yn ategu'r hyn a lefarodd Iesu.

John Stuart Mill a ddywedodd lawer blwyddyn yn ôl bellach na all unrhyw un gael gwell canllaw i'w fywyd na byw yn y fath fodd fel y byddai Iesu yn dweud wrtho, 'Da was, da a ffyddlon'. Ond y mae cymaint o bobl o hyd yn penderfynu fod yn well ganddynt adeiladu ar y tywod na'r graig. Y mae'r dasg yn anodd. Rhaid aberthu. Dywedodd un unigolyn craff: 'Ni ddaeth Iesu Grist i'r byd i wneud bywyd yn hawdd ond i wneud dynion yn fawr eu cyraeddiadau'. Nid cynnig ffordd hawdd a wnaeth y Crist ond cynnig ffordd y Groes, sef Ffordd y Bywyd. Ac fe anghofir ansawdd y ffordd ym muddugoliaeth y Pasg. Yr anodd sy'n tynnu'r gorau allan o bob person. Petaem yn mynd i bysgota i Lyn Tegid ac yn dal pysgodyn bob dydd o'r flwyddyn, byddai pysgota wedi mynd yn dasg rhy hawdd o lawer. Disgwylir i ni frwydro'n galed a chael yn y diwedd y fuddugoliaeth lwyr, er i ni fethu ar brydiau. Iago, brawd Iesu, a ddywedodd: 'A byddwch wneuthurwyr y Gair ac nid gwrandawyr yn unig'.

'Mi rodiaf drwy gymorth ei Ras
y llwybr a gerddodd efe;
nid rhyfedd os gwawdir y gwas,
cans gwawd gafodd Arglwydd y ne'.'

Cerddwn yn ôl traed Iesu ar lwybrau bywyd o ddydd i ddydd, hyd yn oed pan fydd hynny'n golygu ffordd anodd y Groes.

***D. Ben Rees***

## GWEDDI ADEG Y PASG

Anfeidrol, dragwyddol Dduw, awdur y bywyd daearol a'r bywyd ysbrydol, ceisiwn heddiw eto oleuni dy bresenoldeb, dy ddylanwad a'th air sy'n llenwi ein bywydau wrth ei astudio a'i drysori. Y mae arnom hiraeth mawr am fod yn well pobl, a gwyddom fod i ni yn yr oedfa hon gyfle eto i alw arnat ar lwybr y weddi a offrymir yn awr yn enw Iesu.

'Clyw fy nghri, O Fab y dyn,
trist ac aflan yw fy llun;
pechu'n erbyn gwaed y Groes
barodd imi chwerw loes;
cuddia fi'n dy farwol glwy
fel na allwyf bechu mwy,
yna canaf am dy waed
nes meddiannu'n nefol wlad.'

Wrth droi i Galfaria a gweld Iesu yn ein cofleidio ni allwn ond ymgrymu'n wylaidd a dweud o'r newydd ein bod ni am ei ddilyn, ei garu, ei wasanaethu holl ddyddiau'n bywyd, a gwybod fod arnom angen tyfu'n ysbrydol ac aeddfedu.

'Megis ffrwythlon bren yn tyfu
wrth afonydd dyfroedd byw,
mae ei enaid yn cynyddu
dan fendithion gwenau Duw;
hyfryd wlith, gras di-lyth,
a wreiddia'i ysbryd byth.'

Dyna ein dyhead pennaf: tyfu a ffrwythloni fel disgyblion i Iesu Grist. Ni fu'n hawdd erioed ar y disgybl. Gwyddom fod y byd yn gwrthwynebu mor gyson ddaioni a thystiolaethau'r rhai sy'n dilyn y Gwaredwr. Mae'n hawdd digalonni a mynd yn debyg i'r byd mewn materoliaeth a diffyg dyhead am dyfiant ysbrydol. Ond y fuddugoliaeth fawr i bawb ohonom yw ein disgyblu ein hunain i gadw'r gorchmynion i garu, i fod yn ffyddlon, i barchu'r bydysawd, i ymddiried yn llwyr yn Nuw ein Craig a'n Noddfa. A dywedwn gydag argyhoeddiad:

'D'eiriau Di, melys cu,
sydd yn ddigon byth i ni.'

Yn enw Iesu Grist ein Harglwydd. Amen.

## Dydd Sul – Dydd y Cyhoeddi

**Darllen Marc 11:1–11, Mathew 21:1–11; Luc 19:28–40; Ioan 12:12–29**

Dywed pob un o'r efengylau i Iesu gael croeso mawr pan ddaeth i'r Ddinas Sanctaidd er syndod i bawb a phob un. Ni chawn ein cyflyru i gredu y byddai'n derbyn y fath groeso tywysogaidd. Ond dylem gofio fod cannoedd o bobl a fu'n gwrando arno yn traethu'r gwirionedd wedi cyrraedd Jerwsalem ar gyfer yr ŵyl. Ac yr oedd carfan ohonynt yn genedlaetholwyr pybyr ac yn disgwyl chwyldro o dan arweiniad y Crist. Ac felly fe'i croesawyd gyda brwdfrydedd.

Yn ôl Ioan, mae'r hanes yn cychwyn nid gyda Iesu'n galw am ebol asyn, ond gyda'r dyrfa'n taflu palmwydd ac yn mynd i gyfarfod â Iesu gan seinio mewn gorfoledd, 'Halelwia'. Yn ôl Ioan, cafwyd cyfuniad o bererinion a thrigolion maestrefi fel Bethania a oedd yn dal i gofio gweithred iachusol Iesu ar Lasarus. Dyna un o'r rhesymau pennaf am y croeso mawr i'r Meddyg Da. Bu gwyrth ym Methania. Aeth y sôn am y wyrth ar hyd a lled strydoedd Jerwsalem.

Gwelai Iesu yng nghroeso'r dorf wireddu proffwydoliaethau Sechareia ac Eseia (Sechareia 9:9–17; Eseia 62:11). Y geiriau pwysig yw 'Merched Seion' (Eseia) a 'Brenin' (Sechareia). Iesu oedd y Brenin a gludai'r iachawdwriaeth bob amser – trwy ei eiriau pwerus a'i iacháu gwyrthiol.

Eisteddodd Iesu ar yr ebol asyn ac nid ar geffyl. Symbol o heddwch oedd yr ebol asyn, a symbol o ryfel oedd y ceffyl. Ac felly, yn y weithred symbolaidd hon pwysleisiodd Crist neges heddwch. Nid arweinydd milwrol oedd ar daith i'r Ddinas Sanctaidd ond Cymodwr y Cenhedloedd a Chymodwr dynion â Duw. Cyrhaeddodd y gorfoleddwyr a Christ drothwy'r Deml. Aeth Iesu i mewn gan sylwi ar ogoniant y Cysegr a methiant yr awdurdodau i gadw'r adeilad pwysig yn rhydd o fateroliaeth a thrachwant. Nid oedd dim amdani ond aros ei gyfle. Yn y cyfamser, aeth yn ôl at ei gefnogwyr didwyll ym Methania, ef a'i ddisgyblion, i aros yno dros nos.

***D. Ben Rees***

## GWEDDI AR DDYDD Y CYHOEDDI

Ni allwn ond rhyfeddu, Arglwydd Iesu, at dy arweiniad grasol a heddychol, ac at groeso'r pererinion a phobl gyffredin Bethania a Jerwsalem i Grist Iesu. Dywedwn gyda'r Salmydd: 'Bendigedig yw'r un sy'n dod yn enw'r Arglwydd. Bendithiwn chwi o dŷ'r Arglwydd. Yr Arglwydd sydd Dduw, rhoes oleuni i ni. Â changau ymunwch yn yr orymdaith hyd at gyrn yr allor.' Gwrandawn hefyd ar y proffwyd Malachi: 'Wele fi'n anfon fy nghennad i baratoi y ffordd o'm blaen; ac yn sydyn fe ddaw'r Arglwydd yr ydych yn ei geisio i'w deml; y mae cennad y cyfamod yr ydych yn hoff ohono yn dod,' medd yr Arglwydd. 'Pwy all ddal dydd ei ddyfodiad, a phwy a saif pan ymddengys?' Diolchwn am y modd mae'r Gair yn cydio'r hen addewidion gyda'r addewidion newydd a ddaeth yn wirionedd yn Iesu Grist.

Yr ydym yn dy garu a'th gofleidio, O Iesu, fel y gwnaeth y pererinion, yn dy alw yn Arglwydd yr arglwyddi am fod dy Groes wedi gwareiddio'r byd. Hoffem weld yn ein dyddiau ni barch at ddynoliaeth ym meddyliau ein harweinwyr yn hytrach na geiriau o gasineb a thrais a dinistr. Anodd i ni heddiw feddwl am unrhyw arweinydd sydd yn dod i'n plith i seinio nodyn o dangnefedd, o ewyllys da, o iacháu yn hytrach na chreu doluriau a diffodd bywydau'r ifanc ar faes y gad. Gwasgar y rhai sy'n dymuno rhyfeloedd fel ffordd i ddysgu gwers i'r unben ac i'r cryf, arfog.

Cryfha ni fel y medrwn gario'r Groes yn feunyddiol heb lesgáu na thristáu ond dilyn Iesu yn y ffordd sy'n arwain i'r bywyd tragwyddol. Diolch felly am yr arweiniad i bawb o'th ddisgyblion heddiw.

Dywedwn: 'Bendigedig fyddo Duw ein Tad am byth!'

Yn ei Enw. Amen.

**Gweddïwn**

Tyrd atom o'r newydd y munudau hyn, O Arglwydd ein Duw, i'n cynorthwyo i fyfyrio a gweddïo, i ystyried yn ddwys ein hanghenion, ac i ddiolch am ddyfodiad y Deyrnas yn Iesu Grist, yn y Gair, yn yr Ysbryd Glân ac yn yr Eglwys Gristnogol.

'Hosanna heddiw'r bore!
O canwn glod i'r anwyla'n bod,
Hosanna heddiw'r bore!
I Iesu, Frenin Nef, yn awr
I Iesu, Frenin Nef.'

Gwyddom yn dda na allwn fyth ddeall na dehongli yn llawn yr holl wybodaeth a roddaist i ni, trwy gyfryngau dynol, am ystyr a chenadwri y Pasg. Ond diolch am yr hyn a fynegwyd gan ddiwinyddion a meddylwyr y canrifoedd, yn athronwyr, llenorion, beirdd, artistiaid, cerflunwyr ac emynwyr.

Ni allwn deithio i unrhyw dref na gwlad, nac ymweld ag unrhyw oriel yn y byd, heb ganfod symbol y Groes neu ddylanwad Iesu, a ddioddefodd waradwydd y dorf ond gydnabyddiaeth y canwriad a chefnogaeth ei rai annwyl. 'Beth yw ei enw ef sy'n Frenin mor nerthol?' meddai un o'n hemynwyr cyn ateb, 'Ef yw Emanuel, ein Duw gyda'i bobol'.

Maddeuodd Iesu'n llwyr a llawn i'w boenydwyr, a dyna a ddisgwylir gennym ninnau heddiw. 'Rho ynom, O Dad, Ysbryd dy Fab i'n cynorthwyo i fyw yn fwy tebyg i'r Hwn a'n carodd hyd yr eithaf.'

'Canwch am ein Gwaredwr,
Iesu fab Dafydd,
Nid oes drwy'r byd a'r nef
Un tebyg i'n Harglwydd.'

Gallwn ddweud heddiw:

'Dyfod mae'n Brenin ni
A mawr yw'n llawenydd,
Agor y pyrth a wnawn
A chanu ei glodydd.'

A hynny byth bythoedd. Amen.

## Sul y Blodau

### Darllen Mathew 21:6–11

Pan ddaw Sul y Blodau yn ei dro, mae'n anodd gwneud pen na chynffon o'r digwyddiad. Ar y naill law mae'n ddiwrnod o ddathlu – dathlu Iesu'r Brenin yn marchogaeth i'r brifddinas, Jerwsalem, ar gefn ebol asyn. Mae'r dorf, yn blant ac oedolion, yn taenu eu dillad a changhennau'r palmwydd ar y ffordd i ddangos eu croeso i'r Brenin Iesu. Mae'r dorf yn bloeddio eu cymeradwyaeth ac mae'r Brenin yn marchogaeth yn sŵn 'Hosanna' ei bobl. Geiriau'r hen broffwyd Sechareia oedd yn adleisio trwy furiau'r hen ddinas, 'Bendigedig yw'r un sy'n dod yn enw'r Arglwydd. Hosanna yn y goruchaf!' (Mathew 21:9)

Ond ar y llaw arall, onid tân siafins oedd y cyfan? Tybed oedd y dorf wedi camddeall a chamddehongli ei neges? Dewisodd ebol asyn yn fwriadol – arwyddlun o ddiymadferthedd, o wyleidd-dra a gostyngeiddrwydd. A'r dorf yn bloeddio ei chymeradwyaeth.

Cennad heddwch, tangnefedd, cymod a brawdgarwch a farchogodd i mewn i Jerwsalem ar Sul y Blodau. Gwyddai'n iawn beth oedd ei dynged. A dyna pam ei bod yn anodd dathlu ar Sul y Blodau. Dydi dynolryw erioed wedi gallu dygymod â gwyleidd-dra, ufudd-dod, troi'r foch arall a cherdded yr ail filltir. Geirfa a gweithredoedd y llwfr, y di-asgwrn cefn a'r Sioni naill ochr yw'r elfennau hyn i'r byd. A chan na all dyn lawn ddeall nac amgyffred y pinaclau hyn mae Sul y Blodau'n symbol o fethiant affwysol, o ddallineb a diffyg crebwyll y natur ddynol dros y canrifoedd. O edrych yn ôl, oni fyddai'n well pe na bai gweithred Sul y Blodau wedi digwydd o gwbl? Mae rhyw orfoledd ffug wedi digwydd. Bloeddio a chyhwfan canghennau'r palmwydd i ddim byd! Ychwanegu at ei dosturi a'i ofid wnaeth y digwyddiadau – roedd y dorf wedi camddehongli ei weinidogaeth yn llwyr.

Felly, marchogodd i'r ddinas dan gwmwl. Y cwmwl sy'n cyniwair pan fo'ch cenadwri a'ch gweithredoedd yn yfflon. Y boen o gael eich camddeall. Ond doedd dim troi'n ôl bellach. Aeth Iesu i mewn i ffau ei wrthwynebwyr, cysegr ei Dad. Dymchwelodd y byrddau a chyhuddodd weision Annas o droi tŷ ei Dad yn ogof lladron. Yno y mynnai aros ymhlith ei erlidwyr, pawb oedd wedi camddeall ei neges – yn fonedd a gwrêng. Cythruddodd y crefyddwyr a chynhyrfodd y werin. Cornelwyd ef gan archoffeiriad a phrocuradur. Fe'i cafwyd yn euog. Daeth bonllefau

Sul y Blodau i'w boenydio a'i ofidio, 'Ai ti yw Brenin yr Iddewon?' oedd cwestiwn Pilat iddo. Ildiodd yn ufudd i'r Tad. Ni allai wneud dim amgen. Hon oedd ei awr fawr. Nid awr Annas na Chaiaffas na Philat oedd hon. Awr Iesu. Awr Duw. Iddo ef roedd gwyleidd-dra'n drech nag arwriaeth, ac ufudd-dod yn drech na hunanoldeb.

Ar Sul y Blodau, mor hawdd yw cael ein hudo gan fonllefau'r dorf a gorymdeithio'n hyderus a beiddgar yn enw Iesu'r Brenin. Yn hytrach, gwisgwn fentyll gwyleidd-dra a gostyngeiddrwydd, a cherddwn ymlaen gam wrth gam tua'r deyrnas sy'n dyrchafu addfwynder, tangnefedd, purdeb a chyfiawnder. Dathlwn yr elfennau hyn ar Sul y Blodau – elfennau ysywaeth sy'n anghyfarwydd i fyd ac eglwys.

**Myfyrdod pellach:**
A ddylen ni gyfeirio at Iesu fel y 'brenin'? Ydi'r enw ynddo'i hun yn gamarweiniol i ddisgrifio cenhadaeth Iesu?
Pa ansoddair/ansoddeiriau y dylen ni eu defnyddio pan fyddwn yn cyfeirio at Iesu?

***Huw John Hughes***

## SUL Y BLODAU

### Darllen Marc 11:15–17

Ar yr ail ar bymtheg o Orffennaf 1966 pregethwyd y bregeth ryfeddaf erioed yng Nghadeirlan Sant Pedr yn Genefa. Bu John Calfin ei hun yn weinidog ac yn bregethwr yn yr Eglwys hon. Disgwyliwyd pregethu nerthol o'r pulpud, a'r bore hwnnw roedd aelodau o Gynhadledd Cyngor Eglwysi'r Byd yn bresennol yn y gwasanaeth. Ond roedd y pulpud yn wag. Ac eto fe welwyd y pregethwr, nid yn y pulpud ond ar sgrin deledu yng Nghadeirlan Sant Pedr. Er mai ef oedd fod i bregethu, roedd yn Chicago y bore hwnnw yn ceisio cymodi rhwng y du a'r gwyn yng nghanol y terfysgoedd oedd yn ferw ar y pryd. Y pregethwr oedd Martin Luther King. Gellid dweud fod rhywbeth mwy grymus a mwy nerthol nag unrhyw bregeth wedi digwydd y diwrnod hwnnw, sef yr hyn oedd y pregethwr yn ei wneud. Gweithredu yn hytrach na siarad. Gwelwyd hyn droeon yng ngweithredoedd proffwydi'r Hen Destament – fel y proffwyd

Jeremeia'n gwisgo iau fel symbol o gaethwasiaeth ac yn prynu darn o dir fel symbol o obaith. Dyma'n union a wnaeth Iesu ar Sul y Blodau.

Roedd y ddinas yn ferw o bererinion oedd wedi dod i ddathlu'r Pasg, ac mae yntau'n marchogaeth i'r ddinas ar gefn asyn – symbol o dangnefedd a heddwch. Er i'r dorf ymateb yn gadarnhaol, llwyddodd Iesu i ddangos nad ef oedd y Meseia yr oeddent yn ei ddisgwyl. Yn fuan iawn, trodd y bonllefau yn wawdio a dilorni. Pwrpas ei ddyfodiad a'i weinidogaeth oedd sefydlu cymod, tangnefedd a chytgord yn hytrach na disodli'r gorthrwm mawr, sef grym yr Ymerodraeth Rufeinig. Yng ngweithred Sul y Blodau gwelai'r dyrfa beth oedd ei amcanion a'i nod.

Aeth i'r deml, canolbwynt y grefydd Iddewig. Mae'n bur debyg iddo glywed geiriau'r hen broffwyd Malachi yn atseinio yn ei glustiau, 'Wele fi'n anfon fy nghennad i baratoi fy ffordd o'm blaen; ac yn sydyn fe ddaw'r Arglwydd yr ydych yn ei geisio i mewn i'w deml … Pwy a all ddal dydd ei ddyfodiad, a phwy a saif pan ymddengys? Y mae fel tân coethydd ac fel sebon golchydd' (Malachi 3:1-2). Nid yn gymaint bod Iesu wedi protestio yn erbyn gweithredoedd anghyfiawn Annas, y cyn-archoffeiriad a'i debyg, ond yn hytrach fod y gweithredoedd anghyfiawn hyn yn digwydd yng nghyntedd y Cenhedloedd, cynteddoedd y gwledydd. Yn y deml y diwrnod hwnnw roedd Iesu'n apelio yn enw'r cenhedloedd i gyd, ar i'r rhagfuriau a'r ffiniau gael eu dymchwel unwaith ac am byth ac i'r deml ddod 'yn dŷ gweddi i'r holl genhedloedd' (Marc 11:17). Yn union fel roedd Martin Luther King yn apelio yn ei freuddwyd fawr am i'r du a'r gwyn gerdded law yn llaw, felly roedd Iesu yn y deml yn apelio at yr elfen gyfanfydol ymhlith ei bobl ei hun a'r traddodiad Iddewig. Yn ôl Marc, pan fu farw Iesu 'rhwygwyd llen y deml yn ddwy o'r pen i'r gwaelod' (Marc 15:38). Mae'r mynediad i'r cysegr sancteiddiolaf yn awr yn agored led y pen, ac yno gall pawb weld a theimlo calon cariad Duw tuag at bawb – y du a'r gwyn, y tlawd a'r cyfoethog. Pawb.

**Myfyrdod pellach:**

Pa mor groesawus ydi'ch eglwys chi i dderbyn pawb?

Ai mynd allan o'i ffordd a wnaeth Iesu i godi gwrychyn yr awdurdodau?

***Huw John Hughes***

## Sul y Blodau

### Darllen Mathew 21:5

Heddiw dilynwn y dorf i mewn i'r ddinas. Ond mae'r orymdaith hon yn wahanol. Hyd y gwelwn does yna'r un poster i'w weld yn unman na'r un hawliad na gorchymyn i'w glywed o du'r dorf. Pwrpas yr orymdaith yw tynnu sylw'r bobl gyffredin, hynny yw'r bobl nad oedd ganddyn nhw unrhyw fath o awdurdod. Dyma orymdaith Sul y Blodau. Does neb yn hawlio mwy o gyflog, neb yn bloeddio am amodau byw gwell i'r difreintiedig, neb hyd yn oed yn protestio yn erbyn yr Awdurdod Iechyd! Gorymdaith araf, heddychlon, a'r mul bach sy'n pennu'r cyflymder. A dydi'r un sydd ar gefn y mul bach ddim yn bygwth neb â'i hawliau. Gofynnwch i'r glowyr, y dynion tân, dynion y rheilffordd a'r athrawon ai dyma'r ffordd i orymdeithio. Mae'r gorymdeithio gorau yn mynd law yn llaw ag ymladd yn galed dros hawliau a mynd ar streic fel bo'r angen. Ac mae'r canlyniadau'n tystio i hynny – cyflogau ac amodau gwaith gwell. Yng ngoleuni'r fath ganlyniadau, mae gorymdaith Sul y Blodau yn jôc.

Ac ym marn yr awdurdodau yn Jerwsalem, roedd y cyfan yn bathetig. Mae'n rhaid cofio bod y genedl Iddewig dan iau'r Ymerodraeth Rufeinig, a'r unig ffordd i ddiddymu a dileu'r grym hwn oedd trwy ymosod ac ymladd. Ond roedd Iesu o Nasareth yn pledio ffordd arall. Pwrpas gweinidogaeth Iesu oedd dangos i'r genedl nad treisio a lladd oedd y ffordd orau ond argyhoeddi'r genedl, a'i hatgoffa trwy ei hysgrythurau mai cyfiawnder, gwirionedd a thrugaredd oedd nodweddion y deyrnas.

Digwyddiadau Sul y Blodau oedd pregeth weladwy Iesu i argyhoeddi'r bobl gyffredin a'r awdurdodau. Dyma'i apêl olaf. Dyna pam y marchogodd mor dangnefeddus ar gefn ebol asyn. Mae'n pledio â nhw, 'Wnewch chi gerdded fy llwybr i, neu a ydych am fynnu troedio eich llwybr chi – llwybr trais a llwybr talu'r pwyth yn ôl?' Dyna'r dewis. Dyna'r unig ddewis. Gwyddai'n iawn beth fyddai dewis awdurdodau Jerwsalem. Ymhen y rhawg, a'r dagrau'n llifo, safodd i edrych ar y ddinas. Gwireddwyd ei eiriau yn y flwyddyn OC 70 pan adawyd Jerwsalem yn garnedd.

Ym mhob cymdeithas, ym mhob cyfnod mae'r dorf yn barod i floeddio, 'I'r gad, i'r frwydr, ymladdwn i'r diwedd'. Ond mae yna unigolyn ym mhob cyfnod sy'n dal i farchogaeth ebol asyn gan alw am ddilyn llwybr arall. Erbyn diwedd yr wythnos roedd y gŵr a farchogodd i Jerwsalem wedi'i groeshoelio. Ac ar y groes gwrthododd daro'n ôl, ac ni chlywyd yr un gair o gasineb. Hawdd iawn fyddai iddo regi'r milwyr oedd yn pwyo'r hoelion i'w gorff a'r terfysgwr oedd yn ei watwar. Gallai'n hawdd gyhuddo'i ddisgyblion o'i adael yno ar ei ben ei hun. Ond gwrthododd wneud hynny. Beth wnaeth o felly? Caru, maddau, cofleidio a thrugarhau. Dyma nodweddion y deyrnas. Fel hyn mae'n rhaid byw meddai Iesu ar Sul y Blodau a Gwener y Groglith.

**Myfyrdod pellach:**

Ai cydnabod Iesu'n Dywysog Tangnefedd yw amod y cam nesaf ymlaen yn hanes ein byd?

Tybed a wnaeth Iesu fwy o ddrwg wrth farchogaeth ar ebol asyn i'r ddinas?

***Huw John Hughes***

## Sul y Blodau

**Darlleniad: Luc 19:28–44**

'Bendigedig yw'r un sy'n dod yn frenin yn enw'r Arglwydd;
yn y nef, tangnefedd, a gogoniant yn y goruchaf.'

**Gweddi:**

Fel y dyrfa ar strydoedd Jerwsalem yr ydym ninnau, Iesu, yn dy groesawu'n frwdfrydig i'n hoedfa. Cydnabyddwn mai ti yw'r Brenin, ac mai ti'n unig sy'n hawlio ein gwrogaeth a'n haddoliad ni.

Ond diolch nad brenin rhyfelgar wyt ti, yn marchogaeth ar farch a mintai'n dy ddilyn, ond un a ddaeth ar ebol gan gyhoeddi teyrnas a ffordd tangnefedd. Fel y bu i ti wylo dros Jerwsalem, credwn dy fod o hyd yn wylo dros gyflwr ein byd. Maddau i ni nad ydym eto fel byd wedi gwrando ar dy neges a gweithredu; maddau nad ydym eto wedi dysgu dilyn ffordd tangnefedd. Gweddïwn y bydd y rhai treisgar a'r rhai sy'n caru rhyfel yn cael eu darostwng, ac y bydd cymod a thangnefedd rhwng pobl a chenhedloedd ein byd.

Ar ddechrau wythnos y Pasg, pâr ein bod yn dwyn ar gof yr hyn a ddigwyddodd, ac yn sylweddoli o'r newydd cymaint a gostiodd i ti, O! Iesu, i ddwyn gobaith a bywyd newydd i'n byd. Cawn ein hatgoffa, Arglwydd, pa mor anwadal ydym fel pobl, a bod y dyrfa oedd yn dy groesawu ddechrau'r wythnos yn dy watwar a'th wrthod erbyn ei diwedd. Gwared ni rhag bod yn rhan o'r dyrfa sy'n dy wrthod ac yn cefnu arnat heddiw. Helpa ni i roi croeso i ti yn ein bywyd, nid yn unig ar wyliau arbennig, ond bob dydd o'n hoes. Ac oherwydd ein bod yn dy adnabod, Iesu, fel ein Gwaredwr a'n Harglwydd, gallwn ninnau hefyd floeddio 'Hosanna, Haleliwia'.

'Hosanna, Haleliwia,
Fe anwyd Brawd i ni;
Fe dalodd ein holl ddyled
Ar fynydd Calfari;
Hosanna, Haleliwia,
Brawd ffyddlon diwahân;
Brawd erbyn dydd o g'ledi,
Brawd yw mewn dŵr a thân.'

Gweddïwn hyn yn enw Iesu Grist. Amen.

***Ifan Roberts***

## SUL Y BLODAU

**Darlleniad 1: Eseia 50:4–9**
**Darlleniad 2: Mathew 21:1–13**

**Gweddi:**

O! Dduw, ein Tad trugarog, yr un sy'n marchogaeth cymylau ein hamser ac sydd â'i law ar benffrwyn y byd, bydd gyda ni, y rhai sydd â'u dyddiau wedi eu ffrwyno ac sy'n ceisio marchogaeth y ddaear yn ôl ein heisiau ein hunain. Wrth inni droi atat, trugarha wrthym yn ein trueni a'n hangen, drwy Iesu Grist ein Harglwydd a'n Gwaredwr.

Cofiwn eiriau Iesu, 'Y mae'r sawl sydd wedi fy ngweld i wedi gweld y Tad'. Ac felly, O! Dad nefol, er na fu i'r un ohonom dy weld, cymorth ni i'th ganfod a'th amgyffred ym mywyd a gweinidogaeth Iesu. A heddiw, O! Dad, wrth i ymdaith fuddugoliaethus Iesu ddod i'r cof, ceisiwn, wrth blygu ger dy fron, ddygymod â'r hyn a ddigwyddodd, a'n hatgoffa ein hunain o arwyddocâd ei ddyfodiad rhyfedd. Bydd gyda ni, O! Dad, wrth i ni dy geisio yn yr ymdaith hon.

Gad i ni, yn Iesu, weld un sy'n dod yn ddistadl i ddinas ein profiad, yn llawn tangnefedd a chariad, yn dod i wasanaethu ac i'w roi ei hun yn bridwerth dros lawer. Cofiwn eiriau Iesu gyda diolch yn ein calonnau:

'Cymerwch fy iau arnoch a dysgwch gennyf oherwydd addfwyn ydwyf a gostyngedig o galon ac fe gewch orffwystra i'ch eneidiau.'

Diolch i ti am ddangos i ni trwy Iesu Grist mai Duw addfwyn a gostyngedig o galon wyt ti.

'Iesu gaiff y clod i gyd,
Ymaith dug bechodau'r byd;
Rhoes ei hunan yn ein lle,
Bellach beth na rydd Efe?
Haleliwia, llawenhewch!
Dewch, moliennwch, byth na thewch.'

Cynorthwya ni felly, O! Dad, i werthfawrogi dyfodiad Iesu ac i ystyried o ddifrif ystyr y gair 'Hosanna'. Gwared ni rhag i ni gael ein camarwain, a rhag ein camarwain ein hunain yn fwy na dim. Maddau i ni ein diffygion, O! Dad, yn arbennig:

ein hanwadalwch, a byrhoedledd ein croeso i Iesu yn ein bywyd;
am i ni geisio ynddo yn unig yr hyn sy'n boddhau ein syniadau a'n safbwyntiau ni ein hunain, yn hytrach na'th ddibenion di;
ein dallineb a'n diffyg deall wrth ei weld yn dod i'n plith;
ein hamharodrwydd i dderbyn Iesu'n Arglwydd ar ein bywyd cyfan.

Yn y gras cyfiawn hwn a amlygwyd yn Iesu, maddau i ni a rhyddha ni o rwymau ein pechod a'n trueni.

Wrth i ni edifarhau a throi atat a chael ein derbyn gennyt, caniatâ i ni dy gwmni ar hyd gweddill taith bywyd. Arwain ni yn awr o Fethania ein trueni ar hyd y ffordd a ddangosodd Iesu i ni – y ffordd atat ti a'th dangnefedd. Cydia'n dynn yn ein dwylo a thywys ni gyda thi i ddinas sanctaidd dy ewyllys. Cynorthwya ni i wynebu holl brofiadau'r daith, o gamau anesmwyth yr asyn i'r dringo dirdynnol ar Fryn Calfaria. Cymorth ni i gofio'r croeso a'r gwawdio, y derbyn a'r gwadu, y llawenydd a'r tristwch, yr 'Hosanna!' a'r 'Croeshoeliwch ef!' Dyro i ni'r nerth a'r ffydd i wynebu holl realiti'r daith gan adnewyddu'r teimlad fod Iesu wedi ei cherdded o'n blaenau. Er ein breuder a'n hannheilyngdod, defnyddia ni, O! Dad – ymddiried ynom ni, lestri pridd, dy drysor di dy hun.

A chyflwynwn i ti heddiw arweinyddion y gwledydd. Cynorthwya'r cyfryw rai i ganfod mai'r daith ddistadl a gymerodd Iesu yw'r unig wir ffordd i dangnefedd yn ein byd. Agor eu llygaid a'u calonnau i weld y gwirionedd hwn a amlygwyd yn ystod ei ymdaith i Jerwsalem – Caer Tangnefedd. Amen.

***Dafydd Hughes***

## Sul y Blodau

**Darlleniad 1: Salm 2:1–12**
**Darlleniad 2: Ioan 12:12–26**

**Gweddi:**
Greawdwr pob harddwch, diolchwn heddiw am brydferthwch y blodau. Diolchwn hefyd am y synhwyrau sydd gennym i'w gweld a'u hogleuo. Canmolwn di eu bod yn arwyddion o anwyldeb a gwerthfawrogiad. Maent wedi bod yn gyfryngau i ddod â llonder i ni sydd wedi'u derbyn a'r rheiny y cawsom y fraint o'u rhoi iddynt.

Y cyfan fedrwn ni ei wneud, O! Dad, yw eu plannu a'u trin. Ti sy'n peri iddynt dyfu. Ac mae'n peri syndod i ni fod i bob blodyn ei arbenigrwydd ei hun. Dotio wnawn wrth feddwl amdanat yn creu'r holl harddwch, ac wrth sylweddoli bod yna bwrpas i'r cyfan rwyt ti wedi ei ddarparu ar ein cyfer yn y byd hwn. Does arnat ti ddim un ddyled i ni, mewn gwirionedd, ac eto rwyt yn rhoi popeth i ni. Maddau i ni am gymryd cymaint yn ganiataol yn lle eu derbyn gyda diolch.

Mae arnom ni ddyledion lawer i ti, ac eto, ychydig a roddwn iti. Maddau i ni ein bod mor ddigywilydd. A hithau'n Sul y Blodau, cofiwn gyda diolch, O! Dad, am daith dy unig-anedig Fab, Iesu, i Jerwsalem. Hosanna! Haleliwia! seiniwn yn uchel yma heddiw. Roedd ei wyneb ef tua Jerwsalem. Ni fedrai dim ei atal. Mynnai fynd yr holl ffordd. Dim troi'n ôl. Dim anwadalwch. Dim llwfrdra. O! am olwg newydd ar ei fawrhydi a'i fawredd y Sul hwn.

Byddwn yn ei arddel a'i ganmol, ein Tad, pan fydd hi'n flodeuog yn ein hanes. Gweddïwn am ras i ddal i'w ddilyn, ei arddel a'i ganmol pan nad yw hi mor flodeuog. Gwared ni rhag bod yn anwadal a llwfr.

Yn hytrach, gad i ni fod yn Gristnogion sy'n benderfynol o ddilyn yr Arglwydd Iesu costied a gostio.

Er mawr gywilydd i ni fel Cristnogion, rydym wedi gwneud a dweud llawer o bethau na ddylem fod wedi'u gwneud na'u dweud. Edifarhawn am hynny. Fel Cristnogion hefyd, nid ydym wedi gwneud na dweud llawer o bethau y dylem fod wedi'u gwneud a'u dweud. Bu i ni golli'r cyfle. Edifarhawn am hyn eto. Clodforwn di am Iesu, 'Lili'r Dyffryn'. Clod i ti am ei enedigaeth 'wyrthiol', 'ei febyd gwyn', 'ei fywyd pur, dihalog', ac 'am Galfaria fryn.' Clodforwn di am mai ef yw'r un harddaf yng ngardd yr Atgyfodiad. Haleliwia! Clodforwn di am Iesu, 'Rhosyn Saron':

'Rhosyn Saron yw ei enw,
Gwyn a gwridog, teg o bryd;
Ar ddeng mil y mae'n rhagori
O wrthrychau penna'r byd:
Ffrind pechadur,
Dyma'r Llywydd ar y môr!'

Rydym yn ymwybodol, O! Dad, fod drain a rhosod yn mynd gyda'i gilydd. Diolchwn, felly, fod 'Rhosyn Saron,' Iesu, wedi bod yn barod i wisgo'r goron ddrain drosom ni.

Gweddïwn am gael bod yn debyg i Iesu, 'Lili'r Dyffryn' a 'Rhosyn Saron', yn bur, hardd ac atyniadol, gan ddod â llawenydd a chysur i'r rheiny a gyfarfyddwn yn ein bywyd bob dydd a chan daenu ar led bersawr yr adnabyddiaeth ohono.

'Gad inni beunydd fyw
Dan wlith cawodydd Duw
Yn iraidd hardd;
Dy awel dyner di,
Wrth ddod o Galfari,
A wnelo'n bywyd ni
Fel nefol ardd.'

Mae Iesu o'n tu. Dad sanctaidd, boed iddo ef ein cael ni o'i du ef. Deisyfwn i dyrfa ddi-rif ddod o'i du a dod trosodd i'w ochr y Sul y Blodau hwn.

Yn 'd'enw pur', Arglwydd arglwyddi a Brenin brenhinoedd. Amen.

***Gareth Hughes***

## Sul y Blodau a Dechrau'r Wythnos Fawr

**Darllen Marc 11:1–10**

Rhannwch groesau palmwydd bach er mwyn i'r gynulleidfa eu dal yn ystod y weddi.

Dduw'r gobaith llawen,
dathlwn dy addewidion brenhinol
wrth i ni gofio dy orymdaith fuddugoliaethus
i Jerwsalem.

*Tawelwch*

Dduw'r gwirionedd rhyfeddol,
gwelwn dy fawredd ar yr achlysur llawen hwn
cyn i erchylltra'r Wythnos Fawr dy oddiweddyd.

Y mae paradocs croes y ddeilen balmwydd
yn ein gorfodi i ofyn a ydym ninnau
fel y dyrfa yn Jerwsalem,
a'r dienyddwyr ar Golgotha,
yn sylweddoli'n iawn yr hyn sy'n digwydd?

*Tawelwch*

Dduw maddeuant, cyffeswn
fod ein haddoliad yn canolbwyntio
llawer mwy arnom ni ein hunain
nag ar dy gariad anfeidrol di tuag atom.

*Tawelwch*

Yn ystod yr Wythnos Fawr, cymorth ni i ganolbwyntio
ar Newyddion Da ein hiachawdwriaeth yng Nghrist;
gofynnwn i ti lenwi ein calonnau a'n meddyliau
â holl ystyr yr hyn sy'n digwydd.
Dymunwn gydgerdded gydag Iesu

ar hyd ffordd boenus gwir gariad.
Dymunwn gydnabod ein rhan yn y pechod
a'i hoeliodd ar y groes.
Dymunwn brofi llawenydd buddugoliaeth
dy atgyfodiad dros ddrygioni a marwolaeth.

*Tawelwch*

Wrth ddal ein croesau o balmwydd
offrymwn ein mawl:
rwyt wedi talu'r pris
a pharatoi'r ffordd i ni
drwy dy gariad tragwyddol.

***Nick Fawcett, addasiad Olaf Davies***

## Sul y Blodau

**Galwad i Addoli:**
Llawenha'n fawr, ferch Seion; bloeddia'n uchel, ferch Jerwsalem.
Wele dy frenin yn dod atat
â buddugoliaeth a gwaredigaeth,
yn ostyngedig ac yn marchogaeth ar asyn.
(Sechareia 9:9)

**Darllen Salm 118:1–2,19–29; Mathew 21:1–11**

**Gweddi:**
Diolch i ti, O Arglwydd ein Duw, am ddydd fel heddiw. Dydd o lawen chwedl yw hwn. Heddiw, cofiwn am Iesu'n marchogaeth yn fuddugoliaethus i mewn i Jerwsalem.
Dathlwn yn llawen.
Heddiw, cofiwn am Iesu'n marchogaeth yn ostyngedig.
Dathlwn yn llawen.
Heddiw, cofiwn am Iesu'r brenin yn dod mewn heddwch.
Dathlwn yn llawen.

Ond maddau i ni, O Arglwydd ein Duw,

pan fyddwn yn mygu llawenydd yr Efengyl,
yn dewis y lleddf yn lle'r llon,
yn addoli heb wên yn ein calonnau, nac ar ein hwynebau.

Diolch i ti, O Arglwydd ein Duw, am ddydd fel heddiw.
Dydd i floeddio'n uchel yw hwn.
Y mae gennym Dduw i'w glodfori.
Bloeddiwn yn uchel.
Y mae gennym Waredwr i'w gyhoeddi.
Bloeddiwn yn uchel.
Y mae gennym Newyddion Da i'w rhannu.
Bloeddiwn yn uchel.

Ond maddau i ni, O Arglwydd ein Duw,
pan fyddwn yn dawedog a ninnau â chymaint o gyfoeth i'w rannu.
Os yw ein Hosanna'n ddistaw, maddau i ni.
Os nad ydym yn taenu ein cariad o flaen Iesu, fel y taenodd torf Jerwsalem ganghennau'r coed o'i flaen, maddau i ni.

Byddwn lawen.
Bloeddiwn yn uchel,
er mwyn yr un sy'n dod yn enw'r Arglwydd. Amen.

**Neges 1:**
Y Mab yn dod adref
Pan ymwelodd y diwinydd Ffrengig, Henri Nouwen, â St Petersburg yn 1986 aeth i weld llun a oedd wedi creu argraff fawr arno pan welodd gopi ohono ar boster rhyw ddwy flynedd ynghynt. Gwaith gan yr arlunydd Rembrandt oedd y llun, a'r testun – Y Mab Afradlon. Roedd y llun yn hongian yn yr Hermitage.

Mae'n nodi'r dydd a'r awr: 2.30 y p'nawn, Dydd Sadwrn, 26 Gorffennaf. Roedd cannoedd o ymwelwyr wedi ymgasglu i weld gwaith y meistr, ond yn wahanol iddynt hwy roedd Nouwen wedi cael caniatâd i eistedd ac edrych ar y llun am faint bynnag o amser a fynnai. Bu'n syllu ar y llun am oriau, a rhyfeddu, oherwydd roedd lliwiau'r llun yn newid yn y golau naturiol wrth i'r haul symud heibio'r ffenestr gerllaw, gan amlygu agweddau gwahanol y llun.

Gweld rhywbeth newydd, gwahanol yn y cyfarwydd. Onid yw hynny, pan ddigwydd, yn rhoi gwefr?

*A Story of Homecoming* yw is-deitl llyfr Nouwen ar y Mab Afradlon a darlun Rembrandt. Hen stori gyfarwydd am y mab yn dychwelyd adref. Ac felly heddiw hefyd, Sul y Blodau, hanes y Mab yn dychwelyd adref. Er nad fel mab y caiff ei gyfarch yng ngeiriau'r hen broffwyd, ond fel Brenin yn dychwelyd i Seion.

Tybed, beth newydd a welwn ni yn y cyfarwydd?

**Gweddi:**

Ein Tad nefol, ymunwn â theulu ffydd ym mhob man heddiw i'th addoli.
Ti yw'n Creawdwr a'n Cynhaliwr.
Arglwydd Iesu, ymunwn â theulu ffydd ym mhob man i ganu 'Hosanna i Fab Dafydd'.
Ti yw'n Cyfaill a'n Gwaredwr.
Ysbryd Glân, ymunwn â theulu ffydd ym mhob man i ddeisyf dy bresenoldeb.
Ti yw'n hysgogydd a'n bywyd.

O Dduw, ein Hachubydd, ar Sul y Blodau fel hyn, y lle hwn yn awr yw ein Jerwsalem ni,
boed i'n mawl fod megis mentyll yn cael eu gosod o flaen Iesu,
a'n gweddïau megis palmwydd yn cael eu chwifio yn ei ŵydd,
a'n myfyrdodau megis bloedd y dorf.

O Arglwydd Iesu, ar Sul y Blodau fel hyn
diolchwn am gyffro'r dydd,
a'i lawenydd,
a'r her i ymuno â'th ymdaith fuddugoliaethus.

O Ysbryd Glân, ar Sul y Blodau fel hyn
gwared ni rhag gweiddi 'Hosanna' heddiw a 'Chroeshoelier ef' yfory;
gwared ni rhag ei gefnogi heddiw a chefnu arno yfory;
gwared ni rhag ei ddilyn heddiw a'i ddamnio yfory.
Offrymwn ein gweddïau yn enw'r Tad sydd yn ein caru, y Mab sydd wedi'n prynu, a'r Ysbryd sydd yn ein bendithio. Amen.

**Neges 2:**
Yr oedd hi'n fore brafiach nag arfer, yr haul yn gwenu'n gynnes, yr awel yn ffres a'r awyr yn glir. Diwrnod da i fynd i lawr i'r ddinas am dro. Dyw hi ddim yn daith bell i'r ddinas.

Wrth agosáu at y ddinas gwelais dorf o bobl. Roedd hi'n amlwg fod rhywbeth wedi'u cynhyrfu. Fe gyrhaeddais ymyl y dorf a gallwn weld dyn ar gefn asyn yn eu canol. Roedd y bobl yn gweiddi'n uchel, 'Hosanna i Fab Dafydd! Bendigedig yw'r un sy'n dod yn enw'r Arglwydd. Hosanna yn y goruchaf!'

Deallais yn syth mai cyfarch y dyn ar gefn yr asyn oedden nhw, ac roedd y geiriau yn eiriau yr oeddwn wedi'u clywed yn y Synagog pan oeddwn yn blentyn.

Dechreuais innau weiddi hefyd.

Roedd y bobl yn torri canghennau o'r coed ac yn eu gosod o flaen y dyn ar gefn yr asyn. Dringais innau goeden hefyd a thorri cangen a'i thaflu o'i flaen.

Fe aeth y dyn ar yr asyn i mewn i'r ddinas, a'r dorf ar ei ôl. Fe es i nôl adref.

Methais gysgu'r noson honno am fod nifer o gwestiynau yn fy mlino: ddylwn i fod wedi gwneud mwy na gweiddi, mwy na thaflu cangen ar y ffordd? Ac yn fwy na hynny, ddylwn i fod wedi troi'n ôl, neu fynd ymlaen gydag ef, y dyn yna ar gefn asyn?

**Y Fendith:**
'I'n Duw ni y bo'r mawl a'r gogoniant a'r doethineb a'r diolch a'r anrhydedd a'r gallu a'r nerth byth bythoedd.' Amen! (Datguddiad 7:12)

***Oedfaon Ffydd, gol. Aled Davies***

## Sul y Blodau

**Gweddi Agoriadol:**

Ar Sul y Blodau tyrd yn awr,
a doed y nefol wlith i lawr,
rho help i foli Mab y nef
a rhoi'r Hosanna iddo ef.

## Darllen Sechareia 9:9–10; Marc 11: 1–11

### Neges:

Gelwir y Sul hwn, sef y Sul cyn y Pasg, yn 'Sul y Blodau' oherwydd yr arfer o addurno beddau â blodau. Gellir olrhain hyn yn ôl i'r bymthegfed ganrif pan oedd hefyd yn arferiad adeg y Nadolig a'r Sulgwyn. Daeth yn fwyfwy poblogaidd ar ddechrau'r ugeinfed ganrif, yn arbennig yn Ne Cymru ddiwydiannol. Mae'n parhau'n arferiad cyffredin heddiw. Gall fod yn arwydd annwyl a chariadus, ond nid yw'n benodol Gristnogol ac ysgrythurol.

Mewn rhai eglwysi cynhelir oedfa Sul y Blodau i blant a phobl ifanc, ar adegau gwahanol, gan addurno'r capel. Oedfaon gwerthfawr, mae'n siŵr. Ond y Sul dan sylw yw hwnnw sy'n cofio am Iesu'n marchogaeth i Jerwsalem ar gefn asyn a'r bobl yn taenu eu dillad ar y ffordd ac yn chwifio dail palmwydd. Onid yw Sul y Palmwydd yn enw mwy addas arno?

Ond ei ystyr a'i arwyddocâd sy'n bwysig. Mae'n amlwg fod Iesu wedi paratoi'r orymdaith hon yn ofalus ac yn fwriadol. Mae'n weithred ddewr. Yn awr, mae'n cyhoeddi'n agored pa fath o frenhiniaeth y daeth yn enw Duw i'w sefydlu. Adfer y deyrnas i Israel oedd gobaith llawer trwy ddull milwrol, fel y Brenin Dafydd yn Jerwsalem (2 Samuel 19:15), neu trwy ddull goruwchnaturiol. Gwahanol iawn i'r disgwyl oedd ffordd Iesu o Nasareth.

### Neges:

Cyhoeddi ei fuddugoliaeth ymlaen llaw a wna Iesu. Gwêl y goron heibio'r groes. Mae'n dathlu'r fuddugoliaeth cyn y frwydr. Ar Sul y Blodau mae'n bwysig cofio nodweddion y deyrnas y mae ef mor sicr o'i llwyddiant. Ni ellir ei sefydlu trwy rym milwrol. Yn ôl Sechareia, roedd Effraim wedi ymddiried mewn cerbydau a Jerwsalem mewn meirch. Dyna fu eu gobaith; ond yn awr, medd Duw, fe'u torrir ymaith. Mae yn dod i Jerwsalem ar gefn asyn, symbol diamheuol mai arfau Iesu yw tynerwch, gwyleidd-dra a heddwch. Ni ellir sefydlu llywodraeth Dduw yng nghalonnau pobl trwy ddulliau rhyfelgar. Ateb Iesu i Peilat oedd, 'Fy mrenhiniaeth i nid yw o'r byd hwn.'

Sefydlir hi trwy 'gyhoeddi'r newyddion da,' ac efe a 'lefara heddwch i'r cenhedloedd,' (Sechareia 9:10); cymharer Eseia 52:7, 'Mor weddaidd ar y mynyddoedd yw traed y negesydd sy'n gyflawn wedi ei wreiddio mewn perthynas â Duw.' Adlewyrchir hyn mewn cyfiawnder ymhob agwedd ar fywyd – economaidd, gwleidyddol, biolegol a chrefyddol. Teyrnas ddiderfyn yw, a 'bydd ei llywodraeth o fôr i fôr ... a hyd derfynau'r ddaear'. Teyrnas dragwyddol yw eiddo Duw daionus a thrugarog. 'Nid siglo mae, fel gweinion bethau'r byd.'

**Gweddi:**
Dduw Dad, cymorth ni i ddod yn wylaidd at yr wythnos fawr. Glanha feddyliau ein calonnau fel y bydd pob myfyrdod yn deilwng ac yn glod i ti. Diolchwn i ti mai dod i gynnig gwir heddwch a wnaeth. 'Heddwch o'n mewn, i ddifa llygredd calon; heddwch i'r byd, yn lle ei frwydrau creulon – heddwch y cymod'. Dwg ar gof i ni mai 'achub nawr' yw ystyr 'Hosanna'. Dysg i ni ymuno yn yr hosanna. Achub yn awr, Arglwydd, gwared ni, Arglwydd, rho dy wir ryddid i ni, Arglwydd.

Mae angen ein gwaredu oddi wrth bob drygioni, rhag popeth sy'n diraddio ac yn ein caethiwo. Arglwydd, helpa ni i gofio nad digon yw achub rhag ein rhyddhau i wasanaethu ac i wneud dy ewyllys.

Dysg ni o'r newydd nad casáu yw'r ateb i gasineb, nad bod yn dreisgar yw'r ateb i drais, ac nad talu'r pwyth yn ôl yw'r ateb i greulondeb.

Diolchwn nad dod fel brenin daearol mewn rhwysg a gormes a wnaeth Iesu ond fel Tywysog Tangnefedd i greu perthynas newydd rhyngom a thi, ac â'n gilydd.

O! tyrd yn awr, Waredwr da,
teyrnasa ymhob calon,
ym mywyd pawb myn orsedd wen
ac ar dy ben bo'r goron.

***Oedfaon Ffydd, gol. Aled Davies***

## DYDD LLUN – IESU YN Y DEML

**Darllen Luc 19:45–48; Marc 11:12–26;**
**Ioan 2:1–22; Mathew 21:10–17**

I Luc, yr oedd y Deml yn sefydliad pwysig, ac nid rhyfedd felly mai ei adroddiad ef yw'r byrraf o'r pedwar. Ar y bore Llun, teithiodd Iesu a'i ddisgyblion yn ôl dros Fynydd yr Olewydd i Jerwsalem er mwyn cael treulio amser yn dysgu a chyfathrebu yn y Deml. Ond cyn mynd ati i ddysgu gwelodd fod angen adfer y Deml i'w phriod waith o fod yn Dŷ Gweddi ac nid yn ogof i gyfnewidwyr arian i ecsploetio'r tlawd a'r duwiol rai. Ar ôl cyflawni'r glanhad, aeth Iesu ati i osod gerbron y bobl ei awdurdod a'i eiriau o gysur a chyfarwyddyd. Y deml oedd mangre ei ddysg, ac yn fwy na neb o'r tri arall, pwysleisia Luc fod Iesu wedi cyflwyno cryn dipyn o ddysgeidiaeth o fewn teml ei hynafiaid. Felly aeth ati i gyflawni'r hyn oedd yn nodweddiadol ohono fel athro, sef dysgu a phregethu'r newyddion da. Ymysg ei wrandawyr yr oedd nifer dda o'i wrthwynebwyr. Yr oedd y gwrthwynebiad yn ffyrnigo'n enbyd. Arferai ddadlau â'r Phariseaid ynghylch arddodiad dwylo a'r Gyfraith. Ond gyda'r prif offeiriad a'i gynorthwywyr, mater o egluro ystyr y Ffydd oedd craidd ei sgwrs. Deuai'r rhain o deulu Lefi, y Deml oedd cylch eu hawdurdod a'u gweithgarwch crefyddol. Nid Synagog lle rhoddid gwahoddiad i leygwyr fel Iesu i gymryd rhan ynddo oedd y Deml. Roedd y Deml yn llwyr yn nwylo'r offeiriaid, ac nid oeddent hwy'n hapus o gwbl ei fod ef yn meiddio tresbasu ar eu libart hwy.

Naturiol oedd gofyn y cwestiwn: trwy ba awdurdod y mynnai Crist lefaru a gweithredu, yn arbennig yn y dasg o daflu allan y cyfnewidwyr arian? Cwestiwn digon naturiol, er bod gwerin gwlad wedi cael ei synnu o ddechrau ei weinidogaeth. Ond y mae'r cwestiwn yn ddigon teg bob amser. Ni chaniateir i berson heb gymwysterau weithredu fel meddyg yn y gymdeithas, neu athro mewn ysgol, neu fargyfreithiwr mewn llys barn. Ond ym maes crefydd gellir gweld nad yw hynny'n digwydd bob amser. Er i'r Eglwys Gristnogol osod canllawiau ar gyfer hyfforddi clerigwyr a gweinidogion, ceir heddiw reolau sy'n caniatáu i bobl na chafodd hyfforddiant i wneud hynny, i ofalu am oedfaon ac angladdau a hyd yn oed i weinyddu Sacrament Swper yr Arglwydd. Hyn oedd yn poeni awdurdodau crefyddol y Deml, a dylem gofio hynny a pheidio â bod yn rhy llawdrwm arnynt. Ac yn wir, mae'r ateb a roddodd Iesu i gwestiwn y prif offeiriad a'r ysgrifenyddion a'r henaduriaid yn wahanol i'r hyn a ddisgwylir. Atebodd Iesu hwy: 'Fe ofynnaf finnau rywbeth i chwi. Dywedwch wrthyf: bedydd Ioan, ai o'r nef yr oedd, ai o ddynion?'

Ni allai'r awdurdodau fynegi'r gwir gan eu bod yn ofni tarfu ar y bobl, gan mai'r farn gyffredinol oedd mai proffwyd oedd Ioan: proffwyd a ddioddefodd gam ac a laddwyd. A dyna ddymunent ei wneud i Grist Iesu hefyd. Yr oedd yn amlwg nad oedd Iesu chwaith yn mynd i ganiatáu i'r awdurdodau ddianc rhag eu cyfrifoldeb a'u hunan-dwyll. Wedi iddynt ateb nad oeddent yn gwybod o ble deuai ei awdurdod, meddai Iesu: 'Ni ddywedaf finnau chwaith wrthych chwi trwy ba awdurdod yr wyf yn gwneud y pethau hyn'.

Yr oedd yn amlwg fod Iesu'n feistr ar ddadlau, a'i fod yn gwybod sut i osgoi rhoi cyfle i'w wrthwynebwyr gario'r dydd. Byddai rhaid cynnal dadl arall yn weddol fuan. Yn y cyfamser, adroddodd Iesu stori am y tenantiaid: stori sy'n ddameg ac yn alegori. Lladdwyd yr etifedd a lladdwyd hefyd y tenantiaid a gyflawnodd y weithred lwgr. Trosglwyddwyd etifeddiaeth Crist o ddwylo Jerwsalem i ddwylo Rhufain. Mae hynny'n digwydd heddiw. Trigolion Affrica ac Asia sy'n cyflawni cenhadaeth y Crist yn ysblennydd yn ein dyddiau ni, ac nid ni bobl Ewrop.

***D. Ben Rees***

## IESU A'R DDINAS SANCTAIDD

Fel Iddew, meddyliai Iesu yn fawr o'r Ddinas a elwid Jerwsalem. Dyma'r ddinas bwysicaf i bobl Jwdea, Samaria a Galilea. Yr adeilad pwysicaf yn y Ddinas oedd y Deml, ac yn ei ymweliad â Jerwsalem ceir sôn am Iesu yn cyrchu yno. Yn ôl Luc, yr efengylwr, fe'i cyflwynwyd yn faban wyth niwrnod oed i gael ei enwaedu. Sonnir hefyd amdano yn ddeuddeng mlwydd oed yn pererindota i'r Deml, ac yn aros ar ôl i holi'r Rabiniaid. Ar ôl taith diwrnod o gerdded sylweddolodd ei fam fod Iesu ar goll. Penderfynwyd troi yn ôl i'r fangre y gwelson nhw ef ddiwethaf, sef y Deml, ac yno yr oedd Ef yn dal i gadw pen rheswm gyda'r deallusion o'r grefydd Iddewig. Adeg y Pasg oedd yr adeg honno. Ac yn ei ymweliad olaf fe ddaeth i'r Ddinas y meddyliai gymaint ohoni, a phan welodd y Ddinas y tro hwn, wylodd drosti am ei bod mor ddifeddwl am ei thynged. Yn dal i goleddu syniadau milwrol yn hytrach na ffordd y cymod. Wylodd Iesu drosti, a deil i wylo dros ein dinasoedd ni heddiw am nad ydym wedi newid dim o'n hagwedd. Dal i gredu fod grym yn well na gweithio gyda'n gilydd i greu cymdeithas a byd lle bydd pobl yn cyd-ddyheu a chydweithio yn hytrach na dinistrio gwareiddiad a bywyd.

Y mae'n gwbl amlwg fod Iesu wedi ymweld â Jerwsalem yn gyson – i ŵyl y Pasg ac i ŵyl y Tabernacl, ac y mae Ioan yn ei efengyl yn cyfeirio at yr ymweliadau hyn, (darllen Ioan 2:13; 5:1; 7:10 a 12:12). Sonia Ioan amdano yn glanhau'r Deml ac yn gyrru allan y rhai oedd yn gwerthu colomennod, ychen a defaid a'r cyfnewidwyr arian. Cafodd gyfle i sôn am ei Atgyfodiad wrthynt. Ac meddai Ioan am hyn:

'Felly, wedi iddo gael ei gyfodi oddi wrth y meirw, cofiodd ei ddisgyblion iddo ddweud hyn, a chredasant yr Ysgrythur, a'r gair yr oedd Iesu wedi ei lefaru.'

***D. Ben Rees***

## Gweddi am y Deml a'r Ddysgeidiaeth

O Arglwydd ein Duw, gwyddom nad wyt yn trigo mewn teml o waith ein dwylo, ond eto diolchwn am gyfraniad pob teml i drosglwyddo dy neges a'th ddaioni i fyd dy blant. A diolchwn am bwysigrwydd y Deml i weinidogaeth ddaearol Iesu, ac am iddo fynnu adfer yr adeilad i'w briod waith o fod yn ganolfan i weddi ac ymgysegriad, addoliad ac astudiaeth o'r Ysgrythurau.

Diolch hefyd am ddysgeidiaeth ac awdurdod Iesu. Cofiwn iddo ateb y dyrfa gan ddweud wrthynt fod gan Fab y Dyn awdurdod i faddau pechodau ar y ddaear. Dywedodd hynny wrth aml un. Iachawyd y gŵr a fu'n dioddef am flynyddoedd. Nid rhyfedd fod y dyrfa yn rhyfeddu. Yn wir, yr oedd y wyrth o iacháu yng Nghapernaum yn profi tu hwnt i bob dirnadaeth bod ganddo awdurdod i faddau pechodau. Dyna ddirgelwch mawr y Duwdod. Duw-ddyn oedd Iesu yn y Deml fel ym mhob man arall.

Diolchwn heddiw am y modd y deliodd Iesu â'i wrthwynebwyr yn y Deml. Ni fynnai ei wrthwynebwyr wrando arno. Maddau i ninnau, O Dad, ein bod yn aml yn ddigon tebyg iddynt. Cyflawni dy waith Di a wnâi Iesu. Ein cri ni yw am gael adnabod y Gŵr sy'n Geidwad enaid i bob un ohonom.

'O diolch am Gyfryngwr,
Gwaredwr cryf i'r gwan;
O am gael ei adnabod,
fy Mhriod i a'm rhan,
fy ngwisgo â'i gyfiawnder,
yn hardd gerbron y Tad,
a derbyn o'i gyflawnder
wrth deithio'r anial wlad.'

Gwisgir ni oll fel pechaduriaid â chyfiawnder pur Iesu Grist, ac yn y wisg hon yr ydym yn dderbyniol gerbron Duw'r Tad. Dyro i'r neges hon gael ei seinio'n gyson ledled y ddaear o fewn pob teml sy'n gartref i'n haddoliad i Dduw yng Nghrist.
Yn ei Enw. Amen.

## Dydd Mawrth: Dysgeidiaeth am Ddyddiau Enbyd

**Darllen Jeremeia 14:17–21; Mathew 24:1–14; Luc 21:7–19**

### Myfyrdod

Ymadawodd Iesu â'r Deml gan sylweddoli nad oedd yr awdurdodau yn mynd i newid eu hagwedd, a bod dyddiau enbyd ar y gorwel. Gofidiai fod yr arweinwyr yn mynnu cael byd cyfforddus ar draul y duwiol wragedd gweddw ac amddifad. Fel y dywedodd Ivor Thomas Rees:

'Ymffrost y Rabiniaid oedd eu bod yn gwasanaethu Duw a'r bobl, ond mewn gwirionedd, yr hyn a wnaethant oedd perswadio'r bobl i'w cynnal mewn modd cyfforddus.'

Mor wahanol oedd bywyd Iesu ei hun fel Athro. Ni ddisgwyliai'r bywyd cyfforddus y mynnai'r Rabiniaid ei gael. Pwysleisiodd Iesu mai torri geiriau oedd cyfraniad pennaf y bobl bwysig hyn ac nid gwasanaethu'r anghenus yn ysbrydol na chorfforol.

Gwelodd lygedyn o obaith nad oedd dysgeidiaeth yr Ysgrythur wedi diflannu yng ngweithred hardd y wraig dlawd, yn rhoddi'r cyfan oedd yn ei meddiant i gist y Deml.

Taith anodd oedd dringo'n ôl i Fethania dros Fynydd yr Olewydd, a chafodd Iesu gyfle i sôn am y dyddiau anodd oedd ar y gorwel: cwymp y ddinas, dinistr y Deml, rhyfeloedd, brad, trais, daeargrynfeydd, newid. Cyfnodau anodd, anodd. A gwyddom i ran o'i broffwydoliaeth gael ei chyflawni yn y flwyddyn 70 O.C. pan gyflawnodd byddin Rhufain erchyllterau ar drigolion Jerwsalem, y Deml a'r adeiladau eraill a losgwyd. Ers 70 O.C. bu'r byd yn ymwybodol o'i broffwydoliaeth. Ni ddaeth diwedd ar y dyddiau enbyd. Y mae plant Duw yn dal o dan erledigaeth mewn llawer gwlad. Gair olaf Iesu wrth ei anwyliaid o ddisgyblion oedd: 'A'r hyn yr wyf yn ei ddweud wrthych chwi, yr wyf yn ei ddweud wrth bawb; byddwch yn wyliadwrus'. Cyngor buddiol i ni ym mhob cenhedlaeth, boed ein trigfa yn Jerwsalem neu yng Nghaerdydd, Lerpwl neu Llanfair-yng-Nghornwy.

***D. Ben Rees***

## Gweddi ar Ddydd Mawrth yr Wythnos Sanctaidd

Caniatâ, O Dduw, i un o'th blant golli dagrau nos a dydd. Na foed i ni byth golli'r ddawn i wylo, gan mai dy ddawn Di ydyw. Wylo a wnawn dros y byd am ei fod yn methu gweld dy ffordd, wylo am arweinwyr sydd yn barotach i ddinistrio nag i ddysgu'r werin i ofalu am y tir a'r gymuned sydd mor fregus. Gwelwn dy bobl mewn aml wlad yn wylofain am nad yw'r arweinwyr yn malio dim amdanynt. Gadawant i dy blant lewygu a newynu tra maent hwy'n pesgi ac yn gwledda yn ddyddiol.

Gwelwn, O Arglwydd, yn ein cartrefi trwy'r teledu, gyrff y rhai a laddwyd mewn rhyfeloedd ym mhob rhan o'r byd. Mewn gwledydd yng nghyfandir Affrig gwelwn lwgrwobrwyo ar raddfa eang a phlant bach o dan bum mlwydd oed yn newynu o ddiffyg cynhaliaeth, ysbytai heb foddion na chyffuriau i wella'r cleifion sy'n griddfan ddydd a nos. Diolchwn am fudiadau dyngarol a Christnogol, ac o grefyddau eraill, sy'n dilyn esiampl Iesu 'o gerdded oddi amgylch gan gyflawni daioni'.

**Dywed y proffwyd:**

O Arglwydd a wyt ti wedi anghofio Jwda?
A yw dy galon yn casáu Seion?
Pam dy fod wedi ein llorio heb obaith nac iachâd?
Yr ydym yn deisyf am heddwch ond ni ddaeth tangnefedd i'n dyddiau. Yr ydym yn chwilio am iachâd, ond yr hyn a gawn yw erledigaeth a diffyg parch. Arglwydd, cydnabyddwn ein drygioni a thwyll ein hynafiaid. Yr ydym wedi pechu yn feichus yn dy erbyn. Er mwyn dy enw, a'th anrhydedd, paid â'n gadael na'n gwrthod na dianrhydeddu dy Deyrnas odidog; cofia ni a phaid â thorri'r cyfamod gyda ni.

Rhown foliant i'n Tad, a gofynnwn i'r Mab ein dwysbigo â'i gyfiawnder, ac i'r Ysbryd ein cynnal heb i ni anobeithio. Amen.

## Dydd Mercher – Dydd yr Eneinio

### Darllen Marc 14:3–9; Luc 7:36–50

Mae'n amlwg i Iesu benderfynu aros ym Methania ar y Dydd Mercher yn hytrach na cherdded unwaith yn rhagor i Jerwsalem. Onid wrth aros ym Methania y cafodd Iesu ei anrhydeddu a'i eneinio? Er y gwahaniaethau sydd yn yr adroddiadau y mae un peth yn sicr: fe gafodd gysur yn ei unigrwydd a'i amgylchynu gyda chariad i wynebu ei Groes.

### Myfyrdod

Ym Methania, edrychodd Mair yn ôl at fedd Lasarus tra bod Iesu'n edrych ymlaen at ei fedd ei hun. O'i flaen ef, safai Jerwsalem a Gethsemane, ffordd gofidiau a'r Groes a'r bedd, brad, unigrwydd, trallod a marwolaeth. Roedd y tywyllwch yn cau amdano. Daeth Mair ato a chyflawni'r weithred hon, gan roi iddo gymorth i wynebu ei groes. Amhosibl yw cymharu'r hyn a wnaeth Iesu dros ddynion â'r hyn a wnaeth Mair dros Iesu. Gweithred fach o'i heiddo; dibwys i rai ond cyffyrddodd ag ef ar awr ei angen. Ni ddaeth neb arall ato, neb o'r siaradwyr huawdl, neb ond Mair. O am gael dysgu ganddi! Tramgwydd oedd y cyfan i'r Deuddeg. Gwastraff! Rhoi yn afradlon oedd Mair er mwyn y Meistr. Roedd ef yn gwbl ymwybodol o'r ffaith bod y tlodion yno bob amser yn disgwyl cymorth.

'A ellwch fesur cariad?' yw awgrym Iesu yma, ar wahân i'r ffaith ei fod ef yn rhoi popeth ac yn cymryd popeth, ac yn wir yn hawlio popeth. Mair yn unig a ddaeth â goleuni i Grist yr wythnos honno, i oleuo'r ffordd o'i flaen. Daeth Mair at Oleuni'r Byd gan adlewyrchu'r goleuni yn ei gweithred ac yn ei hymagwedd at ei Gwaredwr... Byddai yn ei ddilyn at droed ei groes ac at ddrws ei fedd; ac ar y trydydd dydd byddai'n cael cwrdd ag ef yn yr ardd a'i danfon i ddweud wrth y lleill. Wrth iddi eneinio Iesu, dengys Mair beth yw ystyr perthyn i'r Gwaredwr, sef bod yn blentyn y Goleuni.

***Ivor Thomas Rees***

## Gweddi

**Darllen Llyfr y Galarnad 1:12, 16; 3:19, 22–28, 31–33**

A yw'n bosibl i chi sydd yn myned heibio fod mor ddifater?

Edrychwch a gwelwch; a oes gofid fel y gofid a osodwyd yn drwm arnaf, ac a ddygodd yr Arglwydd arnaf yn nydd ei lid angerddol?

Am hyn yr wylaf; mae fy llygaid yn llawn o ddagrau, ac y mae fy nghysurwr ymhell oddi wrthyf, un i adfer fy ysbryd mentrus. Cofia fy nhreialon a fy nghystuddiadau, y poen a'r blinder.

Nid yw cariad fy Arglwydd byth yn peidio, na'i drugareddau byth yn dod i ben, y maent yn newydd bob bore, a mawr yw dy ffyddlondeb.

'Yr Arglwydd yw fy nghyfran,' fel y dywed fy enaid, 'ac am hynny yr ymddiriedaf ynddo.' Y mae'r Arglwydd yn ddaionus i'r rhai sydd yn disgwyl amdano, ac i'r enaid sydd yn ei geisio.

Y mae'n dda ein bod ni yn disgwyl yn dawel am yr iachawdwriaeth sydd gan yr Arglwydd.

Y mae'n dda cario'r iau yn ein hieuenctid i eistedd ar ben ein hunain yn y tawelwch a osodir arnom.

Nid yw'r Arglwydd yn gwrthod am byth. Er ei fod yn peri gofid, fe rydd hefyd gydymdeimlad llwyr a llawn, am nad yw yn dymuno creu anawsterau na siomi neb, fe'n derbynnir i'w ofal cariadus.

Rhoddwn foliant felly i'r Tad, a'r Mab, a'r Ysbryd Glân. Amen.

## Neges y Gân i'r Dychweledigion

**Darllen Llyfr y Datguddiad 5:11–12**

Defnyddiodd Ioan yn ei weledigaeth yr hyn a geir yn Llyfr Cyntaf Cronicl 29:11–12. Dafydd, y per-ganiedydd, yn torri allan mewn gorfoledd. Moliannwch yr Arglwydd. Ond beth sydd gan yr henuriaid, yr angylion a'r holl greaduriaid i ganu amdano? Yn gyntaf, gallu Iesu i achub, arbed ac adeiladu. Cofiwch eiriau Paul wrth y disgyblion yn Corinth:

'Eithr nyni ydym yn pregethu Crist wedi ei groeshoelio, i'r Iddewon yn dramgwydd, ac i'r Groegwyr yn ffolineb; ond iddynt hwy y rhai a alwyd, Iddewon a Groegwyr, yn Grist gallu Duw, a doethineb Duw' (1 Corinthiaid 1:23–24).

Y mae gallu Duw yn Iesu. Yn ail, mae gan Grist gyfoeth dihysbydd. Cofiwn eto eiriau Paul, y tro hwn wrth yr Eglwys yn Effesus:

'I mi, y llai na'r lleiaf o'r holl saint, y rhoddwyd y gras hwn, i efengylu ymysg y Cenhedloedd anchwiliadwy olud Crist' (Effesiaid 3:8). Gan Iesu y mae'r anchwiliadwy olud, fel y sonia'r emynwyr Calfinaidd fel Ann Griffiths a Phantycelyn.

Yn drydydd, mae Iesu'n datgloi cyfoeth Duw. Un o roddion Duw i Grist yw'r gallu i ddeall meddwl yr Anfeidrol a'i ddehongli i ni feidrolion. Galwyd y llenor Laurence der van Post yn Arise Man of Our Time ar raglen deledu. Dylem ni oll fod felly.

Yn bedwerydd, cofiwn am gadernid y Crist. Ef yw'r cadarn Un a orchfygodd angau a phechod a thywyllwch.

Iddo ef, yn bumed, y mae'r anrhydedd a hefyd, yn chweched, y Gogoniant.

'Y clod, y mawl, y parch a'r bri
fo byth i enw'n Harglwydd ni.'

Ac yn olaf, y Fendith. Dyma'r uchafbwynt. Mawr yw ein bendithion o law Duw a'i Fab Iesu. Dyna pam fod y gân orfoleddus i'w chlywed, cân y waredigaeth a chân o Ddiolchgarwch. Dyna'r fraint a gawn ger bron Prynwr y Byd, sef diolch iddo am ein cofio.

'Ffyddlon ydyw, llawn tosturi,
haeddai gael ei foli'n fwy.'

Dalied ei ddisgyblion i'w foliannu am ei roddion helaeth.

*D. Ben Rees*

## Dydd Iau – Dydd y Cofio a'r Dewis a'r Profi

**Cofio'r Cyfamod**

O mor ddymunol yw cael cwrdd
â'm hoff Anwylyd wrth ei fwrdd,
ymlonni yn ei gariad llawn
a thawel orffwys ar yr Iawn.
Mae'r fath hawddgarwch yn ei bryd,
gwledd felys yw, na ŵyr y byd:
fy nefoedd yw bod ger ei fron
yn siriol wedd ei wyneb llon.

Ymrwymiad adnewyddol yw
i rodio a bodloni Duw,
a phrawf o gariad Brenin nef,
ei ddoniau a'i ffyddlondeb Ef.

Y cof o'i angau ef a'i ras
farweiddia'n llwyr fy mhechod cas;
myfyrio loes Iachawdwr byd
a wywa'r llygredd oll i gyd.

***Robert Owen (Eryron Gwyllt Walia)***

## Gethsemane

Gethsemane (dyffryn yr olew), pentref ar Fynydd yr Olewydd, yn agos i Jerwsalem, lle, yn debygol yr oedd olew-wryf. Yma byddai ein Hiachawdwr yn ymneilltuo weithiau o Jerwsalem; ac mewn gardd gyfagos y bu yn ei ymdrech chwerw yn chwysu'r gwaed yn ddafnau i'r llawr, lle daliwyd ef gan Jwdas a'i fyddin (gweler Mathew 26:36–50).

***Thomas Charles***

## Gardd Gethsemane

### Marc 14:32; Ioan 18:1–11

Bûm bedair ar bymtheg o weithiau yng Ngardd Gethsemane, yn arwain pererinion, i'r ardd sydd yn bwysig yn wythnos fawr gweinidogaeth Iesu. Ni fethodd y pererinion â chanu emyn y Methodist Calfinaidd o Dalyllychau, Thomas Lewis (1760–1842), blaenor ac arloesydd yr achos. Gof na welodd erioed mo'r ardd ar waelod Mynydd yr Olewydd, ond am ei fod ef yn olau yn yr Ysgrythurau cipiodd yr awyrgylch.

'Wrth gofio'i riddfannau'n yr ardd,
a'i chwŷs fel defnynnau o waed,
aredig ar gefn oedd mor hardd,
a'i daro â chleddyf ei Dad,
a'i arwain i Galfari fryn
a'i hoelio ar groes bren o'i fodd;
pa dafod all dewi am hyn?
Pa galon mor galed na thodd?

Nid oes raid i Thomas Lewis ofni o gwbl. Bu'r tafodau o Gymry yn canu yno bob amser, a gwelais aml i ddeigryn hefyd ar ruddiau y pererinion a fu ar daith yn ôl traed Iesu.

Nid yw'r un o'r efengylau'n enwi'r fangre, ond mae Ioan yn sôn fod y disgyblion wedi dod i'r ardd ar ôl croesi afon Cedron.

Yn yr ardd y cyfarfu Iesu â Jwdas, ynghyd â heddlu'r Deml. Ar ôl i'r disgybl fradychu ei arweinydd â chusan, fe ddaliwyd Iesu er mwyn ei hebrwng i Lys yr Archoffeiriad. Y mae cryn wahaniaeth rhwng adroddiad Ioan ac adroddiadau Marc, Mathew a Luc. Nid yw Ioan yn rhoddi cyfeiriad o gwbl at weddi Iesu am i Gwpan y Gofid gael ei gymryd oddi wrtho, ond eto, os oedd rhaid ei yfed, ni wrthodai'r Gwas Dioddefus. Nid yw Jwdas chwaith, yn ôl Ioan, yn ymddwyn fel bradwr. Y mae'n sefyll yn ei unfan fel un oedd mewn gofid dwys. Y mae Iesu yn rhoddi ei hunan i'r awdurdodau heb brotest yn y byd, nes synnu a rhyfeddu heddlu'r Deml. Y mae'r olygfa yn gryn wahanol i adroddiad Marc, ond yn cyd-fynd â diwinyddiaeth Ioan am y Logos, 'a'r Gair a ddaeth yn Gnawd, a ni a welsom ei Ogoniant Ef'. A gwelir ei ogoniant yn yr Ardd fel ag yn ei ing a'i angau.

***D. Ben Rees***

## Gweddi o'r Gwadu

O Arglwydd Iesu Grist, edrych arnom gyda'r llygaid a edrychodd ar Pedr, fel y cawn ninnau, gyda Pedr, edifarhau, a thrwy dy gariad gael maddeuant ac adferiad; er mwyn dy drugaredd. Amen.

***Yn seiliedig ar Lancelot Andrews ac Ivor Thomas Rees***

## Y Disgybl Annwyl

### Darllen Ioan 21:20–25

Ni allwn ond cael ein cyfareddu gan y darlun o'r 'disgybl annwyl'. Yr oedd yn meddwl y byd o Iesu, a gwelwyd hynny adeg y Swper Olaf. Yn awr, dilynai'r 'disgybl annwyl' Iesu a Phedr ar y traeth, ac mae'n amlwg na all Pedr ddeall pam ei fod yn eu canlyn. A gofynnodd Pedr i Iesu: 'Beth am hwn?' Etyb Iesu gwestiwn busneslyd Pedr yn reit siarp gan ddweud nad yw hynny o ddim busnes iddo. Oherwydd ym meddwl Iesu roedd digon o waith i Pedr a'r 'disgybl annwyl' (sef disgrifiad Iesu o Ioan), yn y Deyrnas. Gall un gael ei alw i waith bugeiliol pwysig (adnodau 15–17) ac i goron y merthyr (adnodau 18–19), a'r llall i fywyd o faith wasanaeth (gweler adnod 23) ac i lafurio fel hanesydd a diwinydd gan greu Efengyl hanfodol i'r Eglwys Gristnogol. 'Hwn yw'r disgybl sydd yn tystiolaethu am y pethau hyn ac sydd wedi ysgrifennu'r pethau hyn. Ac fe wyddom ni fod ei dystiolaeth ef yn wir.'

Y mae'n amlwg fod y 'disgybl annwyl' yn gymeriad o gig a gwaed, ac wedi gweld y cyfan â'i lygaid ei hun. Cyfeiliorna Rudolf Bultmann, yr ysgolhaig enwog, wrth nodi mai symbol o Gristnogaeth y Cenedl-ddyn yw'r 'disgybl annwyl'. Cofiaf ysgolhaig gwych arall o'r enw Barnabas Lindars yn dweud yn Lerpwl mai'r hyn oedd gan y 'disgybl annwyl' yn ei feddwl oedd y byddai pawb a ddarllenai'r Efengyl a luniodd yn barod i ddilyn Iesu, a dod yn wir ddisgyblion eu hunain. Yn aml iawn gall disgyblion Iesu anghytuno ynghylch hanfodion y Ffydd; ond i Iesu nid oes dim yn bwysicach na bod Pedr ac Ioan yn cydweithio er daioni'r Deyrnas. Ac y mae hynny'n wir i ninnau.

Rhaid i ni ddarllen yn gyson 'bennod yr Uno' (Ioan 17) a hefyd yr alwad i fod yn gytûn fel praidd y Bugail Da (Ioan 10), penodau oedd mor bwysig i Grist ac i'r 'disgybl annwyl'.

***D. Ben Rees***

## Y Tad Rhadlon

Ling-di-longian fysai'r modd mwyaf bonheddig
Doedd neb yn rhedeg
Yn y Dwyrain Canol os oedd yn meddu
ar fymryn o foesgarwch

Eithr rhedeg wnest Ti, y Tad, at yr Un
A gymerodd arno'i hun fochyndra,
Gan ymadael â'r cylchdro: at yr Un
A fu'n gwasgaru, er yn sychedig, Dy holl dda.

A chest Ti'n ôl o'r tolc a'r twll
Fab. Amddifad a droes
Yn ôl o'r lloc a'r llaca
Wedi afradu Dy win oll. Tua'th winllan daeth.

Dy holl wedyn a arlwyaist
Ar gyfer Dy hoff Fyd;
Ac ar y Ford – Dy holl Fab, er mwyn
I ninnau hefyd, o'i gyd-fwyta, fod mewn pryd.

***Bobi Jones***

## Iwdas Isgariot

Rhaid oedd i'r cwmni gwirion wrth dy fedr
I gadw'r cyfri ac i gasglu'r pres,
Ni hidiai Ioan ac ni faliai Pedr,
Rhaid oedd wrth aur i ddod â Duw yn nes:
Yr elusennau aml a odrai'r gist,
A'r Pasg a'i gwagiodd, gyda'i win a'i fwyd,
Ac ar y farchnad gwerthaist ti dy Grist
Gan wybod y dôi'n rhydd o'u magl a'u rhwyd.
Gresyn dy grogi cyn codi Mab y Dyn
A rhannu eilwaith win a bara croyw,
Y Groes yn codi'r brad oddi ar dy fin
A golchi d'arian brwnt yn berffaith loyw;
Gallaset fel Pedr wylo'n chwerw dost
A gweld y gist yn llawn ar Bentecost.

***Gwenallt***

## Swper yr Arglwydd

Ac wrth iddynt fwyta, cymerodd Iesu fara, ac wedi bendithio fe'i torrodd a'i roi i'r disgyblion, a dywedodd, 'Cymerwch, bwytewch; hwn yw fy nghorff'. A chymerodd gwpan, ac wedi diolch fe'i rhoddodd iddynt gan ddweud, 'Yfwch ohono, bawb, oherwydd hwn yw fy ngwaed i, gwaed y cyfamod, a dywelltir dros lawer er maddeuant pechodau' (Mathew 26:26).

Dyma eiriau cyfarwydd i bob un sydd wedi bod mewn oedfa gymun. Dyma fersiwn Mathew o Iesu'n sefydlu ordinhad Swper yr Arglwydd.

**Gŵyl y Pasg:**
Mae'n noson y Pasg yn Jerwsalem, a nifer fawr o Iddewon wedi dod yno i ddathlu'r Pasg. Roedd Duw wedi gorchymyn i'w bobl gofio am y waredigaeth ryfeddol a gawsent o'r Aifft. Yn arbennig, fe fydden nhw'n bwyta oen y Pasg, oen gwryw heb nam, oherwydd gwaed yr oen o gwmpas eu drysau yn yr Aifft oedd wedi peri i angel dinistriol yr Arglwydd fynd heibio iddynt wrth ladd pob cyntaf-anedig.

**Y bara:**
I'r Iddew, roedd y bara croyw yn atgof o'r ffaith eu bod wedi gadael yr Aifft ar frys, heb amser i baratoi bwyd, a bod Duw wedi eu gwaredu â llaw nerthol (Exodus12-13). Mae'r Arglwydd yn rhoi symbolaeth newydd i'r bara, gan gyfeirio ato fel ei gorff a fyddai'n cael ei dorri ar groes Calfaria. Mae hyn yn cysylltu â'i eiriau yn Ioan 6 pan gyfeiriaato'i hun fel 'bara'r bywyd', y gwir fara o'r nef. Fel roedd Duw wedi darparu'r manna i'r genedl yn yr anialwch, mae wedi darparu Crist i ni tra'n bod yn y byd, ar y ffordd i ogoniant y Ganaan nefol.

**Hwn yw fy nghorff:**
Mae'n gwbl amlwg mai trosiad yw hwn ac na all olygu bod y bara a chorff Crist yn un, neu fod y bara'n troi'n gorff Crist. Mae Iesu'n bresennol gyda'r deuddeg yn ei gorff ac mae'n dal y bara yn ei law.

Mae Iesu'n defnyddio iaith symbolaidd gydol ei weinidogaeth; e.e., mae'n sôn am 'surdoes y Phariseaid', sef eu hathrawiaeth gau, ac mae'n sôn am ei gorff fel 'y deml hon'. Mae Iesu hefyd yn defnyddio trosiadau wrth sôn amdano'i hun: e.e., mae'n ei alw ei hun yn 'wir winwydden' a 'drws y defaid'. Mae'n amlwg gyda'r cyntaf ei fod yn cymharu perthynas y winwydden â'r canghennau â'i berthynas ef â'i bobl.

**Hwn yw fy ngwaed:**
Byddai cyfeiriad at waed yn siŵr o atgoffa'r disgyblion o waed yr oen a oedd wedi ei beintio o gwmpas drysau tai yr Iddewon yn yr Aifft. Roedd angel dinistriol Duw yn mynd heibio (Saesneg 'passover') yn symbol o farn Duw yn mynd heibio i bob un sy'n ymddiried yng ngwaed Crist, sef ei aberth dros bechod ar Galfaria.

**Gwaed y cyfamod:**
Mae'r term ynm'n dod yn syth o Exodus 24:1-11 sydd yn cofnodi diwrnod mawr yn hanes y genedl. Wedi derbyn Cyfraith Duw, galwyd Moses, Aaron a'i feibion, a saith deg o henuriaid, yn cynrychioli'r genedl, i Fynydd Sinai.

Moses yn unig oedd yn cael agosáu at Dduw ac, wedi offrymu aberthau, mae'n taenellu hanner gwaed yr offrymau ar yr allor a'r hanner arall dros y bobl. Mae hyn yn selio cyfamod Duw â'i bobl. Roedd y bobl hwythau yn addo cadw gorchmynion Duw oherwydd y waredigaeth o'r Aifft.

Derbyniodd Duw'r offrwm ac addewid y bobl. Mae'n dangos hynny trwy ganiatáu i'r saith deg tri arall nesáu ato gyda Moses; maen nhw'n cael gweld Duw mewn gogoniant ac yn cael cyd-wledda yn ei bresenoldeb.

**Cyfamod newydd:**
Wrth ddweud bod y cyfamod yn newydd, mae Iesu'n dangos nifer o wahaniaethau rhwng Exodus 24 ac arwyddocâd Swper yr Arglwydd.

Mae'r cyfamod newydd yn cael ei selio â gwaed Mab Duw, nid gwaed anifeiliaid. Mae'r cyfamod newydd yn arwain llawer (28), trwy ffydd yn ei aberth, i gyfamod â Duw, sydd yn golygu ei weld yn ysbrydol a gwledda ar ei gariad.

Mae'r cyfamod newydd yn golygu bod Cyfraith Duw yn cael ei gosod yng nghalon ei bobl, sef bod awydd gwirfoddol, parhaus ganddynt i ufuddhau i'w air ar sail ei waredigaeth, sef maddeuant pechodau (Jeremeia 31).

**Tamaid i aros pryd:**
Wrth ddweud y byddai'n yfed gwin eto yn nheyrnas ei Dad, mae Iesu'n ein hatgoffa y cawn wledda i dragwyddoldeb gydag Ef yn y nefoedd. Felly, rhagflas o wledd barhaus yw Swper yr Arglwydd i ni ar hyn o bryd.

**Bwytewch ac yfwch:**
Gweithred allweddol yn y swper oedd i'r disgyblion fwyta ac yfed, iddynt dderbyn y bara a'r gwin. Mae hynny'n symbol clir o dderbyn Crist, o ymddiried yn ei aberth iawnol ar y groes, er mwyn cael bwyd a diod, sef bywyd tragwyddol i'n heneidiau llesg a llwglyd.

***John Treharne***

## DYDD IAU CABLYD

**Darllen Ioan 13:1–17**

Dduw'r Creawdwr, diolchwn a mawrygwn di
am nad wyt yn dal dy gariad tuag atom yn ôl;
mentraist greu'r ddynoliaeth a darparu ar ei chyfer,
heb ofyn am ddim yn ôl ond i ni dy garu di a charu'n gilydd.

A: Arglwydd, sy'n plygu ac yn golchi ein traed,
C: dysg ni i garu a gwasanaethu.

Dduw'r Gwaredwr, diolchwn a mawrygwn di
am nad wyt yn dal dy gariad tuag atom yn ôl;
buost fyw, fel ninnau, ar y ddaear hon,
ac yn dy haelioni, rhoddaist y bywyd hwnnw trosom
heb ofyn am ddim yn ôl ond i ni dy garu di a charu'n gilydd.

A: Arglwydd, sy'n plygu ac yn golchi ein traed,
C: dysg ni i garu a gwasanaethu.

Ysbryd Duw, diolchwn a mawrygwn di
am nad wyt yn dal dy gariad tuag atom yn ôl;
yr wyt yn mentro ymlwybro'n ddistaw

wrth i ti symud yn ein bywydau a'n byd
gan ofyn am ddim yn ôl ond ein bod
yn agor ein calonnau i'th nerth.

A: Arglwydd, sy'n plygu ac yn golchi ein traed,
C: dysg ni i garu a gwasanaethu.

Cyffeswn, O! Dduw,
nad ydym yn byw ein bywydau
mewn ymateb i'th gariad.
Mae ein traed yn fudr ac angen eu golchi.
Ym mhob man y mae pobl â'u traed
wedi eu baeddu a'u blino
gan eu pererindod drwy'r bywyd hwn:
y rhai y mae eu hanghenion corfforol ac ysbrydol yn eu llethu;
y rhai y mae eu bywyd wedi ei lychwino gan afiechyd, pryder a thristwch.
Gweddïwn dros...
Cadw ni rhag dal ein cariad yn ôl
oddi wrth y rhai sydd ei angen fwyaf.

A: Arglwydd, sy'n plygu ac yn golchi ein traed,
C: dysg ni i garu a gwasanaethu.

***Nick Fawcett, addasiad Olaf Davies***

# 5. Y Pasg

## Cyduned Seion Lân

Y mae James Hughes (1779-1844), a adnabyddir yn hanes crefydd gyda'i enw barddol Iago Trichrug, yn gryn gymwynaswr i Gristnogaeth Gymraeg. Treuliodd ei lencyndod yn Nyffryn Aeron ac yn arbennig ardal Talsarn, ger Llanbedr-Pont-Steffan. Ac ar y ffordd o Dalysarn i Nebo ceir rhiw fawr dros fynydd Trichrug a dyna lle y cafodd ef ei ffugenw. Ar waethaf anawsterau lu derbyniodd oleuni'r Efengyl a phenderfynu mentro ar ddiwedd 1799 i ardal Llundain, i weithio yn Iard y Tŷ Coch, iard longau yn Deptford. Daliodd i gredu yn yr addewidion a glywodd yn niwedd y Diwygiad Methodistaidd a chaniatawyd iddo bregethu yn 1810 a'i ordeinio yn Llangeitho, lle y meithrinwyd ef yn y Ffydd, yn 1816. Bu o 1799 i ddiwedd ei oes yn alltud yn Llundain a phan fu farw claddwyd ef ym mynwent enwog Bunhill Fields.

Yn *Caneuon Ffydd*, ceir emyn o'i eiddo, rhif 163, sy'n wefreiddiol gan ei fod ef yn galw ar yr Eglwys Gristnogol i lawenhau a gorfoleddu mewn 'cân bereiddia'i blas'. Braint yw moliannu Duw am ei drugareddau, ei roddion a'i ras yng Nghrist Iesu. Gofynna'r awdur gwestiwn teg:

'Ble gwelir cariad fel
ei ryfedd gariad Ef?'

Dyma gariad Duw na allwn ni ei gymharu o gwbl. Ond myn ei Galfiniaeth iddo ddweud:

Fe'n carodd cyn ein bod,
a'i briod Fab a roes,
yn ôl amodau hen y llw,
i farw ar y groes.

Onid ef o'r emynwyr sy'n dweud yn gofiadwy y gwirionedd am ddarpariaeth Duw yn ei Fab ac yn nioddefaint yr Anwylyd ar Groes Calfaria? Beth gyflawnodd Iesu hwn felly? Y mae'r ateb yn glir a chryno:

Gwnaeth Iesu berffaith Iawn
brynhawn ar Galfari:
yn ei gyfiawnder pur di-lyth
mae noddfa byth i ni.

Llawenhawn yn ein hofnau am fod gennym noddfa dragwyddol drwy weithred rymus Croes Calfaria yn aberth gogoneddus y Gwaredwr.

***D. Ben Rees***

## TAIR GWEDDI BONAVENTURE AR Y PASG

i

O Arglwydd Dad Sanctaidd, dangos i ni pa fath ddyn sydd yn hongian er ein mwyn ni ar y Groes, yr Hwn yn ei ddioddefaint a oedd yn gyfrifol am i'r creigiau gracio a thorri mewn cydymdeimlad, a'i farwolaeth yn dwyn y meirw yn ôl yn fyw.

Dyro i'm calon gracio a thorri wrth edrych arno. Dyro i'm henaid dorri gyda chydymdeimlad am ei ddioddefaint. Dyro iddo rwygo mewn galar am fy mhechodau, y rhai y bu ef farw drostynt. Ac yn derfynol, dyro i mi fod yn wastadol gyda chariad wedi ei gynysgaeddu drosto.

ii

O fy Nuw Iesu, yr wyf ym mhob ffordd yn annheilwng ohonot Ti. Eto, fel Joseff o Arimathea, yr wyf am gynnig gofod i Ti. Cynigiodd ef ei fedd ei hun, cynigiaf fi fy nghalon.

Tyrd i mewn i dywyllwch fy nghalon, fel yr aeth dy gorff i mewn i dywyllwch bedd Joseff. Gwna fi yn deilwng i'th dderbyn, gan fwrw allan bob pechod fel y medraf gael fy llenwi â'th oleuni ysbrydol.

iii

Drain a chroes a hoelion a phicell,
doluriau, ein hetifeddiaeth gyfoethog...
Boed i'r rhain lenwi ein hysbrydoedd,
a chydag ymgyscgriad Cariad roddi gwcfr...
Crist, gyda dwylo y
llwfrddyn a fradychwyd,
Crist, er ein mwyn a gaethiwyd,
Crist, ar y goeden sur,
a laddwyd dros ddyn
boed moliant llwyr i Ti.

## Iesu o Nasareth

Anghenus yn fy nghyni, – er dioddef,
Ni raid heddiw ofni;
Yn gydymaith gwawd imi,
Gwelaf Frawd ar Galfari.

Er i gynnydd drygioni, – â'i golyn
Dirgelaidd fy mhoeni,
Loesion dwyfol sy'n dofi
Dirgel frad ar Galfari.

O foroedd yn ymferwi, – i fy Iôr
Y cyfeiriaf weddi;
A glaniaf mewn goleuni,
Os coeliaf ras Calfari.

Er i enaid wirioni, – yma'n llwm,
Yn y llaid a'r bryntni;
Wele eilchwyl i'w olchi
Fôr o waed ar Galfari.

Am elyn, hir ymholi – y bu deddf,
Heb dâl i'w bodloni;
Mwy, ehed i gymodi,
Â gŵyl fron i Galfari.

Seina dân sy'n dihoeni, – a'i daran
Fradwrus yn tewi;
A'i eirias fellt yn oeri
Yn yr Iawn ar Galfari.

Cyfiawnder o'i fodd sy'n rhoddi – ei gledd
Dan glo, rhag ei feddwi
Â gwaed, ni fyn ei godi
Â glew fraich ar Galfari.

Duw ddyn o'i rad ddaioni – wacaodd
        Gwag eang trueni;
    A'i loniant sy'n ei lenwi
    Ar ei ôl ar Galfari!

O wyrth! mae'n hongian wrthi – ogoniant
        Y gwynnaf dosturi;
    A haeddiant yn cyhoeddi
    Hawl fyw i rodd Calfari.

Gwaed! gwaed! sydd i'm cysgodi, – a'i 'arwydd'
        Erys i borffori
    Fy nôr, a than glodfori
    Af o'r Aifft i Galfari.

Braw o hanes wybrenni – byd o nos,
        Beidia'n awr ymgronni;
    Newydd Haul yn wyn ddyli
    Fwria'i wawl ar Galfari.

Os yw dy holl groesau di, – O! f'enaid,
        Yn finiog, anghofi
    Y poen eilwaith, pan weli
    Glwyfo'r Oen ar Galfari.

***Evan Rees (Dyfed)***

## Y PASG

Mae'n galed gen i goelio,
    Heb straenio ystyr ffydd,
Holl hanes y croeshoelio
    Ddigwyddodd 'slawer dydd,
Gan amled yw amheuon dysg
Yr holl chwilotwyr sy'n ein mysg.

Er 'mod i'n medru canu
    Am loes a marwol glwy',
Mae'n anodd im wahanu

Y goel a'r gredo mwy,
Ac nid oes neb a all yn blaen
Egluro'r myth am dreiglo'r maen.

Ond gwn, er gweld llofruddio
O'r hafau yn eu tro,
A'r eira'n eu gorchuddio
A'r rhew'n eu rhoi dan glo,
Y bydd y blodau yn eu nerth
Ar Sul y Pasg dros Hewl y Berth.

***Dic Jones***

## Dyma'r Byd

Dyma'r byd: bu farw'n drist.
Claddwn ef o olwg Crist.
Sleifiwn ni i fynwes draw
Ac fe'i gwthiwn dan y baw.

Dyma'r byd. O! claddwn ef
Gyda llwch y sêr o'r nef.
Ble mae'r bâl? A ble mae'r rhaw?
Ble mae gweddi o'r byd a ddaw?

Nid oes pridd i'w gladdu'n iawn
Yn holl dragwyddoldeb llawn.
Crafu awyr; crafu'r nen
Er mwyn taflu drosto len;

Chwilio'r gwynt a'i ffriliau lu
A phocedi'r daran ddu;
Tyllu'r pechod yn ein byw,
Mynd at Satan, mynd at Dduw;

Mynd at Satan, mynd at Grist
I ymbilio am gael cist;
Nid oes dim a guddia'r sen
Ond cnawd yr Un fu ar y Pren.

***Bobi Jones***

## Dehongliad y Bardd o'i Gerdd

**Dyma'r Byd**

Mae'n rhaid bod pob Cristion yn myfyrio am y ffaith ryfedd fod y dyn naturiol yn cael ei eni 'ar wahân' i Dduw. Hynny yw, mae pob un yn naturiol yn farw i Dduw o safbwynt perthynas fywiol. Dyma destun, a hen destun, yn y gân fach hon; ac mae arnaf ofn, oherwydd diogi, na fyddai wedi bod yn ddigon i mi lunio cerdd.

Ond wrth ymdroi gyda'r meddwl hwn, ac wrth droi i syllu ar bethau sy'n digwydd ledled y ddaear, ac yn wir ynof i fy hun, dyma godi'n sydyn dro o'r gadair. Dyma ebychu'n uchel: 'Eisiau'i gladdu sydd!' A dyna'r testun yn digwydd yn y meddwl. Sef claddu'r byd syrthiedig.

Ond ni fyddai hynny wedi bod yn ddigon chwaith i lunio cerdd. Peth od yw cerdd. Gall mydr ei chynnau weithiau. A'r mydr a'i cyneuodd y tro hwn. Clywed yn y dychymyg fydr cyntefig drymiau'r jwngwl. Nid myfyrdod tawel, ond clywed bwm-bwm. Mae'r ieithwedd i'w benderfynu yn y gerdd hefyd yn perthyn i weledíad gwyllt ac elfennaidd, peth sy'n gyrru dyn rywsut i'w llunio. Cân eithafol yw yn dathlu buddugoliacth marwolaeth dros farwolaeth. Roedd y testun yn lletḥol ond yn dwyn mynegiant i ben.

***Bobi Jones***

## Myfyrdod Dioddefaint Crist

Cyfrifir *Y Dioddefaint yn ôl Sant Mathew* gan Johann Sebastian Bach fel un o weithiau corawl mwyaf Gorllewin Ewrop. Fe'i cyfansoddwyd fwy na thebyg yn 1727 ar sail testun Efengyl Mathew (penodau 26 a 27) o hanes dioddefaint Crist, ac mae'n llawn o unawdau, adroddganau, cytganau a charolau dramatig a dwys, gyda libreto gan Picandee (Christian Friedrick Henrici) sy'n ychwanegu at y testun Beiblaidd. Tybir iddo gael ei ganu am y tro cyntaf yn Leipzig, ddydd Gwener y Groglith 1727, ac ynddo gwnaeth Bach ddefnydd helaeth o 'Gorâl y Dioddefaint', yr emyn dôn sy'n gyfarwydd i ni dan yr enw 'Mannheim'.

Tristwch yw nodwedd bennaf y gwaith ar ei hyd. Ceir llawer iawn o fyfyrio dwys ar arwyddocâd y Dioddefaint, ochr yn ochr â'r adroddiad maes o hanes dal, arteithio a chroeshoelio Iesu... Ac eto, ni allaf glywed y gytgan olaf heb deimlo ias yn cerdded drwof. Mae'n dod â thawelwch wedi'r storm a hedd wedi'r loes. Mae'n cloi'r hanes dirdynnol mewn modd tangnefeddus.

*Addasiad o 'Gwefr' gan Rhidian Griffiths*

## Gweddi yn nhymor y Pasg

**O Salm 103**

O Arglwydd, cynhaliwr ein heneidiau ac ysgogydd ein dyheadau, deuwn yn yr oedfa arbennig hon i gydnabod dy arglwyddiaeth a'th hawliau arnom ni yn ein diolchgarwch didwyll am dy ddaioni mawr.

**Dywedwn fel cynulleidfa:**

Gogoniant i'r Tad a greodd y byd,
Gogoniant i'r Mab a'n prynodd mor ddrud,
Gogoniant i'r Ysbryd a'n pura'n ddi-lyth:
I'r Drindod mewn undod
Rhown foliant dros byth.

Nid oes gennym destun ond testun diolch am y modd y cedwaist ni yn dy Efengyl a rhoddi cyfle i ni wybod am fyd sy'n odidocach na'r byd a ddarperaist ar ein cyfer, sef y bywyd ysbrydol a gostrelwyd yn gyflawn ynot Ti, ac yn dy Fab, a thrwy'r Ysbryd Glân, anadl einioes yr Eglwys. Cydnabyddwn yn ddiolchgar dy feibion a'th ferched, a fu fel ninnau yn bererinion ar lwybrau amser ac yn dyheu am dy nodded yng nghanol eu gwae a'u gofidiau, eu gwendidau a'u beiau, yn troi mewn edifeirwch am faddeuant o'u methiant i fyw yn ysbrydol. Un felly oedd John Newton, a fu'n forwr ar longau'r caethweision cyn iddo weld y Goleuni a thyfu'n ysbrydol. Mynegodd ei brofiad ar lwybr y gân:

> 'Yno'n glwyfus, yno'n friw,
> bron heb obaith am gael byw,
> ar fy nghyflwr torrodd gwawr –
> rhyfedd im gael gras mor fawr.'

Diolch am y gras hwn sy'n newid ein holl ymddygiad a'n meddyliau. Dywedwn ninnau gyda'r emynydd:

> 'Ni'th ollyngaf, Arglwydd, ddim –
> dysgodd gras y weddi im.

Sail i'm gwrthod mwy nid oes
tra fwy'n dadlau angau'r Groes.'

Yn enw Iesu, yr hwn a'n dysgodd i weddïo Gweddi'r Arglwydd.

## Y GWAS DIODDEFUS

**Darllen Eseia 53**

**Myfyrdod**

Yr oedd yr ymadrodd 'gwas Iawe' ar arfer ymhlith yr Israeliaid wrth sôn am unrhyw ddyn a ymroddai i wasanaethu pwrpas Duw mewn hanes. Yng nghaniadau'r Gwas yn yr Ail Eseia y mae'r Gwas weithiau'n cynrychioli Israel, weithiau'n cyfeirio at ryw ddosbarth o bobl oddi mewn i Israel, weithiau'n awgrymu un o arwyr ffydd y genedl, weithiau'n darlunio'r Meseia neu'r proffwyd tebyg i Foses a ddisgwylid gan rai o'r Iddewon. Teg yw tybio (er bod rhai o'r 'beirniaid ffurf' yn gwrthod hyn) fod Caniadau'r Gwas yn rhan o ymwybod Iesu a bod ei brofiad adeg ei fedyddio gan Ioan yn adlewyrchu ymgysegriad y Gwas. Mae'r frawddeg, 'Tydi yw fy annwyl fab yn yr hwn y'm bodlonwyd' (Marc 1:11) yn adleisio un o'r caniadau (Eseia 53:1). Ond y mae derbyn hyn fel allwedd i feddwl Iesu ymhell o brofi ei fod yn ymgymryd â chenhadaeth swyddogol a breiniol Gwas yr Arglwydd i gyflawni proffwydoliaeth a chwarae rhan dyngedfennol mewn hanes. Fe roddai Iesu ei hun i fod yn 'was i bawb', heb honni dim hyd yn oed yn ei fyfyrdod mewnol mai efe oedd y Gwas. Ei unig gymhelliad oedd gwneuthur gwaith y Tydi a adwaenai'n Dad.

Y mae Fuller yn rhy anhyblyg yn ei ddadl nad oedd Iesu'n gwneud ei waith yng ngolau'r Gwas Dioddefus yn Eseia 53. Gan fod Caniadau'r Gwas mor berthnasol i'w brofiad a'i benderfyniad y mae'n rhaid ei fod yn ymbaratoi i dderbyn dioddefaint arteithiol, gwrthodiad, gwarth y Groes... Mae ffordd y Gwas yn arwain trwy lyn cysgod angau i'r lleufer anniffodd: megis y mentrodd Vernon Lewis gyfieithu un frawddeg feichiog yn yr enwocaf o Ganiadau'r Gwas (Eseia 53:11), 'O lafur ei enaid y gwêl oleuni'.

***Pennar Davies***

## Yng ngoleuni Duw

**Darllen Eseia 42:1–9; Salm 36:5–11; Hebreaid 9:11–15; Ioan 12:1–11**

**Gweddi**
Gad i ni syllu ar dy oleuni.
Gad i ni ddod i'th ŵydd.
Gad i ni dewi mewn parchedig ofn a rhyfeddod...

*Tawelwch*

Gad i ni syllu ar dy oleuni...

*Cynnau cannwyll*

Mae'r goleuni hwn yn datguddio:
dyfnder dy aberth,
ymroddiad dy Fab,
mwynder dy amddiffyn,
cryfder dy gariad.

Wrth i ni sylweddoli mawredd aberth Crist,
gwyddom fod ein hymateb yn annigonol,
ond rydym yn ymateb –
ymgrymwn gerbron dy oleuni a'th sancteiddrwydd,
gan lochesu yn dy nodded,
mewn cryndod yng ngrym dy gariad
wrth i ti ein galw
i weld goleuni – ac i fyw!
Amen.

***O Llawlyfr Gweddi 2004–2005***

## Dydd Gwener y Groglith

### Y Groglith

### Darllen Luc 23: 44–46

Bellach, mae'r daith a gychwynnodd ym mryniau Galilea yn prysur ddirwyn i ben. Troes dysgeidiaeth gyson Iesu ynglŷn â chodi'r groes a'i ganlyn ef yn ffaith weladwy wrth i Simon o Cyrene gael ei orfodi i gario'i groes. Mae'r hwn a fynnodd, gydol ei weinidogaeth, ei fod wedi dod i alw pechaduriaid i edifeirwch yn cael ei groeshoelio rhwng dau derfysgwr. Mae'r trawsbren a gariodd Simon yn cael ei gysylltu â'r pren fertigol gyda pheg pren, ac Iesu'n cael ei hoelio arno. Tarddodd y dull hwn o ddienyddio o Bersia, ac fe'i mabwysiadwyd gan y Rhufeiniaid i gosbi gwrthryfelwyr. Prin yw adroddiadau'r efengylau am erchyllterau'r math hwn o ddienyddio, ond maent yn cofnodi geiriau Iesu yn ystod ei wewyr a'i artaith. O edrych ar adroddiadau'r efengylau am y Croeshoelio gyda'i gilydd, gwelir fod Iesu wedi llefaru o leiaf saith o weithiau oddi ar y groes. Gofynnodd i Dduw faddau i'w erlidwyr; addawodd baradwys i un terfysgwr; a chofiodd am ei fam a'i rhoi yng ngofal Ioan. Yng nghanol y frwydr fawr dyfynnodd o Lyfr y Salmau, 'Fy Nuw, fy Nuw pam yr wyt wedi fy ngadael?' (Salm 22:1), ac yna cofiodd am ei angen ei hun, 'Y mae arnaf syched' (Ioan 19:28). Ond mae'r frwydr yn cyrraedd ei hanterth gyda'r geiriau gorfoleddus, 'Gorffennwyd' (Ioan 19:30) ac 'O Dad, i'th ddwylo di yr wyf yn cyflwyno fy ysbryd' (Luc 23:46). Mae'r daith wedi'i chyflawni a'r fuddugoliaeth yn llwyr. Nid cri o anobaith oedd geiriau olaf Iesu ond cadarnhad o ymddiriedaeth ffyddlon i'r diwedd. Er bod Iesu wedi ei draddodi i ddwylo dynion mae'n ei gyflwyno ei hun i ddwylo Duw. Barn y canwriad a safai wrth droed y groes oedd mai dyn cyfiawn oedd hwn. Er ei fod yn gorfforol wan, roedd Iesu'n gryf; ac er ei fod yng nghanol llygredd a phechod dyn mae'r un cyfiawn hwn yn gorchfygu. A llwyddodd y canwriad Rhufeinig, caled i gyhoeddi mai dieuog oedd y gŵr hwn.

Cyn gadael gwewyr Golgotha, mae'n werth cofio bod y gwragedd wedi aros yno i wylio'r erchyllterau. Roedd y rhain wedi dilyn Iesu o Galilea. Ac yn awr, gan sefyll o hirbell, maent yn dystion o'r diwedd. Yn ôl pob hanes, roedd Mair ei fam yno'n gwylio. Ioan yw'r unig un o'r disgyblion sydd yno. Mae tystiolaeth y criw bach hwn yn allweddol i weddill y stori. Gwelsant Iesu'n marw ar y groes, ac mae'r gwragedd yn dilyn Joseff o Arimathea: 'Fe ddilynodd y gwragedd oedd wedi dod gydag Iesu o Galilea, a gwelsant y bedd a'r modd y gosodwyd ei gorff' (Luc 23:55). Roedden nhw'n bresennol, ac felly'n allweddol i dystiolaeth y trydydd dydd. Myfyriwn ar eiriau Iesu ar y groes.

**Myfyrdod pellach:**
Sut mae Croes Crist yn cyffwrdd â ni heddiw? Beth mae'r geiriau a lefarodd Iesu ar y groes yn ei ddweud wrthym ni?
Beth ydi ystyr 'codi'r groes' i'r Cristion heddiw?

***Huw John Hughes***

## Y Groglith

### Darllen Luc 23:42–43

Yn ôl traddodiad, Dismas a Gesmas oedd enwau'r ddau derfysgwr a groeshoeliwyd gydag Iesu ar Galfaria. O adnod gyntaf Efengyl Mathew hyd adnod olaf Efengyl Ioan, dim ond un sy'n galw Iesu wrth ei enw cyntaf yn unig, a Dismas oedd hwnnw, 'Iesu, cofia fi pan ddoi i'th deyrnas' (Luc 23:42). Awgrymodd rhai bod Dismas yn adnabod Iesu'n dda, yn hanu o'r un ardal ag ef ac yn ffrind bore oes iddo am ei fod yn dweud amdano, 'Ond ni wnaeth hwn ddim o'i le' (Luc 23:41). Mae Dismas hefyd yn crybwyll y gair 'teyrnas', gair oedd ar wefusau Iesu'n aml. Tybed oedd o wedi clywed Iesu'n sôn am y deyrnas hon, a'i fod yntau fel Jwdas wedi cefnu ar y deyrnas anymarferol hon? Tybed oedd yntau fel Jwdas wedi clywed digon o sôn am egwyddorion y deyrnas hon, a'i fod eisiau gweld Iesu'n gweithredu er mwyn dymchwel y gorthrwm mawr, sef grym yr Ymerodraeth Rufeinig?

Tybed beth wnewch chi o'r traddodiad hwn am Dismas? Yr hen enw arno oedd y 'lleidr edifeiriol'. Ond os oes unrhyw wirionedd i'r traddodiad, nid dyna'r cyfan y gallwn ei ddweud amdano. Yn ôl y traddodiad, nid lleidr yn unig oedd Dismas ond terfysgwr, yn union fel Barabbas. Roedd yntau'n rheibiwr a dinistriwr, yn enw rhyddid cenedlaethol. Anelai ei holl gynddaredd at Rufain. Mewn un ffordd, rhannai ag Iesu'r weledigaeth o weld teyrnas newydd yn gwawrio. A beth am 'edifeirwch' Dismas? Yn ôl Luc, sy'n cofnodi'r digwyddiad, 'I ni, y mae hynny'n gyfiawn, oherwydd haeddiant ein gweithredoedd sy'n dod inni' (Luc 23:41). Ond mae'r traddodiad am i ni gredu nad oes arwydd o edifeirwch yn y geiriau hyn, gan mai 'am ein gweithredoedd' a ddywedir, ac nid 'am ein pechodau'. Roedd Dismas yn chwennych teyrnas trwy rym, ac Iesu'n ei chwennych trwy gariad. Doedd dim amser i ddisgwyl. Roedd ffordd cariad yn rhy oddefgar, anymarferol ac araf. Ond ar Galfaria, yn ei boen a'i artaith, fe welodd Dismas rym anorchfygol na fedrai hyd yn oed farwolaeth ei orchfygu, 'Cofia fi pan ddoi i'th deyrnas'. Ac mae'n cael ateb gan yr arbenigwr ei hun, 'Yn wir, rwy'n dweud wrthyt, heddiw byddi gyda mi ym Mharadwys' (Luc 23:43). Mae yma bendantrwydd. Does yna ddim 'os' nac 'ond' na 'neu'.

Pwy ydi'r Dismas hwn? Chi a fi. Rydyn ni i gyd yn chwennych rhyw fath o deyrnas – teyrnas cyfoeth, hapusrwydd, sicrwydd neu bleser. Beth am y deyrnas o berthynas rhwng dyn a Duw, a rhwng dyn a'i gyd-ddyn, lle gallwn ar fore'r Groglith edrych ar Dduw a dweud, 'Tad', ac edrych i lygad cyd-ddyn a dweud, 'Frawd' neu 'Chwaer'? Felly y mae gwasanaeth anhunanol yn allwedd i hapusrwydd, a phenllanw hyn yw'r teimlad o lawenydd o fod yn un â Duw am ein bod yn ceisio ei ewyllys Ef. Dilyn y llwybr anghywir a wnaeth Dismas gydol ei fywyd, ac yna ar yr unfed awr ar ddeg mae'n gweld am y tro cyntaf. O'i groes ar y Groglith, mae Iesu'n galw arnoch chi, mae'n pledio â chi, ac mae'n mynd ymhellach trwy gynnig rhan i chi yn ei gynllun mawr. Mae'n disgwyl am ymateb, nid ymateb llugoer o gyrion y dorf ond ymateb cadarnhaol. 'Heddiw byddi gyda mi...'

**Myfyrdod pellach:**
O'r hyn sydd gan Luc i'w ddweud ceisiwch greu darlun o gymeriad Dismas.
O ran ateb Iesu i Dismas, beth ydi ystyr 'paradwys'?

*Huw John Hughes*

## Y GROGLITH

### Darllen Mathew 27:40

Mae hwn yn gwestiwn digon naturiol. Pwy oedd ar y Groes? Y dyn oedd wedi gostegu'r storm ar Lyn Galilea. Y dyn oedd wedi gwella'r cleifion, wedi bwydo'r miloedd ac wedi codi'r meirw. Dyma pwy oedd ar y Groes. Dim ond iddo wneud un wyrth anhygoel arall byddai'r cwbl yn tanseilio awdurdod y Sanhedrin ac yn gwneud sbort am ben yr Ymerodraeth Rufeinig! A mwy na hynny, byddai miloedd ar filoedd yn ei ddilyn. 'Os Mab Duw wyt ti ... disgyn oddi ar y groes'.

Cwestiwn digon rhesymol gan un o'r dyrfa. Pam na wnaeth o ddod i lawr oddi ar y groes os oedd y gallu ganddo? Wrth geisio ateb y cwestiwn hwn plymiwn i ddirgelwch Calfaria. Fedrai Iesu ddim dod oddi ar y groes. Roedd yr hoelion, y picellau a drywanwyd i'w gorff – i'w ddwylo a'i draed – yn ei ddal ar y groes. Ond na! Nid hoelion y Rhufeiniaid oedd yn dal Iesu ar y groes, ond pwrpas Duw ei hun. Roedd perthynas Iesu â'r groes yno o'r dechrau, cyn i Caiaffas a'r Sanhedrin ei ddedfrydu, cyn i Pilat ei draddodi a chyn i'r proffwydi sôn amdano. Nid digwyddiad hanesyddol yn unig ydi Calfaria, ac eto dyma'r eiliad yr oedd yr holl greadigaeth yn symud tuag ati. Roedd Iesu'n cael ei ddal ar y groes gan bŵer deinamig Duw ei hun – sef cariad Duw at ddyn. Am un eiliad, safwch chi yno a syllwch ar y groes. Tynnwch holl gymeriadau Calfaria oddi yno – y gwylwyr a'r gwragedd – ac arhoswch chi yno. Byddai Iesu wedi aros yno er eich mwyn chi. Ie, chi'r unigolyn. Dyna hyd a lled a dyfnder cariad Duw tuag atoch. Dyma ddarlun bendigedig o werth yr unigolyn. Rydych chi'n cyfrif. Mae Iesu wedi mynd i'r groes, ac wedi aros yno, er eich mwyn chi.

Beth petai'r gwragedd a'r disgyblion wedi casglu eu ffrindiau a thrigolion Nasareth at ei gilydd ac wedi ceisio ei dynnu i lawr oddi ar y groes? Beth fyddai wedi digwydd? Byddai wedi aros yno, a hynny am ddau reswm. Yn gyntaf, o'i fodd yr aeth i'r groes. Hawdd iawn fyddai iddo osgoi'r groes. Doedd dim rhaid iddo fynd i Jerwsalem; byddai wedi gallu aros yng Ngalilea a chrwydro'r wlad gyfagos yn dysgu egwyddorion y deyrnas. O'r bedydd yn nyfroedd yr Iorddonen, ac ar hyd ei weinidogaeth, uniaethodd Iesu â phechaduriaid. Nhw oedd ei bobl. Fe'u dewisodd nhw'n ddisgyblion iddo. Bu'n eu dysgu, eu hiacháu a'u hyfforddi; a bu farw rhwng dau ohonynt ar Galfaria. Bu farw dros bechaduriaid.

Soniodd hefyd am ei awr. Nid awr Caiaffas, Annas, Pilat, y Sanhedrin na'r Rhufeiniaid oedd Calfaria, ond awr Duw. Nid dyn yn cael ei dynnu at y groes yn erbyn ei ewyllys gan ddynion drwg a gawn yn yr efengylau. Yr hyn a gawn yw Iesu, Fab Duw, yn dewis y groes. Gallai'n hawdd fod wedi cerdded llwybr arall. Concrodd hyn yn yr anialwch pan gafodd ei brofi, a gadawodd yr anialwch yn goncwerwr a mynnu cerdded llwybr Duw, llwybr a arweiniai ar hyd y Via Dolorosa, Ffordd y Gwaed a arweiniai i Galfaria. Hon oedd awr Duw, gan fod Duw yng Nghrist yn cymodi'r byd ag ef ei hun. Dyma ateb Duw i bechadur – i chi.

**Myfyrdod pellach:**
Oni fyddai Iesu wedi gwneud mwy o ddaioni petai wedi osgoi Calfaria? Beth am y cysyniad o Iesu'n marw yn ein lle?

***Huw John Hughes***

## Iesu

I
Nid oedd yn ddoeth marw
Cyn i'r haul fachlud mewn gwaed ar fryn
Ac yna frwydro drwy
Slymiau meddwl y cyffredin mud
A'u puro,
Gwastraffu corff oedd marw.
Bydded diolch.

Nid moesol ydoedd caru
Cyn i'r Haul gynnig ei ardd o gnawd
Ac yna grwydro nes
Dyfod gardd arall ym meddwl Duw
Lle nad oes goed i groesawu,
Gwastraffu corff oedd caru.
Haleliwia

II
Mae syched arnaf am dy waed, O! Dduw,
Am drochi 'nwylo ynot, cnoi dy gnawd,
A phigo'r esgyrn yn lân, am fod lliw
Grawnwin gwanwyn arnat a golau blawd.

Cysur dan faich yr haul yw'r gwaed O! Dduw.
Os bydd milltir yn brudd, os trwm y llais,
Agoraf y botel a melys yw
'Rogli'r ager a gyfyd dros dy waed.
Ond. Er poen – aeddfedu'r hydref, er wedd,
Er golud y grawnwin, er braster oen
Yn barod i'th aberth, anesmwyth yw'r wledd,
'Rwy'n ofni'r gaeaf wedi'r canu a'r haen:
Ofnaf i mi aml-eistedd wrth dy fwrdd,
Flasu'r cnawd, a thaflu'r esgyrn i ffwrdd.

***Bobi Jones***

## Dehongliad y Bardd o'i Gerdd

**Iesu**

Mae hon fel 'Dyma'r Byd' yn gerdd gynnar iawn, a hefyd yn gerdd gyntefig. O ran naws mae'r elfen gorfforol ynddi eto yn bur amlwg. Dechreuodd y gerdd yn y pennill cyntaf yn Rhan II; ac wedi cael hyd i honno, tyfodd y gweddill i gyd o'i chwmpas.

Un o'r nodweddion rhyfedd am Gristnogaeth fel crefydd yw mor gorfforol-ysbrydol yw – Duw sy'n creu sylweddau, ymgnawdiad ym Methlehem, Lladd Corff Crist ar Galfaria, Atgyfodiad Corfforol - gochel y Cristion wedi adnabod y Duw-ddyn drwy'r Ysbryd Glân yn gweithredu'n weledig yn ogystal ag yn anweledig.

Yr oedd Pantycelyn wedi rhyfeddu at agosrwydd y dimensiwn anweledig. Mae'n dathlu'r peth yn ei gyfrol wych *Ffarwel Weledig, Croeso Anweledig Bethau.* Ac wrth gwrs, mae yn llygad ei le. Ond bydd y Cristion yn dathlu Iesu Gweledig hefyd a'r ffaith fod ffydd a phrofiad yn gorfod troi'n weithredodd ffrwythlon – nid i ennill dim – ond o ogoniant i Dduw. Gresynu y mae diwedd y gerdd, mor gyffredin y gall Cristion fwynhau profiad, sef ymhyfrydu yn y gwirioneddau a'r adnabyddiaeth o'r Gwaredwr, ac yna beidio â'i droi'n wasanaeth ymarferol er clod i'w Arglwydd. Yr oedd Pantycelyn yn ei waith cyflawn yn mawrygu cydbwysedd gwirionedd, yn weledig ac yn anweledig.

***Bobi Jones***

### NEGES JOHN ELIAS AM Y GROES

Yr wyf yn ddiolchgar am y cyfle a ddaeth i mi lunio, rai blynyddoedd yn ôl, gyfrol ddwyieithog ar John Elias a'i Gyd Fethodistiaid Calfinaidd 1791–1841 (Llangoed, 2007), a chytunaf gyda William Bulkeley Hughes, Aelod Seneddol, pan ddywedodd amdano, ar ôl gweld llun y seraff-bregethwr:

'Ie, dyma fo, un o'r dynion gorau a welais erioed, ac felly yr arferai fy Nhad ddweud amdano bob amser.'

Dyna oedd barn gŵr mawr ei gyfnod o fewn y capeli a thu allan, bonedd a gwerin, a chostrelodd ei holl ddiwinyddiaeth i'w unig emyn sydd wedi goroesi, sef rhif 482 yn Caneuon Ffydd. Cyfansoddodd John Elias (1774-1841) yr emyn am fod morwyn ar ei aelwyd wedi gofyn iddo ar derfyn oedfa fer ar ddiwrnod gwaith, ac yntau wedi darllen am y Gwas Dioddefus o Lyfr Eseia, pennod 53, y cwestiwn meddylgar:

'Ai am fy meiau i y dioddefodd Iesu mawr?'

Methodd ymateb fel ag y dylai, ond cyn diwedd y dydd fe ddaeth yr ateb ar ffurf emyn. Ac y mae'r ateb yn un cofiadwy dros ben. Esbonia'n glir y rhesymau pam y bu'n rhaid i Iesu ddioddef marwolaeth y Groes a hynny ar sail athrawiaeth y Calfiniaid a bwysleisiai gyflawni'r gyfraith a thalu'r ddyled. Ond prif waith y Groes yw troi'r pechadur yn ddyn newydd anedig.

'a'i waed a ylch y galon ddu
yn lân fel eira gwyn.'

Ni ellir dweud yn well y gwirionedd na wnaeth John Elias yn y pedwerydd pennill:

'Bu'n angau i'n hangau ni
wrth farw ar y pren,
a thrwy ei waed y dygir llu,
drwy angau, i'r nefoedd wen.'

Pennill i'w ddysgu ar y cof yn sicr, ac felly hefyd y ddau bennill dilynol:

'Pan grymodd ef ei ben
wrth farw yn ein lle,
agorodd ffordd, pan rwygai'r llen,
i bur drigfannau'r ne'.'

Gelwir Cristnogaeth yn Grefydd y Ffordd Newydd a chawn y rheswm am hynny yn ei ddiweddglo:

'Gorchfygodd uffern ddu,

gwnaeth ben y sarff yn friw;
o'r carchar caeth y dygir llu,
drwy ras, i deulu Duw.'

Clywaf yr emyn ar dôn J. T. Rees, Pen-parc, yn fy nghlustiau'r funud hon.

***D. Ben Rees***

## Angau Crist a'i Effeithiau

Ai am fy meiau i
Dioddefodd Iesu mawr,
Pan ddaeth yng ngrym ei gariad Ef
O entrych nef i lawr?

Cyflawnai'r gyfraith bur,
Cyfiawnder gafodd Iawn;
A'r ddyled fawr, er cymaint oedd,
A dalodd Ef yn llawn.

Dioddefodd angau loes
Yn ufudd ar y bryn;
A'i waed a ylch yr Ethiop du
Yn lân fel eira gwyn.

Bu'n angau i'n hangau ni
Wrth farw ar y pren;
A thrwy ei waed y dygir llu
Trwy angau, i'r nefoedd wen.

Pan grymodd Iesu ei ben,
Wrth farw yn ein lle,
Agorodd ffordd, pan rwygai'r llen,
I bur drigfannau'r ne'.

Gorchfygodd uffern ddu,
Gwnaeth ben y sarff yn friw;
O'r carchar caeth y dygir llu,
Trwy ras, i deulu Duw.

***John Elias***

## Croeshoelio'r Crist

Llawn yw y temlau gwychion,
Uchel yw'r canu pêr,
A moliant y ddaear yn dringo fyth
I gylchoedd y lloer a'r sêr;
Penlinia'r miloedd yn daclus
Wrth gofio yr ingoedd trist;
Ond tery gofyniad ar glustiau'r dorf, –
'Pwy sy'n croeshoelio'r Crist?'

Ganrifoedd yn ôl bu'r hoelion
Yn rhydu'n Ei ddwylaw pur;
Y dwylaw fendithiodd y plentyn bach,
Y dwylaw fu'n symud cur;
Mae'r dur yn Ei ddwylaw eto,
A'r bicell mewn dwyfron drist;
A nes na Chaersalem yw'r cwestiwn prudd, –
'Pwy sy'n croeshoelio'r Crist?'

Mae muriau Caersalem yn ddarnau,
A gwychter Rhufain yn llwch;
Ar enwau'r llofruddion mae dirmyg byd
Heddyw yn gorwedd yn drwch;
Ond clywaf riddfannau'r Iesu,
Gwelaf Ei ruddiau trist;
Holi wna llais yn nhemlau'r byd, –
'Pwy sy'n croeshoelio'r Crist?'

Mae Pilat a Herod yn farw,
Caiaphas – yntau mewn bedd;
Judas Iscariot yn crwydro fyth
Ar fryniau o iâ yn ddi-hedd;
Ond clywaf yr hoelion yn rhwygo
Eu ffordd trwy y dwylaw trist;
A'r llais yn gofyn yn nhemlau'r byd, –
'Pwy sy'n croeshoelio'r Crist?'

Gwisgir y Crist mewn sidanau,
Cenir Ei glod yn gain;
Coron o foliant sydd ar Ei ben,
Nid coron o bigog ddrain;
Molir Ei waith a'i fywyd,
Clodforir Ei fywyd trist;
Ond yn y clodfori mae dwylaw'r saint
Eto'n croeshoelio'r Crist.

Ei ganmol a'i ladd wneir heddyw;
Ei foli a'i hoelio'r un pryd;
Dweud mai Efe yw brenin y nef,
A'i yrru allan o'r byd;
Canu Ei glod yn y temlau,
A phoeni Ei enaid trist;
Cusanu gwefusau dihalog y Gŵr, –
Fel hyn y croeshoelir y Crist.

Milwriaeth ac Offeiriadaeth
Fu'n llunio yr hoelion a'r groes;
Hwynt-hwy sydd eto yn lladd y Crist
Ar fryniau gwaedlyd ein hoes;
Mae Mab y Dyn yn Ei ddagrau,
Mae Mab y Dyn yn Ei waed;
Mae Mab y Dyn ar faes y drin
Yn cael Ei sathru dan draed.

Mae'r Groglith yn cofio'r marw,
Yn cofio'r erlid a'r gwawd;
Mae'r Groglith heddyw yn cael ei roi
I fathru cymydog a brawd;
Chwythu cartrefi i'r nefoedd,
Darnio bywydau drud,
Mwy gweddus na chanu am gariad Duw
F'ai gwneud yr alanas yn fud.

Milwriaeth ac Offeiriadaeth
Sydd eto yn lladd y Crist;
Galluoedd y fagddu sy'n cerdded y wlad
I wneuthur y ddaear yn drist;
Melltithir meysydd a moroedd,
Rhuddir y byd gan y mellt;
A gwelir eto ar faes y gad
Waed Mab y Dyn ar y gwellt.

Cofio am frad a llofruddiaeth,
Tosturio wrth fradwyr Crist,
A brad ein hunain yn llawer mwy
Ar filoedd o ddynion trist;
Na sonier am Groes a Chariad,
Nes gorffen â'r gwaedlyd gledd;
Wrth byrth y cyfandir yn curo'r drws
Heddyw mae Tywysog Hedd.

***T. E. Nicholas***

## Gweddi am Iesu'r Groes

O Iesu,
y bendigedig Iesu;
  O Iesu, a fu farw
  yn ieuanc ar y groes,
  dod arnom di dy enw,
yn awr ym mhrofiadau dyrys ein hoes.

Boed i'th eiriau a lefarwyd ar y Groes fod yn ein calon: 'Heddiw y byddi gyda mi ym mharadwys'; 'Gorffennwyd'; 'O Dad maddau iddynt canys ni wyddant beth y maent yn ei wneuthur'. Boed y cyfan yn ein calon, yn ysbryd o gariad a maddeuant, i'n cyfarwyddo ninnau'r munudau hyn.

Syllaf ar dy Groes, ni fu Cariad erioed debyg i'r cariad hwn.
  'Mae Calfaria'n profi digon,
  saint ac engyl byth a'i gŵyr;
  er i'r groes fod yn y llwybr
  bydd goleuni yn yr hwyr.'

Y mae dy ddwylo yn ein cofleidio ni oll yn dy gariad, ond trwy fy mhechod yr wyf wedi dy drywanu di, Fab Duw, ac yn dal i glwyfo'r Oen dieuog yn f'euogrwydd personol fy hun.

Yr wyf mewn tristwch; gwna fi yn edifeiriol o galon ac o gydwybod. Rho i mi ddagrau fel y medraf wylo yn hidl. Rho i mi nerth fel y medraf ailgychwyn. Gwn fod dau beth yn cofleidio ei gilydd yng Nghrist Iesu: cyfiawnder a thangnefedd. Deubeth sydd yn gwbl groes i'w gilydd fel y gwyddom o brofiad. Gallwn ddweud fod y cyfiawnder sydd yn natur Duw yn anfodlon â'n troseddau a'n beiau. Ac eto, o'r Groes fe gawn ein syfrdanu, yn y sicrwydd fod Iesu Grist wedi marw fel aberth am ein pechod. 'Caed trefn i faddau pechod yn yr Iawn.'

Cymer fi i dy fynwes dy hun, cadw fi yn dy glwyfau, fel y medraf gofio bob eiliad dy bresenoldeb, fel y medraf dy garu mewn poen ac iechyd ar y ddaear ac yn y nef, gan ddisgwyl bod gyda Thi byth bythoedd.

'Tro fy nghalon rhag dibynnu
ar un dim ond grym y gras
roes Mab Duw yn lle'r troseddwr,
droes y Brenin Mawr yn was.'

Iddo ef y byddo'r gogoniant. Amen.

## Canmol yr Oen

Bydd gweld gogoniant Iesu,
A chofio'r mannau bu,
Yn ennyn cân o newydd
Trwy'r holl nefolaidd lu:
Ei weld, a chofio Bethlem,
A'i eni yno'n dlawd –
Rhyfeddod Nef y Nefoedd
Fydd gweled Duw mewn cnawd.

Ei weld yn uwch na'r Nefoedd,
A'i gofio ymhlith ei gas,
Rhwng cyrn yr unicorniaid,
Gwrdd-deirw Basan fras;
Wrth gofio'r fuddugoliaeth,
Llawn wledd ga'r dyrfa lân;

Mor hyfryd fydd yr olwg!
        Mor felys fydd y gân!

Ei weld, a chofio'r cwpan
        Yn Gethsemane ardd,
Ei gofio'n dod o Edom,
        Oll yn Ei wisg mor hardd;
Ei weld, a'i holl elynion
        Yn droedfainc dan Ei draed;
Ei weld, a chofio'n golchi
        O'n beiau yn Ei waed.

Ei weld, a chofio'r gofyn
        Yn y fechnïaeth fawr,
Wrth fynd i'r ddeddf yn ddiwedd,
        Rho'i fywyd glân i lawr;
Mynd dan ei holl felltithion,
        A diodde'i dig yn llawn,
Heb ryddid o'i gafaelion
        Nes llenwi'r Nef ag Iawn.

Ei weld, a chofio'i daro
        Â miniog gledd Ei Dad,
A thywallt i farwolaeth
        Ei enaid dros ei had;
Pa fodd na bydd yr olwg
        Ar Brynwr euog ddyn
Yn ennyn cân a syndod
        Trwy'r Nefoedd fawr ei hun?

***Robert Owen***

## IESU

Er maint yw chwerw boen y byd,
Mi rof fy mryd ar Iesu;
Ac er pob cystudd trwm a loes,
Mi dreulia'm hoes i'w garu.

Ni welais gyfaill dan y sêr
Mor dyner ag yw'r Iesu;
'Rwy'n penderfynu treulio'm hoes
I ddwyn ei groes dan ganu.

Ni theimlais ddim gofidiau dwys,
Wrth droi fy mhwys ar Iesu;
Am hyn dymuna'm henaid fod
Yn barod i'w wasanaethu.

Ymhob rhyw gyfyngderau blin,
Caf laeth a gwin gan Iesu;
Mae'n ennill serch fy enaid gwan
O bob rhyw fan i'w garu.

Yn nyfnder chwerw boen a chur
Gwiw gysur gaf gan Iesu;
O'r llwch cyfoda'm hynaf Frawd
Fy enaid tlawd i fyny.

***Ieuan Gwynedd***

Gwrandäwr Gweddi
Minnau blygaf yn grynedig
Wrth dy orsedd rasol Di,
Gyda hyder gostyngedig
Yn haeddiannau Calfari:
Dyma sylfaen
Holl obeithion euog fyd.

***R. M. Jones (Meigant)***

## Cyfraniad unigryw Evan Roberts, y Diwygiwr

Rhaid cydnabod cyfraniad arbennig iawn Evan Roberts yn Niwygiad 1904–05. Ymserchodd ym mhobl Cymru a Chymry Lerpwl, a daliodd o flaen llygaid y tyrfaoedd yr arwyddair a fathwyd ar eu cyfer ym mhentref Nant-y-Moel ar ddechrau'r Diwygiad grymus: 'Cofia'r Gwaed'. Cyhoeddwyd detholiad o emynau a thonau ar gyfer ei ymgyrch ym Môn ym mis Ebrill 1905, emynau o waith Evan Rees (Dyfed), J. T. Job ac R. D. Rowlands (Anthropos), a'r tonau o waith y Parchedig R. O. Williams, Porth, Amlwch. Un o'r emynau mwyaf perthnasol yw emyn Dyfed, 'Cofio'r Gwaed'.

'Ni gofiwn y gwaed
A'r cymod a gaed
I godi pechadur
Am byth ar ei draed;
Er gormod o loes
A dirmyg yr oes,
Mae'r nef yn y golwg
Yn ymyl y Groes.

Ni gofiwn yr Oen
A drodd yn ei boen
Yr anial a'i fywyd
Yn wynfyd a hoen;
Mae'r ffordd ar ei hyd
Yn gariad i gyd,
A bywyd yn olau
Ar feddau y byd.

Ni gofiwn yr Iawn
A dalwyd yn llawn,
A chanu yn wyneb
Cyfiawnder a wnawn.
Ni dderfydd ein llef
O fawl iddo Ef,
Yn wynion ein gynau
Yng nghanol y nef.'

Haf bach Mihangel fu'r cyfan. Cyn diwedd 1905 ciliodd Evan Roberts o'r maes. Bu hyn yn siom i lawer un, ond nid oedd yn syndod o gwbl. Ysigwyd ei iechyd a'i gorff gan straen annerch a theithio a chyfathrebu a chymdeithasu. Ond cofiwn eiriau'r newyddiadurwr craff, E. Morgan Humphreys, a gyfareddwyd yn llwyr gan y Diwygiwr; 'Siaradwr tawel oedd, ei eiriau a'i ynganiad yn glir, ei ysbryd yn gariadus a'i feddwl yn drefnus.' Compliment ardderchog i'r gŵr da a duwiol.

***D. Ben Rees***

## Y GÂN NEWYDD

Mae'r gwaed a redodd ar y groes
O oes i oes i'w gofio;
Rhy fyr yw tragwyddoldeb llawn
I ddweud yn iawn amdano.

Prif destun holl ganiadau'r nef
Yw 'Iddo ef' a'i haeddiant;
A dyna sain telynau glân
Ar uchaf gân gogoniant.

Mae hynod rinwedd gwaed yr Oen
A'i boen wrth achub enaid
Yn seinio'n uwch ar dannau'r nef
Na hyfryd lef seraffiaid.

'Mhen oesoedd rif y tywod mân
Ni bydd y gân ond dechrau;
Rhyw newydd wyrth o'i angau drud
A ddaw o hyd i'r golau.

Nid yw caniadau'r nef yn awr
Ond megis gwawr yn torri,
Yr hon, fel amnaid fechan iawn,
Arddengys lawn oleuni.

Pan ddelo torf y cystudd mawr
O'r anial dirfawr yno,
Dylenwir croth pob dwyfol dant
Ag uwch gogoniant iddo.

Er adrodd sain pob dosbarth glân
O'r ddirfawr gân ddiddarfod,
Ni bydd eu dawn ond isel fri
Am waed i olchi pechod.

***Robert ap Gwilym Ddu***

## Bara'r Bywyd

Ein Tad, am i ti yn dy ofal haelionus ofalu am bobl y cyfamod ar y daith anodd o'r Aifft trwy'r anialwch i Wlad yr Addewid, deuwn i'th addoli yn ôl dy wahoddiad.
Diolchwn i ti, Arglwydd.

Gan 'nad ar fara yn unig y bydd dyn fyw', rhoddaist 'y bara sy'n disgyn o'r nef', sef Iesu Grist, i ni bererinion yr oes hon yn ein hanialwch ac ar ein taith feunyddiol. Dangosaist i ni Fara'r Bywyd.
Diolchwn i ti, Arglwydd.

Am i ni ddarllen yn yr efengylau i Iesu mewn lle unig fwydo'r miloedd newynog â bara wedi iddynt gael ymborth ysbrydol.
Diolchwn i ti, Arglwydd.

Am gael ei weld yn torri'r bara ar ôl yr atgyfodiad, yng nghartref Cleopas yn Emaus, wedi iddo eu porthi â Bara'r Bywyd a'u hadnewyddu fel disgyblion ofnus, galarus a gwiw, a'u gwneud yn dystion yr Atgyfodiad. Gweddïwn ninnau am yr un profiad heddiw.
Diolchwn i ti, Arglwydd.

Am gael ei weld yn paratoi bwyd i'w ddisgyblion ar lan Môr Galilea ac yn herio ei rai annwyl i roi ail gynnig ar eu gwaith a derbyn ei orchymyn grasol i ofalu yn ddiwyd am y praidd o bob oedran.
Diolchwn i ti, Arglwydd.

Am i ni weithiau fethu adnabod y Ceidwad Iesu ar ein taith ar lwybrau bywyd beunyddiol.
Maddau i ni, a helpa ni i'w groesawu i'n cartrefi.

Am i ni fethu yn gyson, yn rhy aml o lawer, yn ein gwaith pwysig fel disgyblion Iesu.
Maddau i ni, ac anfon ni allan eto i bysgota a gofalu am dy braidd.

Maddau i ni am anghofio i Iesu ddweud, 'Rhowch chwi iddynt i'w fwyta'. Gwna ni'n barod i rannu ein bara beunyddiol, ac wrth fwrdd y Cymun dyro i ni dderbyn y bara a'r gwin i'n cryfhau ar gyfer ein gwaith drosot yn y byd. Yn enw Iesu, Bara'r Bywyd, derbyn ein gweddi. Amen.

## Mair, mam Iesu, a mamau y milwyr a gollwyd mewn Rhyfeloedd

Gwn am wroniaeth y Fam roddodd Fab i'r byd
ac a gafodd Waredwr yn ôl.
Plygaf gerbron yr wroniaeth hon.
Llithraf i'r cartrefi trist; nid oes eisiau sôn am Wladgarwch yno.
Dengys y fam ddarlun o'i hanwylyd; syllaf i'w wyneb heb wrido; ni chymhellais y bachgen i'r gâd.
Tawel fo ei hun mewn estron dir.

Daw llais yr Athro atom eto, – gwyn ei fyd a'i hedwyn:
'Na ladd,' 'Cerwch eich gelynion,' 'Dod dy gleddyf yn y wain'.
Gwell gennyf Ei lais na holl leisiau'r byd; bu heb le i roddi Ei ben i lawr, – nid oes le heddyw.
Ni chlwyfwyd calon mam erioed gan Hwn.
Af a safaf gyda'r fam wrth ei gwaith; diddanaf hi ar yr aelwyd; hi a ddywed i mi ofidiau ei chalon.
Mor gartrefol y wisg, mor syml yr iaith, ond y mae'r galon yn gariad i gyd.
'Hi a garodd yn fawr'; y mae drysau Cariad a Heddwch yn agored iddi.
Edrychaf i wynebau mamau, yno gwelaf ôl y ddrycin fawr;
Yno gwelaf ddagrau na ellir eu sychu byth mwy.

*T. E. Nicholas*

## GOBAITH Y GROES I DEWI WYN O EIFION

Amaethwr yn y Gaerwen, plwyf Llanystumdwy yn Eifionydd oedd David Owen (1784–1841) a adnabyddid yn llenyddiaeth Cymru fel Dewi Wyn o Eifion. Dysgodd y grefft gan gymydog iddo, Robert Williams neu Robert ap Gwilym Ddu, a adnabyddwn trwy ei emynau. Cefnogwyr Eglwys y Bedyddwyr, Capel y Beirdd, ar y Lôn Goed, oeddynt ac ychydig fisoedd cyn ei farw y daeth Dewi'n gyflawn aelod yno. Gwrandäwr oedd ef cyn hynny.

Ond teimlai i'r byw am gyflwr trist y werin-bobl, a gwelir hynny yn ei Awdl 'Elusengarwch' sy'n disgrifio sefyllfa gweithiwr sydd yn dad i deulu mawr.

'Mae y gŵr yn ymguraw
A'i dylwyth yn wyth neu naw,
Dan oer hin yn dwyn y rhaw – mewn trymwaith
Bu ganwaith heb giniaw.'

Ac yna dywed Dewi Wyn:

'Ba helynt cael ei blant cu
Oll agos a llewygu?
Dwyn ei geiniog dan gwynaw;
Rhoi angen un rhwng y naw!'

Am y pum mlynedd olaf o'i oes bu'n orweiddiog o waeledd corff a meddwl. Deuai pregethwyr amlwg i'w gysuro yn ei ystafell wely. Bu John Elias yn ymweld â'r Gaerwen. Felly hefyd Owen Thomas pan weinidogaethai ym Mhwllheli. Ond yr ymwelydd gorau gan y bardd oedd Richard Humphreys, Y Dyffryn. Un tro, aeth ef gyda Dewi Wyn yr holl ffordd i Lundain i dderbyn diagnosis y meddygon. Lluniodd lawer i linell gynganeddol gofiadwy yn ei gaethiwed.

'Wedi cerydd daw coron ac eto
Nid yw cerydd ond cariad.'

Trueni na fyddem ni'n cofio hynny weithiau. Ac yna'r cwpled.

'Gwae wired y gair doeth
Y daw gofid o gyfoeth.'

Ond yn y blynyddoedd blin bu'n pwyso'n drwm ar gysuron yr Efengyl, yn arbennig ar ystyr ac arwyddocâd Croes Crist i'r credinwyr. Wrth farw yn 56 oed ar 17 Ionawr 1841 dywedodd Dewi Wyn wrth ei deulu:

'Nid oes dim ond gwaed y Groes a wna'r tro i mi heddiw.' Bu farw yng ngwir obaith y Pasg a gosodwyd ef i orffwys ym mynwent Llangybi, Eifionydd.

***D. Ben Rees***

## CRIST AR Y GROES

Pwy yw hwn sydd yn poeni? – Iesu yw,
Roes ei waed i'n golchi;
Drwy boen fawr bu'n dihoeni,
A'i boen oedd ein beiau ni.

Y cyfiawn uniawn yno – a fwriwyd
I'w farwol groeshoelio;
Gwanwyd eirf drwy ei gnawd o,
A'i Dduwdod gad ei wawdio.

Ei Dduwdod oedd guddiedig; – dyn welwyd
Dan hoelion, yn unig;
Gwres y ddeddf dan y groes ddig –
Gwaedodd y bendigedig!

Cofir angau cyfryngol – yr Iesu
Drwy'r oes fawr dragwyddol;
O'i frodyr niferiadol
Ni bydd un mewn bedd yn ôl.

Dros fai nas haeddai, mae'n syn – ei weled
Yn nwylaw Rhufeinddyn;
A'i brofi gan wael bryfyn,
A barnu Duw gerbron dyn.

***Robert ap Gwilym Ddu***

## Gweddi ar Aberth Iesu

Fy Nuw,
Ai hwn dy Fab Iesu sydd yn hongian ar Groes?

Yr un a iachaodd y claf, a'n dysgodd ni sut i fyw yn dy ffyrdd, ac a'n hargyhoeddodd am ddyfodiad dy deyrnasiad?

Yr un oedd i rannu yn llawn yn dy ogoniant ac yn dy ben arglwyddiaeth?

Ai trwy'r hwn oedd yn marw, ai oddi ar y Groes yr wyt yn cyflwyno dy deyrnasiad?

Ai yma yr wyt yn teyrnasu?

Ti, Roddwr bywyd, yn dioddef, yn adnewyddu, yn pwysleisio dy deyrnasiad, lle medrai grym angau ei wthio'i hun:

Yma, wrth wely'r ysbyty, lle mae rhywun yn marw o ganer.

Yma, yng nghanol y darnau a ddrylliwyd yn y ddamwain, lle mae plant â'u cyrff wedi eu cywasgu, yn brwydro i fyw.

Yma, yn y swyddfa les, lle mae y rhai sy'n disgwyl yn mesur eu gobeithion.

Yma, yn y pebyll, lle mae'r ffoaduriaid yn hiraethu am y cartrefi y dihangwyd ohonynt.

Yma, yn y byd, lle mae angau yn bygwth dy blant: dyma lle yr wyt yn llywodraethu.

Rho oleuni dy weledigaeth, O Dduw, fel y medrwn dy ddarganfod Di, ein Creawdwr, ymysg y greadigaeth sydd yn griddfan. Bywha ein calonnau, fel y medr ein tafodau ganu a'n gliniau blygu o flaen yr un a ddyrchafwyd yn ei ddioddefaint.

Rho nerth i'n cariad; a lle mae bywyd yn brwydro i ddal ati deuwn â'th Ysbryd adnewyddol.

Gweddïwn, fel y medrwn fyw, yn enw'r Hwn sydd â'i allu ar ffurf Croes: Iesu, ein Crist. Amen.

***Addasiad o weddi Michael L. Pennanen***

## Rhyfedd Ras

Daeth ffrydiau melys iawn
    Yn llawn fel lli'
O ffrwyth yr arfaeth fawr
    Yn awr i ni:
Hen iachawdwriaeth glir
    Aeth dros y crindir cras;
Bendithion amod hedd:
    O ryfedd ras!

Fe gymerth Iesu pur
    Ein natur ni;
Enillodd ef i'w saint
    Bob braint a bri:
Gadawai'r nef o'i fodd,
    Fe gym'rodd agwedd gwas;
Ffrwyth y cyfamod hedd:
    O ryfedd ras!

Llonyddodd Iesu'r dig,
    Do, dig ei Dad;
I'r gyfraith ar y groes,
    Y rhoes fawrhad:
Cyhoedder drwy bob man,
    O'r lydan ddaear las,
Fod Duw yn awr mewn hedd:
    O ryfedd ras!

Fe gymerth Iesu blaid
Trueiniaid trist;
Ysigodd ben y ddraig;
Ein craig yw Crist:
Cawn ninnau fod yn bur,
Uwch cur a phechod cas,
Yn berffaith ar ei wedd:
O ryfedd ras!

Boed clod i'n Prynwr rhad,
Ein Ceidwad cu;
Fe dorrodd rym yr hen
Iorddonen ddu:
Gorchfygodd angau cryf,
Er awch ei gleddyf glas,
A drylliodd rwymau'r bedd:
O ryfedd ras!

Crist yw ein cadarn dŵr,
Gwaredwr yw;
Dan gysgod tawel hwn
Y byddwn byw:
Fe arwain ei holl saint,
Er cymaint llid eu cas,
I mewn i'r nefol wledd:
O ryfedd ras!

Wrth orffwys ar yr Iawn
Ni gawn i gyd
Felysion ffrwythau'r groes
Drwy'n hoes o hyd:
Mae yma hyfryd win
I flin, o beraidd flas;
Maddeuant pur a hedd:
O ryfedd ras!

Caed balm o archoll ddofn
Y bicell fain;
Yn rawnwin ar y groes
Fe droes y drain:
Dechreuwn fawl cyn hir
Na flinir ar ei flas,
Am Iesu'r aberth hedd:
O ryfedd ras!

***Pedr Fardd***

## Cenadwri y Groes Ddoe a Heddiw

### Darllen Rhufeiniaid 1:1-4; Philipiaid 2:5-11

Gellir dweud ar sail yr Efengylau a'r Epistolau mai'r Groes yw'r symbol o fuddugoliaeth derfynol Duw dros holl bwerau dinistriol y byd, pechod a dinistr, gwae a gofid. Yr Atgyfodiad yw'r datganiad syfrdanol, cyffrous a chwyldroadol fod Duw yn ei Fab wedi adfer yr hyn a gollwyd trwy esgeulustod y ddynoliaeth a phechod gwreiddiol teulu Dyn. Ond gwyddom nad yw hi'n hawdd cofleidio'r newyddion da am groes wag a bedd gwag, ond dyna gnewyllyn y neges. Gan fod y neges mor rymus, bu gwrthwynebiad parhaus iddi am fod y gwirionedd yn rhoi ergyd i'r balchder hunanol sydd ynom oll – y 'fi fawr' bwysig sy'n meddiannu gwleidyddion a gweinidogion y Goron ac aml un sy'n cyhoeddi'r Cadw sydd yng Nghrist. Onid oedd cenadwri'r Groes yn tanseilio hygrededd yr Ymerawdwr ei hun? Onid oedd Cesar yr Ymerawdwr wedi ei ddyrchafu ei hun i statws dwyfol, gan fynnu nad oedd neb i'w gymharu ag ef? Onid Cesar oedd yr Arglwydd?

Ond buan iawn y clywodd ef a'i filwyr fod yna neges arall wedi ei seinio mewn rhan bellennig o'r Ymerodraeth. Daeth canlynwyr y Crist hwn, gorchfygwr angau'r Groes, â chenadwri bendant i ganol yr Ymerodraeth, i Rufain ei hun. Iesu Grist oedd yr Arglwydd ac nid Cesar. Yr oedd rheidrwydd ar Cesar, pe bai'n sylweddoli hynny, i blygu glin i'r Arglwydd Iesu hwn. Dyna neges heriol i'r Ymerawdwr ac i drigolion pob gwlad, ddoe a heddiw.

Ynddo ef y mae dynoliaeth newydd, safonau syfrdanol; ynddo ef ceir corff newydd, a seiliwyd gan ddioddefaint a grym dwyfol. Ei eglwys ef fydd yn gydwybod i bobl, ac yn dysgu iddynt y grefft o fyw yn deilwng ar wyneb y ddaear. Ac y mae ei Deyrnas ef i'w gweld hyd derfynau eithaf y ddaear. Ni fydd terfyn ar Iesu na'i neges. Talodd Iesu'r gost eithaf am ein methiant a bu farw er mwyn i bob un ohonom gael bywyd tragwyddol. Dyna genadwri gwerth ei chlywed.

***D. Ben Rees***

## HUNLLEF EIRLYS A DWYLO Y GOBAITH

Cipio'r tabledi cysgu. Rhedeg i'r llofft. Cloi'r drws. Ei rhieni'n rhedeg i fyny'r grisiau. Ei mam yn crio. 'Eirlys, paid ... Eirlys ... paid, plîs ... Gad i ni ddod i mewn atat ti i siarad Eirlys. Agora'r drws inni Eirlys.' Sefyll yn erbyn y wal, a'r botel yn ei llaw.

'Eirlys ... plîs ...'

Tywallt y tabledi melyn a llwyd allan i grud ei llaw.

'Eirlys ... agora'r drws 'na. Paid, paid â'u cymryd nhw, sâl y byddi di ar eu holau nhw – dim byd arall ... fe ddywedodd y seiciatrydd hynny wrtha i pan ddest ti adre ... O Eirlys, gad inni dy helpu di.'

Syllu ar y gwawd yn ei llais. Efallai mai dweud celwyddau wrthi yr oedd ei mam, rhag iddi eu llyncu. 'Dy wneud di'n sâl wnân nhw, Eirlys ...'

Clywed ei rhieni'n crio'n ddiobaith y tu allan i'r drws. Dodi'r tabledi'n eu hôl fesul un. Gafael ynddynt yn dyner fel y gafaelai ym mara'r cymun yn y capel ers talwm. Eu clywed yn diferu i mewn i waelod y botel. Teimlo'n oer o hunanfeddiannol wrth agor y drws nes iddi weld dagrau'i rhieni. Ei thad yn crio ac yn ceisio gwenu arni hi yr un amser. Wyneb ei mam yn goch. Offrymu'r tabledi iddi.

Cynddeiriogrwydd crasboeth yn gymysg â'i diddymdra. Cynddeiriogrwydd yn llifo drwy'i gwaed wrth iddi daro'i mam. Ar draws ei hwyneb. Ei breichiau. Mwynhau clywed ei hewinedd yn tyllu i mewn i'w chnawd.

'Eirlys, paid ... trawa fi ... nid dy fam ...' Taro wyneb ei thad â'i dwy law 'Trawa fi, Eirlys, trawa fi os gwnaiff o dy helpu ychydig.'

Ei daro nes i'r ffieidd-dra farw. Marw'n sydyn. Mor sydyn ag y daeth. Dim ond iselder a dagrau'r teulu ar ôl.

Dagrau'i thad wrth iddo weddïo drosti yn y parlwr. Dagrau'r Gweinidog wrth iddo yntau weddïo drachefn. Ei phen yn gysurus yn y crud. Meddwl am yr Un a fu mewn mantell borffor. Cael ei fflangellu'n ffiaidd. Ei weld yn yfed hylif ar y Groes. Hoelion trwm drwy ei ddwylo. Gwaed yn llifo ... iselder yn diferu o'r meddwl ... diferu ... diferu, cyn llifo oddi yno'n llwyr. Ias o ryddhad yn melltennu drwyddi. Y mellt a oedd am oleuo'i dyfodol.

*Ennis Evans*

## Simon o Cyrene

'Du ydwyf, ond prydferth'
(Negro a fu'n cydweithio â'r Parchedig T. E. Nicholas a'i fab Islwyn ap Nicholas am wythnos yn y carchar yn ystod yr Ail Ryfel Byd.)

Du ydwyt frawd, ond prydferth megis ebon,
A'th wydn gyhyrau fel y gwifrau dur,
Crychni dy wallt yn rhwydo yr awelon,
A'th fynwes yn dygyfor serch a chur.
Pwy a fynega fesur dy radlondeb
A'th fonedd a'th deyrngarwch ym mhob ffawd?
Dy wên o glust i glust, a'th ddall ffyddlondeb
I'th berchen gwyn a'th geidw'n fythol dlawd.
Nid oes i ti na dinasyddiaeth mamwlad,
Na rhan na chyfran yn y breintiau mawr;
Tydi y dua'i groen a'r mwyna'i deimlad,
Fe'th gedwir am dy liw yn llwch y llawr.
Ti roddaist, gymrawd croenddu, ym mhob oes
Ysgwydd ddolurus dan ben tryma'r Groes.

*T. E. Nicholas*

## Calfaria Fryn yw'r Unig Sail

### Ffigysbren Calfaria

Hi yw'r decaf o'r holl brennau yn y goedwig, ffyddlon Groes;
    'Mewn un llwyn prydferthach blodau,

Purach ffrwyth na dail nid oes;
Mwyn yw'r Pren, a mwyn yw'r hoelion
Ddeil yr Aberth dan ei loes'.

***Fenatius Honorius Clemantius Ffornatus, Esgob Poitiers***

## Edrych ar y Groes

Wrth edrych Iesu ar dy groes
a meddwl dyfnder d'angau loes,
pryd hyn 'rwyf yn dibrisio'r byd
a'r holl ogoniant sy ynddo i gyd.

***Isaac Watts***
***Efelychiad y Pêr-Ganiedydd***

## Yr Iawn

Paham y gwneir cam â'r cymod – neu'r Iawn,
A'i rinwedd dros bechod?
Dywedwch faint y Duwdod!
Yr un faint yw'r Iawn i fod!

***Robert ap Gwilym Ddu***

## Athro'r Oesoedd ar y Groes

Berffaith Athro'r oesoedd sydd ar Galfaria,
Rho feddyliau'r nefoedd –
Cân Ephratah – i mi.

***Ben Bowen***

## Rhyddid y Groes

Lle mae'r Arglwydd y mae rhyddid,
Nid yw crefydd Iesu'n erlid;
Y mae'r galon gâr ormesu
Eto heb ddysgu caru'r Iesu.

***Ben Bowen***

### Mair, mam Iesu yn clywed sŵn y dyrfa

Dilynaist i Gaersalem,
Yn sŵn arwyrain gref;
'Hosanna i Fab Dafydd!' –
Ond nid heb glywed llef
O draw: 'Croeshoelier Ef!'

*Gwili*

### Gweddi wrth y Groes

Arglwydd Iesu, clodforwn di am dy gariad gwaredigol
ac am y cyfan a wnaethost drosom.
Wrth i ni blygu mewn edifeirwch wrth y groes
cydnabyddwn yn ddiolchgar ein dyled i ti.
Canys eiddom ni y pechod a ddygaist,
eiddom ni y pris a dalaist,
eiddom ni yr iachawdwriaeth a enillaist.
Arglwydd Iesu, derbyn ein diolchgarwch
a gwna ni'n fwy teilwng o'th gariad di;
er mwyn dy gariad. Amen.

***Ivor Thomas Rees***

### Cristoleg yr Eglwys

**Darllen Effesiaid 1:13–23; Rhufeiniaid 8:12–17**

**Myfyrdod**
Ar waith Iesu o Nasareth, ar ei weinidogaeth yng Ngalilea a Jwdea, ar y Groes ac yng nghalonnau ei gadwedigion, y mae'n rhaid adeiladu ein Cristoleg, nid ar unrhyw honiadau mawreddog a wneir amdano gan ddiwinyddion, hyd yn oed yr honiadau a briodolir i Iesu ei hun gan efengylwyr y Testament Newydd. Gwaith Iesu drosom ni yw sail ein hadnabyddiaeth ohono. Rhoddwch ddiolch bob amser am osodiad bendigedig Melanchthon, Hoc est Christum cognoscere, beneficia eius cognoscere – dyma adnabod Crist, sef adnabod ei gymwynasau. Y

dywediad hwn yw allwedd fy Nghristoleg a'm diwinyddiaeth i gyd, a thyner yw fy nghof am fy hen athro C. J. Cudoux a roddai gymaint o bwyslais arno mewn ambell ddarlith.

Ond ofer y fath haeriad onis gwireddir yn ein profiad personol. Rhyfeddu am gariad Iesu drylliedig, dyrchafedig, a'i garu'n ôl, a'i gariad yn meddiannu hanfod a dirfod, a'i ymweliadau'n llonni'r galon â'i dangnefedd, a bendith arhosol ei agosrwydd yn rhoi nerth a hyder a llawenydd – dyma'r profiad sydd yn gwneud dyn yn gyfrannog o orfoledd Thomas yr hen anghredadun sur ac yn peri iddo lefain.

'Fy Arglwydd a'm Duw!'

Trwy adnabod y Cymwynaswr a gwybod fod bywyd yn ddiystyr hebddo ac o'r diwedd fethu â byw hebddo o gwbl oll y deuir i'r gyffes sy'n rhagori ar bob Cristoleg academaidd neu enwadol neu glymbleidiol. Ymdrechwn yn yr Ysbryd am ddyfnhau'r adnabod hwn.

***Pennar Davies***

## Gweddi ar Grist y Groes

Mynegwn ein diolch am y myfyrdod a ddarllenwyd gennym ar Gristoleg gan Gymro nodedig o'r ugeinfed ganrif, y Prifathro W. T. Pennar Davies, un a roddodd ei fywyd i baratoi bechgyn a merched i ystyried llwybr y weinidogaeth ac i bregethu am Grist a'i ddioddefiadau. Doniaist dy was ag ysgolheictod a doniau lawer, a bu ef yn cyflwyno'n ffyddlon wirioneddau hanfodol ffydd mewn coleg a chapel ar hyd ei oes.

Ei brofiad ef oedd profiad yr emynydd:

'Pa le, pa fodd dechreuaf
foliannu'r Iesu mawr?
Olrheinio'i ras ni fedraf,
mae'n llenwi nef a llawr:
anfeidrol ydyw'r Ceidwad,
a'i holl drysorau'n llawn;
diderfyn yw ei gariad,
difesur yw ei ddawn.'

O'i gariad anchwiliadwy, trefnodd Duw'r Tad i'w Fab ei hun ddioddef gwaradwydd a phoen, a rhyfeddwn ninnau gyda'r athro dysgedig at ei gariad yn ein meddiannu'n llwyr ac yn rhoddi i ni gydwybod wedi ei glanhau a bywyd wedi ei ymgysegru i Grist y Groes. Does ryfedd fod yr emynydd yn dweud:

'Am Grist a'i ddioddefiadau,
rhinweddau marwol glwy',
y seinir pêr ganiadau
i dragwyddoldeb mwy.'

A gwyddom o brofiad personol am y rhyddhad a ddaw i ni yn ein myfyrdod ar Groes Crist.

'Mi dafla' 'maich oddi ar fy ngwar
wrth deimlo dwyfol loes;
euogrwydd fel mynyddoedd byd
dry'n ganu wrth dy groes.'

Rhyfedd dy Ras! A rhyfedd dy ffyrdd, O Dduw! A mynegwn unwaith yn rhagor am Gristoleg ein ffydd:

'Fe roes ei ddwylo pur ar led,
fe wisgodd goron ddrain
er mwyn i'r brwnt gael bod yn wyn
fel hyfryd liain main.'

Yn enw Iesu'r Groes, Amen.

## Gwener y Groglith

**Darllen Genesis:22:1–19; Luc 23:26–49; Colosiaid 1:13–23**

## Y Groes: Edifeirwch

Oni all y cyhoeddiad am faddeuant rhad ein drygu ni, ein gwneud yn ddi-hid am bechod? Dyna gyhuddiad gwrthwynebwyr Paul yn erbyn yr efengyl a bregethai. 'Yr wyt yn dysgu pechaduriaid bod maddeuant iddynt am ddim ond iddynt gredu yn Iesu Grist. Y canlyniad o hyn fydd i bobl deimlo'n dalog na waeth iddynt bechu mwy na pheidio ddim gan fod maddeuant iddynt am ddim. Byddant am drigo'n wastad mewn pechod fel yr amlhao gras.' Felly y mae pethau'n edrych. Ond y gwir amdani, er hynny, yw mai marwolaeth Iesu Grist dros bechod yw'r grym mwyaf mewn bod i ddwyn dyn i edifeirwch. Y dyn a brofodd faddeuant Duw, a gwybod darfod iddo'i gael trwy farwolaeth Iesu Grist drosto, yw'r dyn yn anad neb fydd yn galaru am ei bechod ac yn ei gasáu.

Wrth ddeall ystyr marwolaeth Iesu Grist trwy'r profiad o gael maddeuant ar ei sail, fe ddaw dyn i sylweddoli hefyd peth mor ysgeler yw pechod yng ngolwg Duw. Mae Duw wrth estyn i ni faddeuant trwy chwys a gwaed ei annwyl Fab yn rhoddi inni hefyd yn yr un lle edifeirwch am ein pechod.

Llef ddrylliedig gref y croesbren
Sydd yn abl i faddau 'mai:
Llef y croesbren a all hefyd
Wneuthur im edifarhau.

***Emyr Roberts***

## Marwolaeth y Groes

Yn ei farwolaeth offrymodd Iesu ei hun yn aberth i'r Tad, er mwyn heddychu ei gyfiawnder unwaith-ac-am-byth ac i'r holl gredinwyr gael eu sancteiddio yn dragwyddol ac i fodlonrwydd tragwyddol gael ei gyflawni. Tywalltodd ei waed sanctaidd yn bris am ein gwaredigaeth, er mwyn i ddicter Duw, a daniwyd yn ein herbyn, gael ei ddiffodd ac i'n drygioni gael ei buro. Y mae dirgelwch yn nhrefn yr iachawdwriaeth.

Dioddefodd o dan Pontius Pilat, barnwr gwlad Jwdea, a'i barnodd yn droseddwr a drwgweithredwr, a thrwy ei gondemniad cawn ninnau ein rhyddhau gerbron gorsedd y Barnwr Mawr.

Croeshoeliwyd ef er mwyn iddo ar y groes (sy'n arwydd o felltith yng nghyfraith Duw) ddioddef y felltith a haeddai ein pechodau ni.

Bu farw er mwyn iddo trwy farwolaeth goncro'r farwolaeth oedd yn bygwth ein llyncu a'n dinistrio ninnau.

***John Calfin (addasiad Euros Wyn Jones)***

## Mair, ei Fam Ef

Henffych eto, Fam y Bendigedig,
Er mai'th Fab a'n prynodd ar y pren,
Mwyn i mi'r rhamantau eneiniedig
Nyddwyd i'th ogoniant, Forwyn wen.

Er na ddringaist ti i'r nef heb farw,
Pan ddeffroes yr erledigaeth lef,
Pwy warafun, wedi'th hirnos arw,
Mwy dy alw'n lân Frenhines Nef?

Er na phlygwn lin yn llys y Mawredd
Ond ger bron y Dyrchafedig Dduw,
Erys swyn dy enw yn bersawred
Mil pereiddiach na'r thus – offrwm gwyw.

Maddeu i ninnau 'Nghymru, os dysgasom
Roi it leiparch nag a hoffai'r nef;
Cans ar Fab dy draserch y serchasom,
Rhag dy barchu di yn fwy nag Ef.
Gad in, wedi mudan oes, ddynesu
I dy ŵydd – â'n hwyrol fawl i'th fri;
Henffych well, Fendigaid Fair, mam Iesu –
Ar nef a daear fo i ti.

***J. Gwili Jenkins***

**Diolch am y Waredigaeth**
allan o Rhyfedd, Rhyfedd

Efe yw'r Iawn fu rhwng y lladron,
Efe ddioddefodd angau loes,
Nerthodd freichiau'i ddienyddwyr,
I'w hoelio yno ar y groes;
Wrth dalu dyled pentewynion,
Ac anrhydeddu deddf ei Dad,
Cyfiawnder, mae'n disgleirio'n danbaid,
Wrth faddau yn nhrefn y cymod rhad.

O f'enaid, gwêl y fan gorweddodd
Pen brenhinoedd, awdwr hedd,
Y greadigaeth ynddo'n symud,
Yntau'n farw yn y bedd,

Cân a bywyd colledigion,
 Rhyfeddod mwya' angylion nef:
Gweld Duw mewn cnawd a'i gydaddoli
 Mae'r côr dan weiddi, 'Iddo Ef'.

Diolch byth, a chanmil diolch,
 Diolch tra bo yno'i chwyth
Am [fod] gwrthrych i'w addoli,
 A thestun cân i bara byth;
Yn fy natur wedi ei demtio,
 Fel y gwaela' o ddynol ryw,
Yn ddyn bach, yn wan, yn ddinerth,
 Yn anfeidrol wir a bywiol Duw.

*Ann Griffiths*

### AR FYTHGOFIADWY FRYN

O! Iesu mawr, pwy ond Tydi
A allai farw drosom ni,
A'n dwyn o warth i fythol fri? –
 Pwy all anghofio hyn?
Doed myrdd ar fyrdd o bob rhyw ddawn
I gyd-fawrhau d'anfeidrol Iawn –
Y gwaith gyflawnaist un prynhawn
 Ar fythgofiadwy fryn.

Nid yw y greadigaeth faith,
Na'th holl arwyddion gwyrthiol chwaith,
Yn gytbwys â'th achubol waith –
 Yn marw i ni gael byw:
Rhyfeddod heb heneiddio mwy
Fydd hanes mawr dy farwol glwy';
Ni threiddia tragwyddoldeb drwy
 Ddyfnderau cariad Duw.

*William Ambrose, (Emrys)*

## DYDDIAU'R GORON DDRAIN

Ran amlaf y teitl a roddir i emyn grymus T. Rowland Hughes yw'r teitl 'Tydi, a Roddaist liw i'r Wawr'. Ond mae'r teitl a roddwyd uwchben y myfyrdod hwn yr un mor ddilys. Bedyddiwr o argyhoeddiad oedd T. Rowland Hughes a anwyd yn Llanberis yn 1903, ac a gafodd yrfa ddisglair fel myfyriwr ym Mhrifysgol Cymru ym Mangor a Phrifysgol Rhydychen.

Gwelodd yn y tri degau ddioddefaint y glöwr a'r chwarelwr, cyfnod diweithdra ac ecsodus allan o'r cymoedd i Loegr. Bu am ddwy flynedd yn dysgu yn Aberdâr a bu'n llygad-dyst o ddyddiau'r 'goron ddrain a chur a chroes'. Lluniodd emyn 131 yn *Caneuon Ffydd* fel diweddglo ar gyfer sgript rhaglen BBC a ddarlledwyd Ddydd Gŵyl Ddewi 1938 pan oedd ef ar staff y Gorfforaeth yng Nghaerdydd. Cyfansoddodd Arwel Hughes dôn arbennig ar gyfer y geiriau ar y teitl 'Tydi a Roddaist' a byth oddi ar hynny daeth yr emyn yn rhan o'n cynhysgaeth ysbrydol. Gweddi ydyw ar gyfer pobl mewn dyddiau o adfyd economaidd neu o afiechyd poenus. Gwybu'r awdur am afiechyd mawr ei hun a bu farw yn gynamserol er colled enfawr i'n llenyddiaeth Gristnogol.

Hawdd i bobl y goron ddrain golli golwg ar fawredd y Duw Hollalluog, fel y mae'r emynydd yn cydnabod yn ei bennill cyntaf, hyd yn oed pan mae'n fachlud, a phan mae'r gwanwyn yn treiddio trwy'r greadigaeth. Ceir yr un neges yn yr ail bennill, a dysg doethineb yr Ysgrythur i ni mai hanfod gwrando ar nant mynydd, gweld y goedwig a chlywed cân yr ehedydd ydyw ein hargyhoeddi o bresenoldeb Duw yn ein plith. Ond y trydydd pennill sydd yn uchafbwynt pwerus wrth iddo'n cyfeirio at Galfaria, a chofio'r 'Gŵr a fu gynt o dan hoelion' dros y ddynoliaeth.

'Tydi, a glywaist lithriad traed
Ar ffordd Calfaria gynt,
Tydi, a welaist ddafnau gwaed
Y Gŵr ar ddieithr hynt,
O cadw ni rhag dyfod oes
Heb goron ddrain na chur na chroes.'

***D. Ben Rees***

## Pen Calfaria

I

I Galfaria trof fy wyneb,
    Ar Galfaria, gwyn fy myd,
Y mae gras ac anfarwoldeb
    Yn diferu drosto i gyd;
        Pen Calfaria,
    Yno, f'enaid, gwna dy nyth.

Yno clywaf yn yr awel
    Salmau'r nef yn dod i lawr,
Ddysgwyd wrth afonydd Babel
    Gynt yng ngwlad y cystudd mawr:
        Pen Calfaria
    Gydia'r ddaear wrth y nef.

Dacw enaid lleidr aflan
    Wedi crino yng ngwres y fflam,
O'i gadwynau'n dianc allan,
    Ac i'r nef yn rhoddi llam;
        Pen Calfaria
    Fydd ei gân dragwyddol mwy.

II

Pan yn nyffryn cysgod angau,
    Pan yn griddfan dan fy mhwn,
Mae Calfaria'n ddigymylau,
    Dwyfol ddydd fedyddia hwn;
        Pen Calfaria
    Weddnewidiodd croes fy Nuw.

Bu ei ben dan gwmwl unwaith –
    Cwmwl o ddigofaint llawn,
Ond am byth diflannodd ymaith
    O flaen haul digonol Iawn;
        Pen Calfaria,
    Ni ddaw nos i'w gopa mwy.

Dringo'r mynydd ar fy ngliniau
        Geisiaf, heb ddiffygio byth,
Tremiaf trwy gawodydd dagrau
        Ar y Groes yn union syth,
                Pen Calfaria
        Dry fy nagrau'n ffrwd o hedd.

***Evan Rees (Dyfed)***

## Gweddi: Y Groglith

**Arweinydd:**
Deuwn ger dy fron, O Dduw, yn ein hangen mawr am obaith a goleuni, cysur a deall, yn ein cyfarfyddiad ar y diwrnod arbennig hwn.

**Pawb:**
Arglwydd Dad, Cynorthwya ni.

**Arweinydd:**
Maddau i bawb, O Dduw graslon, i bawb sy'n bradychu cyfaill, yn canmol gweithredwyr anwiredd, ac yn cynorthwyo'r awdurdodau i fod yn gibddall a chreulon.

**Pawb:**
Maddau iddynt, am na wyddant beth maen nhw'n ei wneud.

**Arweinydd:**
Am wadu deirgwaith, gerbron morwyn, un a fu'n garedig o ffyddlon.

**Pawb:**
Dad, maddau iddynt, am na wyddant beth maen nhw'n ei wneud.

**Arweinydd:**
Am ddal i gredu mai'r unig ffordd i dawelu llais y cyfiawn yw ei ladd yn greulon ar bren garw'r Groes.

**Pawb:**
Dad, maddau iddynt, am na wyddant beth maen nhw'n ei wneud.

**Arweinydd:**
Am droi cefn ar y da a chofleidio ffordd y trais a'r crechwenu a'r gofidiau.

**Pawb:**
Dad, maddau iddynt, am na wyddant beth maen nhw'n ei wneud.

**Arweinydd:**
Cyrhaeddaist ddiben dy anturiaeth ddrud
Drwy boenau mawr;
A gwelais di dan faich gofidiau'r byd
Yn gwyro i lawr,
Ac yn dy ochain dwys a'th ddrylliog lef
Yn galw'r afradloniaid tua thref.

**Pawb:**
Dad, maddau iddynt, am na wyddant beth maen nhw'n ei wneud.

**Arweinydd:**
Am fradychu Mab Duw, a gwadu Brenin y Gogoniant, a gwrthod Iesu, Gorchfygwr Angau.

**Pawb:**
Dad, maddau iddynt, am na wyddant beth maen nhw'n ei wneud.
Amen.

## AI DYN DRWG OEDD JWDAS ISCARIOT?

Jwdas Iscariot oedd y gŵr a fradychodd Iesu Grist â chusan, ac mae rhai ysgolheigion a'u bryd ar ail-edrych ar y modd y cafodd y disgybl hwnnw ei drin dros y canrifoedd. Y bwriad yw adfer ei le i'r gŵr y talwyd iddo 30 darn arian am ddatgelu i filwyr Rhufain pwy oedd Iesu Grist yng Ngardd Gethsemane, a hynny ar y rhagdybiaeth nad oedd yn fwriadol ddrwg gan mai dim ond gwneud ei ran yr oedd yng nghynllun Duw.

Yn draddodiadol, mae Cristnogion wedi beio Jwdas fab Simon Iscariot (gweler Ioan 6:71 ac 13:26) am yr hyn a wnaeth yn cynorthwyo a hyrwyddo'r weithred o groeshoelio Iesu Grist. Mae ei enw'n gyfystyr â bradwriaeth. Yn ôl Efengyl Luc, 'aeth Satan i mewn i Jwdas' (Luc 22:3).

Bellach mae bwriad i gymell credinwyr i ailystyried ac i edrych yn fwy caredig ar y gŵr hwn a gafodd ei feirniadu a'i waradwyddo am 2,000 o flynyddoedd. Dywedwyd ei bod bellach yn bryd i ailystyried ac ailddarllen stori Jwdas, ac y byddai adfer ei le i Jwdas yn ateb un broblem go fawr: pam na ddangosodd Iesu Grist fwy o drugaredd tuag at un o'i ddisgyblion agosaf?

Mae hen draddodiad Cristnogol sy'n dweud bod Iesu Grist wedi maddau i Jwdas am yr hyn a wnaeth ac wedi ei annog i fynd i'r anialwch i ddilyn 'ymarferiadau ysbrydol' i'w buro'i hun. Bu'n anffasiynol iawn ers tro mewn cylchoedd ysgolheigaidd i wneud 'diafol' o Jwdas. Os bu Iesu Grist farw dros bawb, gofynnodd un, a yw hi'n bosibl fod Jwdas hefyd wedi cael ei waredu drwy'r Gwaredwr a fradychwyd ganddo?

Gwelwyd yr ymdrech i adfer ei le i Jwdas fel cymorth i'r Pab Bened XVI yn ei fwriad i geisio gwella'r berthynas rhwng Cristnogion ac Iddewon – nod a osododd fel blaenoriaeth iddo'i hun ar ôl dod yn Bab.

Dywed rhai ysgolheigion Beiblaidd fod Jwdas wedi mynd yn 'ysglyfaeth i enllib diwinyddol sydd wedi arwain at greu teimladau gwrth-Semitaidd' drwy greu ohono ddihiryn anfad a oedd yn barod i fradychu er mwyn arian.

Mewn darluniau a dramâu o'r Oesoedd Canol, caiff Jwdas ei bortreadu gyda thrwyn crwm a nodweddion Semitaidd wedi cael eu gorwneud. Yn *Inferno* Dante, er enghraifft, caiff Jwdas ei anfon i byllau dyfnaf Uffern lle caiff ei draflyncu gan ddiafol a chanddo dri phen ac adenydd fel ystlumod.

Mae'r bwriad i glirio enw Jwdas yn cyd-fynd â'r cynlluniau i gyhoeddi'r hyn a elwir 'Efengyl Jwdas' am y tro cyntaf yn Saesneg, Almaeneg a Ffrangeg. Er nad yw'n debygol mai Jwdas ei hun a'i hysgrifennodd, y mae'n adlewyrchu'r hyn yr oedd y Cristnogion cynnar yn ei gredu. Mae mwy a mwy wedi dod i gredu bod Jwdas, wrth fradychu ei Arglwydd, yn cyflawni cenhadaeth a oedd o ddwyfol osodiad: cenhadaeth a arweiniodd maes o law at groeshoelio Iesu Grist ac at iachawdwriaeth dynoliaeth. Pe na byddai Jwdas wedi ymddwyn fel y gwnaeth, fyddai'r ddeubeth hynny ddim wedi bod yn bosibl.

Dywedodd un ysgolhaig nad oedd yn disgwyl unrhyw dystiolaeth hanesyddol newydd o ddarllen Efengyl Jwdas – Efengyl na chafodd ei chynnwys ymhlith llyfrau'r Testament Newydd. Serch hynny, gallai fod o gymorth i ddeall yr hyn a ddigwyddodd ac a ddysgodd Iesu Grist o edrych drwy lygaid y Cristnogion cynnar. Mae'n ffaith fod Iesu Grist yn gyson wedi pregethu pa mor bwysig yw maddau i elynion.

Nid pawb ymysg ysgolheigion Beiblaidd heddiw sy'n hapus ynghylch y symudiadau hyn i ail-edrych ar weithredoedd Jwdas Iscariot. Dywedodd un ei bod yn beryglus i ailystyried lle Jwdas fel hyn, a bod perygl i hynny faeddu tystiolaeth y Testament Newydd drwy ymhél ag ysgrifau na farnwyd eu bod yn deilwng na llesol i'w cynnwys ynddo. All hynny ddim ond peri dryswch i gredinwyr.

Dywed yr efengylau fel y bu i Jwdas ddychwelyd y 30 darn arian a roddwyd iddo – yr arian gwaed – a mynd a'i grogi ei hunan, neu fel y dywed Llyfr yr Actau, 'fe brynodd faes â'r tâl am ei ddrygwaith, ac wedi syrthio ar ei wyneb ... tywalltwyd ei berfedd i gyd allan' (Actau 1:18).

Yn ôl rhai adroddiadau, awgrymir mai dyn wedi cael ei siomi oedd Jwdas am nad oedd Iesu Grist y chwyldroadwr a ddisgwylid: y chwyldroadwr a fyddai'n arwain gwrthryfel yn erbyn Rhufain a sefydlu Teyrnas Dduw ar y ddaear.

Mae adroddiadau'r efengylau'n tystio bod Iesu Grist wedi datguddio i'w ddisgyblion adeg y Swper Olaf y byddai un ohonynt yn ei fradychu, er nad yw'n dweud pan un. Dywed: 'Gwae'r dyn hwnnw y bradychir Mab y Dyn ganddo! Da fuasai i'r dyn hwnnw petai heb ei eni' (Mathew 26:24).

Eto, yn ôl Mathew, mae Iesu Grist yn cydnabod bod gan Jwdas waith dwyfol i'w gyflawni, ac mae'n dweud wrth Jwdas pan ddaliwyd ef gan yr awdurdodau, 'Gyfaill, gwna'r hyn yr wyt yma i'w wneud' (Mathew 26:50). Mae hefyd yn ychwanegu bod yn rhaid cyflawni 'yr Ysgrythurau sy'n dweud mai fel hyn y mae'n rhaid iddi ddigwydd' (Mathew 26:54).

Cafodd Efengyl Jwdas, memrwn 62 tudalen a oedd wedi treulio a malu, ei darganfod yn yr Aifft hanner canrif yn ôl, a'i gwerthu'n ddiweddarach gan bobl oedd yn delio â henebion i Sefydliad Maecenas yn Basle, y Swistir. Mae'r gwaith yn dyddio cyn y flwyddyn 180, gan mai Irenaeus yw'r cyntaf i gyfeirio ato.

***Ioan W. Gruffydd***

## Bodlonrwydd yng Nghrist ac yn Addoliad ei Eglwys

Mae'r Oen fu ar Galfaria
        Wrth fy modd,
Efengyl a'i thrysorau
        Wrth fy modd;
Mae llwybrau ei orchmynion
A grym ei addewidion
A hyfryd wleddoedd Seion
        Wrth fy modd;
A chwmni'r pererinion
        Wrth fy modd.

Daeth Eden gynt a Seina,
        Un prynhawn,
I fynydd pen Calfaria
        Un prynhawn;
Roedd yno ŵr yn talu,
Nes rhoddi'r llyfrau i fyny,
Yr iawn a gafwyd inni
        Un prynhawn;
A gweiddi 'Llwyr foddloni'
        Un prynhawn.

***Gwyndaf Ieuanc***

## Iawn Crist a'i Gariad

Mae rhyw fyrdd o ryfeddodau,
        Iesu, yn dy farwol glwy':
Ac yn sŵn y gair Gorffennwyd
        Mae trysorau fwy na mwy;
Ni all ceriwb, ni all seraff,
        Byth fynegi gwerth yr Iawn
Roddaist drosom i Gyfiawnder
        Ar Galfaria un prynhawn.

Pwy all fesur maint ei gariad,
        A rhinweddau maith ei ras?
Nid angylion, er eu doniau,
        Na holl seintiau daear las:
Môr di-drai, heb waelod iddo,
        Sydd yn chwyddo byth i'r lan;
Nofia miloedd ynddo'n hyfryd
        Draw i'r bywyd yn y man.

***Daniel Jones***

## Cariad Crist

Dyma gariad fel y moroedd,
        Tosturiaethau fel y lli';
Tywysog bywyd pur yn marw,
        Marw i brynu'n bywyd ni:
Pwy all beidio cofio amdano?
        Pwy all beidio canu'i glod?
Dyma weithred nad â'n angof,
        Tra fo nefoedd wen yn bod.

Ar Galfaria yr ymrwygodd
        Holl ffynhonnau'r dyfnder mawr,
Torrodd holl argaeau'r nefoedd,
        Oedd yn gyfain hyd yn awr:
Gras a chariad megis dilyw,
        Yn ymdywallt yma 'nghyd;
A chyfiawnder pur a heddwch
        Yn cusanu euog fyd!

***Gwilym Hiraethog***

## Emyn Pantycelyn

Mae emyn Pantycelyn, 'Mi dafla' 'maich oddi ar fy ngwar' yn bwysig i mi oherwydd ei fod yn mynegi fy mhrofiad innau pan gefais ras i roi fy ffydd yn yr Arglwydd Iesu Grist, a'r hyn a wnaeth drosof ar y groes, a'i fod yn awr yn eiriol drosof, a'r gobaith sydd gennyf i fod gydag Ef ryw ddydd, a 'gweld ei hyfryd wedd gan harddach nag o'r blaen'.

***Mair Jones***

## Cyfraniad y Gwragedd

### Luc 21:1–4; Marc 14:3–9; Ioan 12:1–8; Mathew 26:6–13

Ar hyd y blynyddoedd bûm yn pwysleisio'r lle pwysig a gaiff y ferch, y fam, y wraig a'r fam-yng-nghyfraith yn nysgeidiaeth a gweinidogaeth Iesu Grist. Y mae tuedd ynom i anghofio'r pwyslais hwn a welir yn amlwg yn Efengyl Luc. Roedd y gwragedd a ddilynodd Iesu ar y bererindod, fel llawer o wragedd eraill ar hyd y canrifoedd, yn cyfleu i'r dim yr hyn a ddisgwyliai Iesu oddi wrth bawb ohonom: ffyddlondeb, teyrngarwch, hunanaberth a gwasanaeth.

Cofiwn am rai o'r cyfraniadau a groniclir yn yr efengylau. Yn gyntaf, dyna ymateb y wraig weddw dlawd a roddodd yn yr offrwm ddwy hatling, sef ffyrling. Cyfrannodd hon o'i phrinder. Ac yn ail, y wraig a ddaeth â'r blwch ennaint i eneinio pen a thraed Iesu. Roedd hon wedi cadw'r ennaint ar gyfer ei gladdedigaeth, ond gwelodd gyfle i'w ddefnyddio tra oedd Iesu ar y ffordd i Jerwsalem. Er gwaethaf protest Jwdas a'r disgyblion, gwelodd Iesu fod y weithred yn ganolog i'w ddysgeidiaeth. Meddai, 'Yn wir, rwy'n dweud wrthych, pa le bynnag y pregethir yr Efengyl yma yn yr holl fyd, adroddir hefyd yr hyn a wnaeth hon, er cof amdani'.

Yn ôl Ioan, yng nghartref teulu Bethania y gwnaed y weithred hardd, gyda Mair yn tywallt yr ennaint. Ond yn ôl Mathew, sy'n dilyn Marc, eneiniwyd pen Iesu gan wraig nas enwir, a hynny yn nhŷ Simon, y Gwahanglwyfus, ym Methania (Marc 14:3). 'Gwraig bechadurus' oedd hi yn ôl Luc, a chyflawnodd y weithred yng nghartref Simon y Pharisead yng Ngalilea (Luc 7:36). Yn ddiweddarach, cysylltwyd y wraig bechadurus gyda'r wraig ym Methania, a'i henwi yn Mair o Fagdala; ond nid oes sail bendant o gwbl i hynny. Yr unig beth a wyddom yw bod gwraig wedi cyflawni cymwynas â Christ pan oedd ef ar ei ffordd i Jerwsalem ac i'r Groes. Yr ydym ar dir diogel wrth ddweud hynny.

***D. Ben Rees***

## Crist y Meddyg
(o'r awdl 'Y Gwaredwr a'i Deyrnasiad')

Pob cur a dolur drwy'r daith – a wellheir
Yn llaw'r Meddyg perffaith;
Gwaed y groes a gwyd y graith
Na welir moni eilwaith.

***John Williams***

## Ail-groeshoelio'r Iesu

Pwy fedrodd ynte guro'r hoelion hyn
I'w ddwylaw ac i'w draed diniwed Ef?
Dyn! Ie, dyn! A dyn yr awron sydd,
Ym Mhrydain, hyd yn oed yng Nghymru fach,
Yn ail gigyddio, 'n ail groeshoelio Crist!
Yr hoelion wthia trwy'r un briwiau coch,
Gan ymbleseru, a chwerthin am y boen
Achosa, a chan sathru dan ei droed –
Ie, sathru dan ei halog droed – y gwaed!...

***John Robert Pryse (Golyddan)***

## Myfyrdod

Trwydded i'w ladd
'Yr enw yw Iesu, Crist Iesu (001)
Trwyddedwyd... i'w ladd.'

Mae'r bobl yn bonllefain arnat: 'Achub ni!'
'Bendigedig yw'r Un sy'n dod yn enw'r archbŵer!'
Mae'r bobl yn disgwyl rhywbeth dramatig.
Ac fe gânt ddramatig, ond nid yn union fel y maent yn ei ddisgwyl.
Rwyt ti'n gwneud pethau mewn ffyrdd gwahanol, yn dy steil dy hun.

Dyw'r Aston Martin ddim i ti na'r pecyn-jet nefol.
Dyw'r bywyd bras, y pŵer, yr arfau,

y dillad moethus, y trawiadau slic,
dydyn nhw ddim i ti.

Rwyt ti ar ffordd lawer mwy cyffredin.
Rwyt ti'n symud ar y stryd, gyda'r bobl gyffredin.
Nid i ti y bywyd bras gyda rheolwyr a brenhinoedd.
Na, nid i ti.

Agoraist y pyrth
er mwyn i eraill gael mynediad gyda thi,
does dim angen côd cudd,
diddymaist yr angen am hynny.

A daeth y bobl.
Daethant y diwrnod hwnnw yn Jerwsalem.
Maent wedi dod byth ers hynny.
'Hosanna – achub ni!'

Iesu, Crist Iesu.
Does neb yn rhagori arno.
Amen.

***O Llawlyfr Gweddi 2004–2005***

## GWEDDI AR GRIST Y GWAREDWR

**Arweinydd:**
Enaid Crist, sancteiddia fi; Corff Crist, arbed fi; gwaed Crist, adnewydda fi; dŵr o ystlys Crist, glanha fi; dioddefaint Crist, cadarnha fi.

**Cynulleidfa:**

Anwylaf Grist, dy sanctaidd ben
dan ddrain fu drosof fi;
dy fendith tywallt ar fy mhen
im feddwl drosot ti.

**Arweinydd:**
O annwyl Arglwydd Iesu, gwrando arnaf ac ar y gynulleidfa hon a ddaeth ynghyd i oedfa'r ymgysegriad.

**Cynulleidfa:**

Anwylaf Grist, dy ddwylo gwyn
a hoeliwyd drosof fi,
dy fendith ar fy nwylo boed
i weithio drosot ti.

**Arweinydd:**
O fewn dy glwyfau cuddia fi rhag fy ofnau a'm pryderon, ac na foed i mi fyth golli golwg ar hanfod fy nghred. 'Cred yn yr Arglwydd Iesu Grist a chadwedig fyddi.'

**Cynulleidfa:**

Anwylaf Grist, dy sanctaidd draed
a hoeliwyd drosof fi,
dy fendith tywallt ar fy nhraed
fel y dilynont di.

**Arweinydd:**
Rhag pwerau'r tywyllwch amddiffyn fi; ac yn oriau mwyaf dirdynnol y daith, cysura fi.

'Bûm yn wyneb pob gorchymyn,
bûm yn wyneb angau glas;
gwelais Iesu ar Galfaria
yn gwbl wedi cario'r maes.

Mewn cystuddiau 'rwyf yn dawel,
y fuddugoliaeth sydd o'm tu,
nid oes elyn wna i mi niwed;
mae'r ffordd yn rhydd i'r nefoedd fry.

**Cynulleidfa:**

Anwylaf Grist, dy galon lân
drywanwyd drosof fi;
dy Ysbryd yn fy nghalon dod
fel byddwyf fyw i ti.

**Arweinydd:**
Yn enw'r hwn a'n dysgodd ni fel teulu i ddweud, 'Ein Tad ... Amen.'

## Myfyrdod ar gyfer y Groglith

Y mae'n naturiol sylwi ar eiriau olaf pobl cyn marw, ac yn arbennig eiriau pobl a ddylanwadodd yn fawr ar eu hoes. Fel y disgwylir, mae geiriau olaf pobl yn amrywio'n fawr o ran eu cynnwys a'u hysbrydolrwydd. Ar un llaw, bu farw Voltaire, yr anffyddiwr o Ffrainc, mewn anobaith llwyr, a'i eiriau olaf oedd, 'Mae Duw a dyn wedi fy ngadael', ond, ar y llaw arall, bu farw John Wesley yn ysbryd yr Efengyl, gyda'r geiriau, 'Mae Duw gyda ni. Ffarwél, ffarwél'. Yn yr un modd, bu farw Richard Baxter, un o'r Piwritaniaid, mewn ysbryd ffydd, a'i frawddeg olaf oedd, 'Mae gennyf boen, ond mae gennyf dangnefedd'. Yn nes at ein cyfnod ni, fe gofiwn dystiolaeth loyw Dietrich Bonhoeffer ychydig funudau cyn ei grogi. Dedfrydwyd ef gan y Natsïaid am ei safiad dewr yn erbyn Hitler, ac wrth gerdded gyda'r milwyr at y crocbren dywedodd, 'Dyma'r diwedd, ond i mi, gychwyn bywyd'.

Heddiw fe seiliwn ein myfyrdod ar eiriau olaf y person mwyaf a welodd y byd erioed, sef yr Arglwydd Iesu Grist. Ni allwn byth ddirnad yn llawn ddyfnder ei ddioddefaint, na mesur mawredd ei gariad tuag atom, ond nid yw hyn yn rheswm digonol dros beidio â darganfod drosom ein hunain neges oesol y groes.

Yn yr efengylau fe geir saith o weddïau Iesu Grist oddi ar ei groes. Cofnodir tair ohonynt yn Efengyl Luc, tair yn Efengyl Ioan, ac un yn Efengyl Mathew a Marc. Gweddïau byrion yn llawn angerdd cariad Duw ydynt, a thrwyddynt estynnir i ni gyfle i dreiddio i mewn i feddwl a chalon ein Gwaredwr. Gadewch i ni wneud hynny yn awr mewn ysbryd gostyngedig. Fe wrandawn ar y gweddïau a offrymodd Iesu Grist yn ystod ei ddioddefaint ar y groes, a hefyd yr adnodau sy'n gefndir iddynt.

'Pan ddaethant i'r lle a elwir y Benglog, yno croeshoeliwyd ef a'r troseddwyr, y naill ar y dde a'r llall ar y chwith iddo. Ac meddai lesu, 'O Dad, maddau iddynt, oherwydd ni wyddant beth y maent yn ei wneud.'

Yna dywedodd un o'r troseddwyr, 'Iesu, cofia fi pan ddoi i'th deyrnas.' Atebodd yntau, 'Yn wir, rwy'n dweud wrthyt, heddiw byddi gyda mi ym Mharadwys.'

Pan welodd Iesu ei fam, felly, a'r disgybl yr oedd yn ei garu yn sefyll yn ei hymyl, meddai wrth ei fam, 'Wraig, dyma dy fab di.' Yna dywedodd wrth y disgybl, 'Dyma dy fam di.'

Ac am dri o'r gloch gwaeddodd Iesu â llef uchel, 'Eloï, Eloï, lema sabachthani', hynny yw, 'Fy Nuw, fy Nuw, pam yr wyt wedi fy ngadael?'

Ar ôl hyn yr oedd Iesu'n gwybod bod pob peth bellach wedi ei orffen, ac er mwyn i'r Ysgrythur gael ei gyflawni dywedodd, 'Y mae arnaf syched.'

Yna, wedi iddo gymryd y gwin, dywedodd lesu, 'Gorffennwyd.'

Rhwygwyd llen y deml yn ei chanol. Llefodd Iesu â llef uchel, 'O Dad, i'th ddwylo di yr wyf yn cyflwyno fy ysbryd.' A chan ddweud hyn bu farw.'

Yn gyntaf, gweddi Iesu Grist drosom ni, 'O Dad, maddau iddynt, oherwydd ni wyddant beth y maent yn ei wneud.'

Yn ystod ei weinidogaeth, fe ddysgodd Iesu Grist ei ddisgyblion i faddau, ac ar y groes, yn anterth ei boen, fe wnaeth ei hunan yr hyn a ddysgodd i eraill. Yn sicr, nid profiad dymunol ac esmwyth i Iesu oedd gweddïo am faddeuant ei Dad nefol i'r rhai a'i croeshoeliodd. Yn ei gerdd, mae'r bardd Waldo Williams yn trafod cost maddeuant:

'Beth yw maddau? Cael ffordd trwy'r drain
At ochr hen elyn.'

Roedd estyn maddeuant Duw yn weithred a gostiodd i Iesu Grist ddioddefaint y tu hwnt i'n dirnadaeth ni. Nid peth rhwydd a rhad yw maddau. Fe gostiodd i'n Harglwydd groes Calfaria.

Y mae angen dwfn am faddeuant ar bob un ohonom, oherwydd rydym oll yn euog o bechod. Er bod croes Calfaria ymhell oddi wrthym yn ddaearyddol ac yn hanesyddol, y mae ei dedfryd arnom yn wirionedd na all neb ei osgoi. Mynegir hyn yn dreiddgar iawn gan y bardd Gwilym R. Jones yn ei gerdd, 'O! yr oeddem ni yno.'

'Mae ar ein traed ni laid Caersalem
O'r Pasg y flwyddyn tri deg tri;
Mae ar ein dwylo greithiau'r ddraenen honno
A blethwyd gennym at yr uchel sbri.
O! yr oeddem ni yno,
Ond rydym rywsut wedi hen anghofio.'

Ond er dyfned yw cyflwr pechadurus dyn, nid oes rhaid i neb ohonom ymollwng i anobaith. Y mae trugaredd Duw yn ddyfnach na'n trueni ni, a gwyddom hynny trwy'r Efengyl. Datguddiodd Iesu Grist ar groes Calfaria gariad diymollwng Duw tuag atom, ac yn ei gariad ef y cawn faddeuant am ein pechod. Cofiwn mai rhodd rad Duw yng Nghrist drwy'r groes yw maddeuant. Ni allwn fyth ei haeddu na'i brynu, ond fe allwn ymateb drwy edifarhau am ein pechod, a gweddïo mewn ffydd gyda Williams Pantycelyn:

'O maddau 'mai, a chliria'n llwyr
F'euogrwydd oll i gyd;
N'ad im dristáu dy fawredd mwy
Tra byddwyf yn y byd.'

**Darlleniad: Efengyl Luc 23:32–43**

Fel y clywsom, croeshoeliwyd dau droseddwr gyda Iesu ar ddydd Gwener y Groglith. Bu farw un troseddwr yn ei bechod, ac yn ddiedifar i'r diwedd, ond bu farw'r llall yn edifeiriol ei ysbryd, a chyda'r addewid y byddai gyda Iesu ym Mharadwys. Mewn gwirionedd, roedd Duw a'r holl ddynoliaeth ar Galfaria'r diwrnod bythgofiadwy hwnnw. Yno roedd Duw yn Iesu Grist yng ngrym ei gariad sanctaidd. Yno roedd yr Eglwys Gristnogol yn y lleidr edifeiriol, ac yno roedd y byd gelyniaethus yn y lleidr a fynnodd farw yn ei bechod.

Mae'r hanes cysegredig hwn yn cynnwys neges gysurlawn a rhybudd difrifol. Cysur mawr yr Efengyl yw nad yw Iesu Grist yn gwrthod neb sy'n dod ato i geisio ei drugaredd. Cofiwn ei addewid, 'Ni fwriaf allan byth mo'r sawl sy'n dod ataf fi'.

Yn ogystal â hyn, mae'r Arglwydd Iesu Grist yn abl i achub hyd yr eithaf. Cymeriad truenus iawn oedd y troseddwr edifeiriol, a chyfaddefodd hynny yn gyhoeddus, ond fel yr arferai rhai o'r hen bregethwyr ddweud, fe'i cipiwyd gan Iesu o'r tân i Baradwys.

Ond wrth bwysleisio gallu a pharodrwydd ein Gwaredwr i achub ar yr unfed awr ar ddeg, cofiwn nad pwrpas yr hanes hwn yw caniatáu i ni oedi rhag credu'r Efengyl, a chymryd yn ganiataol y gwna Duw drugarhau wrthym ar y funud olaf. Na, rhybudd difrifol yr Efengyl yw ei bod yn fater o frys i gredu yn Iesu Grist, ac mai heddiw yw amser Duw i wneud enaid marw'n fyw.

'Ofer oedi hyd yfory,
Nid oes wybod pwy a'i gwêl;
Hwn yw'r dydd i ddod at Iesu,
Mae yn derbyn pawb a ddêl.'

Yn drydydd, fe ddywedodd Iesu Grist oddi ar ei groes wrth ei fam, 'Wraig, dyma dy fab di', ac wrth y disgybl, 'Dyma dy fam di'. Yn y frawddeg a ddywedodd Iesu wrth ei fam, fe ganfyddwn gymaint oedd ei ofal ohoni. Roedd wedi ei gweld mewn sefyllfaoedd amrywiol iawn, ond roedd ei gweld hi yn ei galar, oddi ar ei groes, yn brofiad ysgytwol iddo.

Yn yr un modd, profiad dirdynnol i Mair oedd sefyll yn ymyl y groes. Teimlodd fel mam ing dioddefaint ei mab, a gwireddwyd proffwydoliaeth Simeon, 'a thithau, trywenir dy enaid gan gleddyf'. Yn ei ddioddefaint, teimlai'r lesu i'r byw boenau ingol ei fam, a gwyddai y byddai angen arni gwmni a chymorth un a fyddai yn deall ei hargyfwng. Gwyddai hefyd y byddai angen cysur mam ar Ioan, y disgybl annwyl. Am hynny, mynegodd ei ddymuniad iddynt ofalu am ei gilydd, fel y byddent yn gymorth y naill i'r llall.

Onid oes yn yr hanes hwn ddarlun byw o'r Arglwydd lesu Grist yn sefydlu perthynas gysegredig a chariadus rhwng credinwyr a'i gilydd? Yn ein heglwysi, er enghraifft, gall ieuenctid fabwysiadu gweddwon yr eglwys a'u helpu yn eu gwahanol anghenion, a gall aelodau hŷn fabwysiadu ieuenctid yr eglwys a'u cynorthwyo mewn modd cyfeillgar. Teulu yw eglwys, gyda'r holl aelodau yn blant i'r Tad nefol, ac yn frodyr a chwiorydd i'w gilydd yng Nghrist.

Yn y weithred gysegredig o gyflwyno Mair, gwraig ganol oed, ac Ioan, gŵr ifanc, i ofal ei gilydd, fe bwysleisiodd lesu Grist nad yw gwahaniaeth oedran yn cyfrif oddi mewn i rwymyn cariad. Gadewch i ni gofio hyn fel Eglwys yn wastad, a chofio hefyd eiriau ein Harglwydd, 'Pwy bynnag sy'n gwneud ewyllys fy Nhad, yr hwn sydd yn y nefoedd, y mae'n frawd i mi, ac yn chwaer, ac yn fam'.

'A phan ddaeth yn hanner dydd, bu tywyllwch dros yr holl wlad hyd dri o'r gloch y prynhawn. Ac am dri o'r gloch, gwaeddodd Iesu â llef uchel, 'Eloï, Eloï, lema sabachthani,' hynny yw, 'Fy Nuw, fy Nuw, pam yr wyt wedi fy ngadael?''

Ein hymateb cyntaf i'r gri arswydus hon yw ei bod y tu hwnt i'n dealltwriaeth a'n dirnadaeth ddyfnaf. Yng ngeiriau'r emynydd y cyfaddefwn:

Mae yma ryw ddirgelion,
  Rhy ddyrys ynt i ddyn,
Ac nid oes all eu datrys
  Ond Duwdod mawr ei hun.

Pan waeddodd Iesu Grist y weddi hon, roedd eisoes wedi dioddef chwe awr o erchylltra'r groes. Rhoddwyd ef ar y groes am naw o'r gloch y bore, a thair awr yn ddiweddarach, yn ôl Efengyl Marc, trodd canol dydd fel canol nos. Mae'n anodd egluro arwyddocâd y tywyllwch. Onid oes awgrym yma fod croeshoelio Iesu wedi effeithio hyd yn oed ar y greadigaeth? Wedi'r cyfan, onid Arglwydd y cread oedd yn marw ar y groes?

Mae'n amlwg mai cri o'r dyfnder yw'r weddi hon, ac ynddi, fe ddatgela Iesu'r pellter yr aeth i geisio pechadur. Yn wir, fe aeth mor bell i'n ceisio fel iddo brofi'r arswyd eithaf, sef y profiad ingol fod Duw wedi ei adael.

Fel yr awgrymwyd eisoes, ni allwn ddeall yn gyflawn y weddi hon, ond fe wyddom rai pethau i sicrwydd. Ar ei groes, fe brofodd Iesu Grist ganlyniadau pechod heb fod yn bechadur ei hunan. A mwy na hynny, fe gariodd faich aflendid dynoliaeth mor llwyr nes profi dieithrwch a chondemniad Duw ar bechod. Mynegir hyn yn glir a chryno gan yr Apostol Paul:

'Ni wybu Crist beth oedd pechu, ond gwnaeth Duw ef yn un â phechod drosom ni, er mwyn i ni fod, ynddo ef, yn un â chyfiawnder Duw.' Yng ngeiriau'r emynydd,

'Ymaflodd mewn dyn ar y llawr,
Fe'i dygodd â'r Duwdod yn un;
Y pellter oedd rhyngddynt oedd fawr,
Fe'i llanwodd â'i haeddiant ei hun.'

Pumed waedd Iesu Grist oddi ar y groes oedd, 'Y mae arnaf syched.' Cyn hyn, roedd Iesu wedi dioddef oriau o boenau arteithiol. Fe'i gwisgwyd â choron o ddrain; fe'i chwipiwyd yn ddidrugaredd, a gorfodwyd ef i gario'r groes ar ei gefn dolurus. Ar ddiwedd y daith i ben Calfaria, hoeliwyd ei ddwylo i'r pren, a rhwygwyd ei gnawd wrth i'r milwyr godi'r groes yn unionsyth.

Gweithred ddieflig oedd croeshoelio Iesu Grist. Ar ôl dioddef oriau ar y groes ym mhoethder yr haul, yr oedd ei dafod yn chwyddedig, a'i syched yn ddirdynnol. Do, fe brofodd gosb greulonaf ei oes, ac yn ei boen arteithiol, gwaeddodd, 'Y mae arnaf syched.' Mae'r frawddeg hon yn tystio i ddyndod gwirioneddol Iesu Grist, a'r modd y bu iddo ei uniaethu ei hun â dioddefaint dyfnaf dyn. Nid ffugio dioddefaint a wnaeth, ond ei brofi i'r eithaf. Mae'r waedd, 'Y mae arnaf syched' yn fynegiant hefyd, medd rhai esbonwyr, o syched Iesu Grist am achub eneidiau. Yn Efengyl Ioan, fe eglurir syched Crist mewn modd ffigurol, lle cawn ei hanes ar ddydd olaf un o'r gwyliau Iddewig, yn galw'r tyrfaoedd ato gan ddweud, 'Pwy bynnag sy'n sychedig, dewch ataf fi ac yfed.'

Syched am waredigaeth yw syched y Cristion, ond syched i waredu yw syched Iesu Grist. Yn wir, onid ei syched i waredu eraill a'i harweiniodd i'r groes, ac onid yw ei syched, fel yr awgryma'r emynydd, yn parhau o hyd?

'Y Gŵr wrth ffynnon Jacob
  Eisteddodd gynt i lawr,
Tramwyodd drwy Samaria,
  Tramwyed yma'n awr;
'Roedd syched arno yno
  Am gael eu hachub hwy;
Mae syched arno eto
  Am achub llawer mwy.'

'Yna wedi iddo gymryd y gwin, dywedodd Iesu, 'Gorffennwyd'.' Ioan yn unig sy'n cofnodi'r gair hwn, ac mae'n air trymlwythog ei ystyr o gofio arwyddocâd gweinidogaeth Iesu Grist a'r hyn a wnaeth ar Galfaria. Mae dioddefiadau Crist ar y groes yn annisgrifiadwy, ond nid amharodd hyn ar ei reolaeth o'r sefyllfa. Iesu Grist yw'r brenin a ddewisodd o'i wirfodd i fod yn was dioddefus. Y mae'r awenau yn ei ddwylo. Cyn Calfaria, fe ddywedodd Iesu am ei einioes, 'Nid yw neb yn ei dwyn oddi arnaf, ond myfi ohonof fy hun sy'n ei rhoi.' Nid dweud heb wneud a wnaeth ein Harglwydd, ond cyflawni a rhoi ei einioes o'i fodd yn bridwerth dros lawer.

Felly, nid gorfodaeth dynion yw elfen lywodraethol croes Calfaria, ac nid ochenaid o ollyngdod i ddarfod am byth sydd yn y gair 'Gorffennwyd', ond grym anorchfygol cariad Duw. Bloedd concwerwr yn cyhoeddi bod ei waith ar y ddaear wedi ei gyflawni yn fuddugoliaethus sydd yma. Gorchfygodd holl alluoedd y tywyllwch oddi ar y groes, gan gynnwys angau ei hun.

'Holl lafur Crist, trwy boenus daith,
  A'i galed waith ddibennwyd,
Pan roes ei olaf anadl gref
Yr uchel lef, "Gorffennwyd".'

Deuwn at weddi olaf Iesu Grist oddi ar ei groes, 'Llefodd Iesu â llef uchel, 'O Dad, i'th ddwylo di yr wyf yn cyflwyno fy ysbryd.' A chan ddweud hyn bu farw.' Mae'r weddi hon yn adlais o weddi'r Salmydd yn Salm 31. Yn ystod ei fywyd gwnaeth Iesu ddefnydd helaeth o'r Hen Destament, ac mae'n arwyddocaol mai dyfynnu o'r Ysgrythurau Iddewig a wnaeth yn ei frawddeg olaf cyn marw. A geiriau ydynt sy'n hynod o addas, 'O Dad, i'th ddwylo di yr wyf yn cyflwyno fy ysbryd.'

Dengys hyn ymddiriedaeth lwyr Iesu Grist yn Nuw. Yn wir, onid felly y bu Iesu fyw o Fethlehem i Galfaria? Fe ymddiriedodd yn ei Dad nefol ar hyd y daith, ac ar ôl gorffen pob peth, fe ddychwelodd ei ysbryd i ddwylo Duw. Do, fe brofodd ddieithrwch ei Dad nefol am foment arswydus oddi ar y groes, ond parhaodd i weddïo, ac yn ei weddi olaf, fe gyfarchodd Dduw, nid fel teyrn yn ei gosbi, ond fel Tad yn ei garu, ac yn yr ysbryd hynny, bu farw. Nid dyna fu'r diwedd, fodd bynnag, ac ar ddydd cyntaf yr wythnos, datguddiodd Duw fuddugoliaeth Iesu croeshoeliedig yn y Crist atgyfodedig, byw. Dangosodd i'r byd nad yn ofer yr aeth ei Fab i'r groes:

'Pan grymodd Iesu ei ben
Wrth farw yn ein lle,
Agorodd ffordd, pan rwygai'r llen,
I bur drigfannau'r ne'!'

Gorffennwn ein myfyrdod gyda datganiad bendigedig yr Apostol Paul. 'Ond yn y pethau hyn i gyd yr ydym yn ennill buddugoliaeth lwyr trwy'r hwn a'n carodd ni. Yr wyf yn gwbl sicr na all nac angau nac einioes, nac angylion na thywysogaethau, na'r presennol na'r dyfodol, na dim arall a grëwyd, ein gwahanu ni oddi wrth gariad Duw yng Nghrist Iesu ein Harglwydd.' Ac iddo ef y byddo'r clod a'r gogoniant, yn awr, ac yn oes oesoedd. Amen.

***John Lewis Jones***

## Dydd Gwener y Groglith

### Darllen Marc 15:20b–39 (neu Marc 15:6–39)

Gosodwch groes mewn lle amlwg a gofynnwch i bawb sy'n bresennol fyfyrio arni ac ar deimladau'r disgyblion cyntaf ar Ddydd Gwener y Groglith.

*Tawelwch*

Ni all dim, O! Dduw,
ein paratoi ar gyfer realiti cignoeth y dydd hwn.
Doedden ni, ddisgyblion Crist,
ddim am ddeall
mai diwrnod fel hwn fyddai Dydd ein Harglwydd.

Ni all dim ein paratoi
ar gyfer realiti drygioni.
Dydyn ni ddim am wybod
fod y dwylo hynny wedi eu hoelio ar y groes,
na bod plant yn medru cael eu cipio a'u lladd,
na bod modd difodi cenhedloedd cyfain.

Ni all dim ein paratoi
ar gyfer realiti dioddefaint.
Dydyn ni ddim am glywed
cri annaearol Iesu ar y groes;
nac ocheneidiau cleifion mewn poen;
nac wylofain mamau dros eu plant newynog.

Ni all dim ein paratoi, O! Dduw,
ar gyfer realiti marwolaeth.
Dydyn ni ddim am weld Iesu yn ein gadael,
nac am glywed anadl olaf ein hanwyliaid,
nac am gydnabod ein meidroldeb ein hunain.

Ni all dim ein paratoi
ar gyfer realiti Gwener y Groglith,
a dim ond ti, Arglwydd, all ein cysuro
drwy gyflawni ein gobeithion drosom ar fore'r Pasg.

***Nick Fawcett, addasiad Olaf Davies***

## TUA THRI O'R GLOCH

**A thua thri o'r gloch gwaeddodd Iesu â llef uchel, 'Eli, Eli, lema sabachthani,' hynny yw, 'Fy Nuw, fy Nuw, pam yr wyt wedi fy ngadael?'** (Mathew 27:46).

Dyma'r ail o ymadroddion Iesu ar y groes. Mae rhai wedi ei ddisgrifio fel 'cri'r gadawiad'. Mae'n un o'r ymadroddion mwyaf dolefus a glywyd erioed, ac mae'r ffaith mai Mab Duw a lefarodd y geiriau yn dwysáu angerdd y gri.

### Yr amser

Mae hyn yn digwydd ar y Groglith, wrth gwrs. Mae Iesu yng nghanol poenau dirdynnol y groes Rufeinig. Mae'n dioddef yr hyn a ddioddefodd miloedd o 'droseddwyr' eraill. Wrth gwrs, yr oedd Iesu yn ddieuog o unrhyw drosedd yn erbyn Rhufain, ac yr oedd cyhuddiad yr Iddewon yn codi o ddallineb ysbrydol rhyfeddol. Yn bellach, nid oedd Iesu wedi cyflawni unrhyw bechod, hyd yn oed.

Mae'r gri yma, fodd bynnag, yn dangos dioddefaint ysbrydol y Meseia. Fel yr oedd yr holl wlad wedi ei chuddio mewn tywyllwch ers teirawr, mae'r gri yn cyfleu nos ddu enaid y Gwaredwr.

Mae'n help i gofio fod y geiriau hyn yn dod o Salm 22, ac mae darllen y Salm yn rhoi golwg arbennig i ni o ing ac unigrwydd Oen Duw. Dyma flas o'r adnodau cyntaf: 'Fy Nuw, fy Nuw, pam yr wyt wedi fy ngadael, ac yn cadw draw rhag fy ngwaredu ac oddi wrth eiriau fy ngriddfan? O fy Nuw, gwaeddaf arnat liw dydd, ond nid wyt yn ateb, a'r nos, ond ni chaf lonyddwch' (1-2).

### Y pwrpas

Pam, felly, oedd Iesu'n dioddef hyn? Wel, ar y groes, yr oedd yn cynrychioli pechaduriaid, ac yn dioddef cosb eu pechod drostynt. 'Canys yr hwn nid adnabu bechod, a wnaeth efe yn bechod drosom ni; fel y'n gwnelid ni yn gyfiawnder Duw ynddo ef' (2 Corinthiaid 5:21).

Mae'r groes yn dangos agwedd Duw cyfiawn at bechod. Ni allai ei anwybyddu na'i sgubo dan y carped. Gan fod pechod yn wrthryfel yn erbyn safon Duw, rhaid oedd ei gosbi. Rhyfeddod yr Efengyl yw bod Duw wedi cosbi ei Fab ei hun, (a'i rhoes ei hun o'i fodd), yn lle'r pechadur. Fe wnaethpwyd Crist yn bechadur gan roi ein budreddi ni arno Ef. Ef oedd yr iawn dros ein pechodau ni.

'Ond efe a archollwyd am ein camweddau ni, efe a ddrylliwyd am ein hanwireddau ni, cosbedigaeth ein heddwch ni oedd arno ef, a thrwy ei gleisiau ef yr iachawyd ni' (Eseia 53:5). Ac eto yn Galatiaid 3:13:

'Crist a'n llwyr brynodd oddi wrth felltith y ddeddf, gan ei wneuthur yn felltith trosom, canys y mae yn ysgrifenedig, "Melltigedig yw pob un sydd yng nghrog ar bren"'.

**Yr arwyddocâd i ni**

**Difrifoldeb pechod**

Mae aberth y groes yn dangos bod Duw yn gyfiawn ac yn sanctaidd, ac mae'n amhosibl iddo dderbyn pechadur gyda'i bechod, sydd wedi tramgwyddo hawliau Duw arnom. Dywed Duw trwy Eseia: 'ond eich camweddau chwi a ysgarodd rhyngoch a'ch Duw, a'ch pechodau chwi a barodd iddo guddio'i wyneb' (59:2). Dyma sydd yn gyfrifol am angerdd cri'r Meseia ar y groes. Mae pechod yn ddifrifol, gan ei fod yn ein gwahanu oddi wrth ein Creawdwr. Dylai hyn ein hatgoffa o sefyllfa pob pechadur sydd heb gymodi â Duw trwy Iesu Grist.

**Dyma'n haeddiant ni**

Os mai dyma brofodd yr Arglwydd Iesu wrth gymryd ein pechod ni, dyma mae ein pechod yn ei haeddu, felly. Yn dilyn hynny, dyma fyddwn yn ei wynebu yn uffern os na fyddwn yn ymddiried yng ngwaed Crist i'n glanhau o'n pechod. Mae Iesu'n cyfeirio at uffern fel 'y tywyllwch eithaf', a dyna brofodd Iesu trosom ar y groes.

**Dylem edifarhau**

Os ydy pechod mor ddifrifol, ac yn peri i Dduw ei ffieiddio a'i gondemnio, dylem edifarhau a dylem ofyn am help yr Ysbryd Glân i gael yr un ffieidd-dra tuag at bob pechod. Rhaid troi yn ddiolchgar at Grist, er mwyn cael ein hachub o afael pechod a dod i berthynas iawn â Duw, ac i gael ein newid ganddo hefyd.

**Dyfnder cariad Duw**

Ar yr un pryd, mae'r groes yn dangos cariad Duw yn trefnu ffordd i'n hachub, gyda'r Tad yn anfon ac yn aberthu ei Fab, a'r Mab yn dod o'i fodd fel Oen i'r lladdfa.

Cyn llunio'r byd, cyn lledu'r nefoedd wen,

cyn gosod haul na lloer na sêr uwchben,
fe drefnwyd ffordd yng nghyngor Tri yn Un
i achub gwael, golledig, euog ddyn. (*Pedr Fardd*)

Oherwydd y gri ingol yma, does dim rhaid i ni fynd i'r un tywyllwch ofnadwy. Mae Duw wedi darparu dihangfa i ni yn Iesu Grist. Dylem dreulio gweddill ein hoes yn ei addoli ac yn ei wasanaethu mewn cariad.

***John Treharne***

## GORFFENNWYD

**Yna, wedi iddo gymryd y gwin, dywedodd Iesu, 'Gorffennwyd'. Gwyrodd ei ben, a rhoi i fyny ei ysbryd (Ioan 19:30).**

Dyma un o saith ymadrodd ein Harglwydd ar y groes. Dim ond un gair sydd yn yr ymadrodd hwn, ond mae wedi dod â maddeuant a bywyd tragwyddol i filoedd o bechaduriaid anghenus. Gall llawer a fu mewn tywyllwch dyrys dystio: 'daeth gwawr o'r gair "Gorffennwyd" (*David Jones*).

**Gorffennwyd – Gair busnes**

Mae'n debyg bod y gair Groeg 'Tetelestai' yn air cyffredin bob dydd yn y farchnad ac yn y porthladd yn nyddiau Iesu. Dyma'r gair fyddai'n cael ei ysgrifennu ar draws bil i ddangos ei fod wedi ei dalu a'i glirio a'i orffen, fel y byddwn ni'n ysgrifennu 'Talwyd' heddiw. Mae'r ystyr yma yn rhoi darlun gwych o'r hyn wnaeth yr Arglwydd Iesu ar groes Calfaria. Roedd yn clirio biliau a dyledion pechod. Mae'n amlwg nad ei ddyled ei hun oedd angen ei chlirio, ond ei fod yn dioddef fel Oen Duw i dynnu ymaith bechodau'r byd.

Hwn yw'r Oen, ar ben Calfaria
aeth i'r lladdfa yn ein lle,
swm ein dyled fawr a dalodd
ac fe groesodd filiau'r ne' (*Dafydd Jones*)

**Bil yn y nef**

Mae'r syniad o filiau yn gyfarwydd i bob un ohonom ysywaeth. Rhaid, yn gyntaf, archwilio bil i weld ai ni a'i piau. Yna byddwn yn edrych ar y cyfanswm dyledus, ac ar ôl y sioc, byddwn yn edrych ar yr eitemau sydd wedi eu rhestru ynddo. Mae hyn yn ein hatgoffa fod gennym fil yn y nef yn ein henw. Mae pob un ohonom wedi derbyn gwasanaeth gan Dduw. Ef a'n creodd ac Ef sy'n ein cynnal bob eiliad o'n hoes. Mae hynny'n golygu ei fod yn haeddu ein cariad llwyr, ac mae'n disgwyl i ni garu ein cymydog fel ni'n hunain hefyd.

Ar ben hyn, daw'n pechod. Mae gwrthryfel, anufudd-dod ac anniolchgarwch i Dduw yn eitemau ar ein bil. Yna mae'r gweithredoedd na ddylsem fod wedi eu gwneud, y meddyliau drwg, a'r geiriau pechadurus a dinistriol. Dim ond i ni ystyried pechod un diwrnod o ddifrif, bydd yn ddigon i'n digalonni, heb sôn am holl ddyddiau'n hoes?

**Sut mae talu?**

Rhaid talu biliau. Sut mae clirio dyled ein pechod er mwyn cael ein derbyn gan Dduw? Mae tri dewis yn dod i'm meddwl:

**Ei dalu ein hunain trwy ymroi i fyw'n dda:**

Mae hyn yn golygu ceisio byw yn well, bod yn fwy caredig ac yn fwy crefyddol. Mae hyn yn debyg i ddefnyddio cerdyn credyd, sef talu ychydig o fis i fis. Gwaetha'r modd, wrth wneud hyn, mae'r credyd yn cynyddu. Wrth i ni geisio byw'n well, ryn ni'n dal i bechu. Felly, dydy'r ychydig o ddaioni ddim yn cyffwrdd y ddyled, mewn gwirionedd.

**Anwybyddu'r bil:**

Mae nifer o bobl yn osgoi talu biliau. Maent yn eu taflu i'r bin, yn newid eu henw, yn symud o gwmpas y wlad, neu, hyd yn oed, yn symud i wlad arall. Mae llawer heddiw yn dweud nad yw pechod yn bechod. 'Mae'r Beibl yn hen ffasiwn', meddant, 'ac mae angen rhyddid a meddwl agored erbyn hyn. Dydy Duw ddim yn cosbi pechod, beth bynnag, nac di?'

**Cael rhywun arall i'w dalu:**

Dyma neges yr Efengyl a'r adnod yma. Dyna pam aeth Iesu i'r groes, sef i dalu dyled pechaduriaid fel ni.

Does dim posib clirio'n dyledion gyda'r ddau ddewis cyntaf. Does dim dianc rhag cyfiawnder Duw yn y pendraw. Dyna pam fod y groes yn hanfodol er mwyn clirio dyledion pechod. Dyma gyflawnodd Crist ar y groes wrth weiddi'n fuddugol y gair 'Gorffennwyd'.

**Derbynneb**

Bob tro byddwn yn prynu rhywbeth ac yn talu amdano, cawn dderbynneb. Mae'r papur yma'n brawf bod y taliad wedi'i wneud ac yn sicrhau nad oes raid talu eto. Un o'm hunllefau mwyaf yw clywed larwm yn canu wrth imi gerdded allan o siop fel petawn heb dalu am y nwyddau. Y prawf fy mod wedi talu fyddai'r dderbynneb, ac rwy'n ceisio gwneud yn siŵr o'i gadw'n ddiogel bob amser.

Ein derbynneb ni am daliad Crist ar y groes yw'r atgyfodiad. Dyw Iesu ddim ar y groes nawr, dyw e ddim yn dal i ddioddef, mae wedi marw ac atgyfodi'r trydydd dydd. Mae hynny'n gadarnhad hanesyddol fod y taliad digonol wedi ei wneud dros bechodau pob un sy'n credu yn yr Arglwydd Iesu Grist. Heb yr atgyfodiad, does dim sicrwydd o faddeuant pechodau: 'Ac os nad yw Crist wedi ei gyfodi, ofer yw eich ffydd, ac yn eich pechodau yr ydych o hyd' (1 Corinthiaid 15:17). Gan fod Crist wedi ei gyfodi, gallwn gyhoeddi maddeuant llawn!

***John Treharne***

## Paradwys

**Atebodd yntau, 'Yn wir, rwy'n dweud wrthyt, heddiw byddi gyda mi ym mharadwys' (Luc 23:43).**

Dyma'r ail o saith ymadrodd yr Arglwydd Iesu ar y groes. Mae'n ein hatgoffa o sawl gwirionedd: gwelwn fuddugoliaeth Crist ar deyrnas Satan, a gwelwn fod Duw 'â'r gallu ganddo i wneud yn anhraethol well na dim y gallwn ni ei ddeisyfu na'i ddychmygu' (Effesiaid 3:20).

**Y troseddwyr:**

Dywed proffwydoliaeth Eseia fod y 'Gwas Dioddefus' wedi ei gyfrif gyda'r troseddwyr. A dyma ni'n gweld Oen Duw rhwng y troseddwyr ar y groes. Mae ymateb y ddau droseddwr i Grist yn symbol o'r effeithiau gwahanol fyddai'r groes yn ei chael ar y ddynoliaeth fyddai'n clywed yr Efengyl.

Mae'r troseddwr yr edrychwn arno yn gyntaf yn galon-galed at y diwedd. Roedd yn cablu'r Gwaredwr, er ei fod yn dyst i'w agwedd ryfeddol wrth ddioddef. Mae'n adleisio geiriau'r gwawdwyr, mae'n amau

Iesu fel Meseia, mae ei ysbryd yn falch, hyd yn oed yng nglyn cysgod angau. Dydy trafferth, poen na dioddefaint ynddynt eu hunain ddim yn ddigon i doddi calon falch pechadur gerbron Duw. Yn wir, dim ond caledu wna llawer, fel Pharo yn wyneb plâu erchyll Duw.

Er ei fod yn cablu Crist, mae hwn mor hyf â gofyn iddo'i achub run pryd. Does dim arwydd o edifeirwch nac ymostyngiad, dim ond meddwl sut i osgoi ei gosb a'i boen.

Mae'r ail droseddwr yn meddalu ac yn toddi yn y diwedd. Yn ôl efengylau Mathew a Marc, roedd y ddau'n cablu. Mae fersiwn Luc yn dangos bod un lleidr wedi cael calon newydd nes ymlaen. Mae nifer o ffactorau pwysig i'w nodi am ei eiriau a'i gais i Iesu sydd yn dangos arwyddion yr aileni:

**Ei gerydd:**

Mae'n ceryddu'r troseddwr arall am nad yw'n ofni Duw; a heb ystyried ei fod o fewn oriau i gwrdd â'i Greawdwr, a hynny fel troseddwr. Mae hyn yn awgrymu bod ofn Duw wedi gafael yn hwn. Mae ymwybyddiaeth o sarhau Duw yn elfen allweddol mewn gwir edifeirwch.

**Ei gyffes:**

Mae'n cyfaddef ei fod (fel y llall) yn haeddu ei gosb. Does dim ymdrech i wadu na chuddio'i fai, dim ymdrech i'w gyfiawnhau nac i'w amddiffyn ei hun. Mae'n cydnabod cyfiawnder y gosb, ac, felly, mae'n cydnabod cyfiawnder Duw hefyd.

**Ei gred:**

Mae'n credu bod Crist yn dioddef ar gam. Yn fwy na hynny, mae'n gweld bod Iesu yn Arglwydd fydd yn etifeddu teyrnas. Mae'n gweld awdurdod ynddo, mae'n gweld ei ffafr a'i fendith yn werthfawr, er bod Iesu yng nghanol gwendid a gwarth affwysol, wedi ei adael gan y disgyblion, ei genedl, a'r Tad. Mae'n cael golwg ffydd i weld bywyd mewn angau, gogoniant mewn gwarth, dyrchafiad mewn dinistr, buddugoliaeth mewn colled, ac i weld concwerwr mewn caethiwed. Pam y newid? Yn gyntaf, rhaid nodi mai gwaith Duw yw hyn trwy'r Ysbryd Glân. Hefyd mae wedi sylwi, mae'n siŵr, ar agwedd Iesu, mae wedi clywed yr ymadrodd cyntaf, ac, o bosibl, mae wedi clywed eisoes am Iesu.

**Gostyngeiddrwydd:**
Mae'n ei ddarostwng ei hun ac yn cael ei ddyrchafu gan Grist, yn ôl yr addewid yn Luc 18:14. Ei gais syml yw am gael ei gofio.

**Gafael trwy weddi:**
Mae'n gafael yn daer yng Nghrist trwy ei weddi. Bydd un gair o gysur yn ddigon i'r troseddwr sy'n tywallt ei enaid gerbron Iesu. Mae'n esiampl i ni sut i afael ar Grist mewn gweddi.

**Yr ateb:**
Mae ateb Iesu yn fendigedig. Roedd wedi gofyn am gael ei gofio yn y dyfodol, ond daw'r ateb 'heddiw'. Roedd ei gais am gael ei gofio yn weddol benagored a niwlog, ond daw'r ateb y caiff fod gydag ef. Mae'n gofyn am gornel fach yn y deyrnas, ond mae'n cael addewid o baradwys.

Mae'r hanesyn bach yma yn dangos pwrpas dyfodiad Mab y Dyn, a phwrpas y groes, sef achub pechaduriaid. Arbenigedd peiriant golchi yw golchi dillad, beth bynnag eu cyflwr. Arbenigedd y Gwaredwr yw derbyn pechaduriaid, beth bynnag eu cyflwr, pryd bynnag y dônt ato o ddifrif.

Mae hyn yn dangos bod Iesu'n disgwyl dod i'w deyrnas hefyd. Roedd yn disgwyl y gogoniant ar ôl y goron ddrain. Roedd wedi addo paradwys i'w ddisgyblion yn yr oruwchystafell (Ioan 14).

**Paradwys:**
Mae geiriau Iesu yn dweud llawer am baradwys wrthym. Presenoldeb Crist yw paradwys:

Ef yw Afon y Bywyd sydd fry,
Ef yw'r Manna cuddiedig a drud;
Efe yw hyfrydwch y llu –
Fy Iesu yw'r nefoedd i gyd. (*Pantycelyn*).

Aiff enaid credadun yn syth i baradwys wrth i'r corff farw. Nefoedd yw paradwys, adferiad o Eden a mwy, oherwydd ni chaiff hwn fyth ei golli.

***John Treharne***

## GEIRIAU OLAF

**Ac meddai Iesu, 'O Dad, maddau iddynt, oherwydd ni wyddant beth y maent yn ei wneud'** (Luc 23:34).

Dyma'r cyntaf o saith ymadrodd Iesu ar y groes. Dywed efengyl Ioan fod y Gair a ddaeth yn gnawd yn llawn gras a gwirionedd, ac mae'n amlwg bod hynny wedi parhau tan y diwedd.

**Geiriau olaf:**
Mae pobl wedi crynhoi a chasglu geiriau olaf rhai o enwogion hanes. Dyma ambell un:
Pam yr wylwch? Oeddech chi'n meddwl fy mod yn anfarwol? (Louis XV111).
Arglwydd, cymorth f'enaid tlawd (Edgar Allan Poe).
Rwy'n gweld golau du (Victor Hugo).
Gelli fod yn frenin neu'n glanhau'r stryd, ond mae pawb yn dawnsio gyda'r medelwr mawr (Robert Alton Harris, drwgweithredwr a ddienyddiwyd)

Beth sydd yn drawiadol am saith ymadrodd olaf Iesu ar y groes yw eu bod yn gogoneddu'r Tad nefol ac yn adeiladol a chysurlon i'r rhai oedd o'i gwmpas.

**Gweithredu dysgeidiaeth:**
Peth arall trawiadol am agwedd Iesu yn y weddi yma yw ei fod yn gweithredu'n union yn ôl ei ddysgeidiaeth ei hun. Fe'n dysgodd yn y Bregeth ar y Mynydd â'r geiriau: 'carwch eich gelynion, a gweddïwch dros y rhai sy'n eich erlid' (Mathew 5:44).

Yn wir, mae Iesu'n dangos agwedd yr oen yn Eseia 53:7: 'Arweiniwyd ef fel oen i'r lladdfa, ac fel y bydd dafad yn ddistaw yn llaw'r cneifiwr, felly nid agorai yntau ei enau'.

'Pan fyddai'n cael ei ddifenwi, ni fyddai'n difenwi'n ôl; pan fyddai'n dioddef, ni fyddai'n bygwth' (1 Pedr 2:23).

Aeth Iesu'n bellach na hynny, fodd bynnag, a gweddïodd am faddeuant i'w erlidwyr. Fel 'gwas' Eseia, aeth mor bell ag 'eiriol dros y troseddwyr' (53:12).

**Gweddi'r Cyfryngwr:**

Mae hon yn weddi gyfryngol sydd yn esbonio pwrpas ac ystyr marwolaeth Crist ar y groes. Mae'n gweddïo y byddai'r Tad yn maddau i'w erlidwyr presennol, a phob pechadur gelyniaethus arall, pe byddent yn edifarhau ac yn credu'r Efengyl.

Pwrpas mawr y groes oedd sicrhau maddeuant troseddwyr ac erlidwyr Duw. Cawn ragflas o waith Crist yn y gogoniant heddiw yn eiriol dros bobl iddynt brofi blas maddeuant llawn trwy edifeirwch a ffydd yn y groes. Felly, gall y pechadur mwyaf, y ffieiddiaf o ddynion, trwy Grist ac mewn edifeirwch, obeithio am drugaredd.

**Pledio:**

Mae Iesu hyd yn oed yn mynd mor bell â phledio dros ei elynion: 'oherwydd ni wyddant beth y maent yn ei wneud'. Mae Paul yn adleisio hyn wrth ddweud nad oedd yr arweinwyr Iddewig wedi adnabod doethineb Duw yng Nghrist: 'oherwydd pe buasent wedi ei hadnabod, ni fuasent wedi croeshoelio Arglwydd y gogoniant' (1 Corinthiaid 2:8). Sut allen nhw sylweddoli'n llawn beth oedden nhw'n ei ddweud wrth ddymuno gwaed Crist arnyn nhw ac ar eu plant? (Mathew 27:25). Mae hyn yn wir o hyd, nad yw erlidwyr a chroeshoelwyr Crist ddim yn gwybod yn iawn beth maen nhw'n ei wneud; dydyn nhw ddim yn adnabod nac yn deall y person na'r Efengyl a wrthwynebant. Er hynny, maen nhw'n gyfrifol am eu gweithredoedd ac yn wynebu barn Duw oni bai iddyn nhw edifarhau a chredu'r Efengyl.

**Ateb i weddi:**

Mae lle cryf i feddwl fod y Tad nefol wedi ateb gweddi ei Fab annwyl a ffyddlon.

Ni ddaeth barn Duw ar Jerwsalem yn syth. Cafodd ei phobl ddeugain mlynedd arall i glywed Efengyl maddeuant llawn.

Mae lle i gredu bod rhai o'r bobl oedd wrth y groes, a hyd yn oed yn erlid Iesu, wedi dod i gredu. Rhai ar ddydd y Pentecost, rhai ymhlith y miloedd yn fuan ar ôl hynny, 'ynghyd â thyrfa fawr o'r offeiriaid hefyd' (Actau 6:7). 'Does dim amheuaeth y cafodd y weddi ei chlywed gan y Tad nefol, ac o ganlyniad daeth llawer o'r bobl a dywalltodd ei waed i'w yfed maes o law' (John Calvin).

**Esiampl:**
Mae nifer o nodweddion Iesu yn esiampl i ni fel ei bobl. Roedd yn ei gyflwyno'i hun i ofal y Tad nefol bob amser; nid yn unig mewn hawddfyd, ond hefyd yng nghanol y ddrycin arwaf. Mae'n ein hatgoffa ni mai'r peth mawr pwysig i weddïo amdano i ni'n hunain ac i eraill, yw maddeuant. Dyma'r ffordd y dylem ni drin ein gelynion, sef gelynion yr Efengyl, heddiw. Mae rhai yn gwawdio, rhai yn dangos casineb a rhai yn erlid, ac mae'n eithaf posib y bydd hyn yn cynyddu yn ein gwlad ni. Dyma'r unig ffordd i Gristion ymateb i elyniaeth.

Nid gweddi arwynebol oedd hon. Nid dim ond dweud y geiriau cywir sydd yn bwysig. Daeth y gri yma o galon dosturiol, a chafodd ei chlywed am hynny. Dyna, felly, sy'n allweddol i ni hefyd.

***John Treharne***

## Y Pasg

**Darllen Ioan 19:30 Darllen: Ioan 19:30**

Rhoddir pwys mawr ar eiriau olaf pobl enwog. Geiriau olaf Thomas Charles o'r Bala oedd, 'Y mae noddfa'. Ac yn ôl pob hanes dyma a ddywedodd Oscar Wilde, 'Naill ai y mae'r papur wal yma'n mynd neu mi ydw i'n mynd!' Canolbwyntiwn ar un o eiriau olaf Iesu, ar y groes, 'Gorffennwyd' neu tetelestai yn yr iaith Roeg. Gwell cyfieithiad fyddai 'Cyflawnwyd'. Dim ond Efengyl Ioan sy'n cofnodi'r gair hwn.

Ond cyflawni beth? Nid yw Iesu'n cyhoeddi bod y diwedd wedi dod a bod y gwaith a'r holl ymdrech ar ben. Nid gwaedd o ollyngdod sydd yma am fod popeth drosodd, ond gwaedd fuddugoliaethus am fod nod a phwrpas ei genhadaeth wedi'i chyrraedd a phwrpas Duw yn ei anfon i'r byd wedi'i gyflawni. Mae'r hyn y mae'r Tad wedi'i ofyn ganddo wedi'i gyflawni, 'Rwyf wedi llwyddo'. Yr oedd ei farwolaeth, a'r ffordd y bu farw, yn fuddugoliaeth ogoneddus. Mewn ffordd, gellir cymryd y geiriau hyn fel canolbwynt Efengyl Ioan gan fod y groes, i'r efengylydd, yn uchafbwynt bywyd a gweinidogaeth Iesu Grist. I Ioan, buddugoliaeth oedd croes Calfaria, nid methiant; a gellir dweud fod buddugoliaeth bore'r Pasg wedi cychwyn ym muddugoliaeth Calfaria. Mae Iesu wedi gorffen y gwaith o'i roi ei hun yn gyfan gwbl a diarbed dros y byd. Yma, mae

Iesu, wrth farw, yn gorchfygu; ac wrth iddo ildio i farwolaeth mae hefyd yn ei drechu.

Yn dilyn y floedd fuddugoliaethus, mae Ioan yn cofnodi, 'Gwyrodd ei ben, a rhoi i fyny ei ysbryd' (Ioan 19:30). Y gair a ddefnyddiodd Ioan yw'r gair y gellid ei ddefnyddio am rywun yn setlo'n ôl ac yn gorffwyso'i ben ar obennydd. I Iesu, roedd y frwydr fawr a'r artaith drosodd. Roedd y frwydr wedi'i hennill. Ac ar y groes fe wyddai beth oedd y llawenydd a'r fuddugoliaeth, ac felly gallai wyro'i ben yn dangnefeddus o wybod ei fod wedi cyflawni a chwblhau'r gwaith a roddwyd iddo.

Gellir awgrymu ymhellach fod Iesu wedi dewis yr eiliad i farw trwy wyro'i ben. Fel arfer, byddai'n anodd i'r drwgweithredwr anadlu'n naturiol ac effeithiol ar y groes. A phan fyddai ei goesau'n cael eu torri, byddai'n amhosibl i'r croeshoeliedig wthio'i gorff i fyny a byddai'r corff yn suddo ac yn ei gwneud yn amhosib iddo anadlu. Mae Efengyl Ioan yn awgrymu na adawodd Iesu i hyn ddigwydd, a'i fod wedi dewis ei amser i wyro'i ben ac i'w fywyd ddod i ben. Dewisodd ei awr i farw.

Mae'r gwaith wedi'i wneud. 'Y mae gan y llwynogod ffeuau, a chan adar yr awyr nythod, ond gan Fab y Dyn nid oes lle i roi ei ben i lawr' (Mathew 8:20), ond bellach mae ganddo yntau le i roi ei ben i lawr.

**Myfyrdod pellach:**
Sut fyddech chi'n mynd ati i bwyso a mesur y cysyniad fod Iesu wedi 'cyflawni' ei waith ar y groes?
Tybed ydi Efengyl Ioan yn mynd yn rhy bell trwy awgrymu fod Iesu wedi dewis ei eiliad i farw?

*Huw John Hughes*

## Y GROGLITH

**Darlleniad 1: Eseia 52:13–53:12**

**Darlleniad 2: Ioan 19:17–27**

'Daethom o sŵn y byd
I'th demel dawel di,

I brofi yno ryfedd rin
Y gwin a'n cynnal ni.

O fewn dy dŷ, ein Duw,
Y mae tangnefedd drud
A'n nertha ni i droi yn ôl
I'r llym herfeiddiol fyd.'

O! Dad, y dydd arbennig hwn, diwrnod yr awr dywyllaf cyn y wawr, cydia ynom â'th Ysbryd di dy hun drwy ein harwain o gysgodion tywyll i oleuni ein gobeithion ynot ti. Rwyt ti'n Dduw sy'n gwneud yr annisgwyl yn y mannau annisgwyl; sy'n dy ddatguddio dy hun yn annisgwyl mewn llawer dull a modd. Mewn perth yn llosgi ac mewn cwmwl; mewn tywyllwch ac mewn tawelwch; yn y corwynt ac mewn goleuni; mewn breuddwydion ac mewn gweithredoedd; yn rhaniad y môr ac ar doriad y bara. Daethost i'n byd yn faban bach diniwed i fam ddibriod, yn dlawd heb feddu na choron na chadfridog - Duw'r annisgwyl sy'n ddigon mawr i adael i bechadur o ddyn ei ddedfrydu fel troseddwr i'w ladd, fel oen i'r lladdfa. Diolch i ti am y weithred aberthol hon yn Iesu Grist; am i ti ein caru gymaint nes rhoi ohonot dy unig Fab er mwyn i bob un sy'n credu ynddo ef beidio â mynd i ddistryw, ond cael bywyd tragwyddol.

Fel y bendithiaist Mair yn y dyddiau cynnar a rhyfedd hynny, wrth ei galw yn yr Ysbryd i fod yn llestr i gynnal dy waredigaeth i ni, bendithia ninnau, lestri pridd yn y cyfnod rhyfedd hyn yr ydym yn byw ynddo. Defnyddia ni, er mor anfoddog ac annheilwng, i gynnal a lledaenu'r newyddion da am Iesu. Gwna ni'n llestri ac arnynt ôl dwylo anghenus y byd, a chadw ni rhag ymlonyddu ar silffoedd moethus ein byd lle y gall y llwch a'r gwe bylu'r weledigaeth a ddaeth i'n rhan. Defnyddia ni yn dy waith ymhlith dynion, i gofio am yr anghenus a'r digartref, y rhai sy'n garcharorion cydwybod, neu sydd dan ddedfryd o ganlyniad i ddallineb dynion anghyfiawn.

Ac wrth i ni syllu i gyfeiriad y Groes, a'r milwyr yno ar ddyletswydd, pâr i ni gofio mai trwy weini a gwasanaethu'n gilydd, heb ddisgwyl dim yn ôl, y down yn wir aclodau o'th deyrnas di – yn frenhinoedd tlawd yn nheyrnas gyfoethog dy gariad di.

Yng nghysgod y Groes cyflwynwn i'th ddwylo di'r dydd hwn bawb sy'n ei chael hi'n anodd ar daith bywyd; y rhai sy'n dioddef artaith a phoen corff a meddwl; yn ifanc neu'n hen, mewn ysbyty neu gartref. Caniatâ i ni hefyd o'r cysgodion hyn, O! Dad, lawenhau â'r rhai sydd bob amser yn barod i godi croes Iesu trwy roi eu hysgwydd i gario beichiau eraill.

Derbyn ein gweddïau crwydredig, O! Dad; a maddau i ni ein holl bechodau, yn arbennig am i ni wrthod dy Fab, ac am i ni fod mor amharod i dderbyn ei eiriau. Trugarha wrthym a chaniatâ i'r llen sy'n mynnu dod rhyngom gael ei rhwygo ymaith gan gariad a geiriau Iesu oddi ar y Groes: 'O! Dad, maddau iddynt oherwydd ni wyddant beth y maent yn ei wneud'.

Clyw ein gweddi, a derbyn hi, am ein bod yn ei chyflwyno i ti yn enw'r un a roddodd y cyfan trosom, yr un hwnnw a'n dysgodd hyd yn oed ar yr awr dywyllaf, nid yn unig i garu ein cymdogion, ond i garu ein gelynion yn ogystal – Iesu Grist. Amen.

***Dafydd Hughes***

## Y Groglith

### Darlleniad 1: Salm 22:12–24

### Darlleniad 2: Ioan 19:16–30

Clod tragwyddol i ti, ein Tad, yr hwn wyt yn y nefoedd, am garu'r byd gymaint nes i ti roi dy unig Fab, 'er mwyn i bob un sy'n credu ynddo ef beidio â mynd i ddistryw ond cael bywyd tragwyddol.' Do, bu i ti gario'r groes ar dy galon yn nhragwyddoldeb cyn i ti ei chario ar dy gefn i Galfaria. Fel yr edrychwn ar y groes, gwelwn faint dy gariad tuag atom – cariad tragwyddol, heb ddechrau na diwedd iddo.

Ein gweddi'r Groglith hwn yw y bydd i'n cariad ymateb i'th gariad di mewn modd cadarn a phendant.

'O! annwyl Arglwydd Iesu,
Boed grym dy gariad pur
Yn torri 'nghalon galed
Wrth gofio am dy gur.'

Dad trugarog, medrent forthwylio'r bywyd allan o Iesu ar Galfaria, ond clodforwn di na fedrent forthwylio'r cariad allan ohono. Haleliwia! Diolch i ti am y modd derbyniodd yr Arglwydd Iesu'r cyfan a ddaeth i'w ran gan ddefnyddio hynny i'th bwrpas di ac er clod i ti. Medrai wneud hynny gan nad oedd unrhyw gasineb, hunandosturi nac awydd dial yn perthyn iddo. Gweithredu'n Gristnogol wnâi ef yn hytrach nag adweithio'n anghristnogol. Maddau ein bod ni mor annhebyg iddo'n aml. Maddau'r casineb, yr hunandosturi, y dyhead i dalu'n ôl a'r adweithio anghristnogol a berthyn i ni.

Clodforwn di fod Iesu wedi concro drygioni trwy beidio â bod yr un fath ag ef. Gweddïwn am ras a nerth i weithredu'n anhunanol fel y gwnaeth ef. Hyd yn oed yn ei ddioddefaint a'i farwolaeth, ein Tad, meddwl am eraill wnaeth Iesu. Rhoddodd ei fam i ofal Ioan, ac Ioan i ofal Mair.

Gwelwn yn glir, Dad, nad gofyn am gydymdeimlad wna Iesu, ond gofyn i ni gyflwyno'n hunain iddo. Pâr i ni sylweddoli po fwyaf o'r hunan a ildiwn Iddo, mwyaf o le sydd ynom Iddo fedru cymryd trosodd ynom a byw ei Fywyd ynom a thrwom. Cynorthwya ni'r Groglith hwn i'n rhoi ein hunain, ein heiddo a'n hamgylchiadau yn llwyr i'r hwn a'i rhoes ei hun yn llwyr trosom. Canmolwn di mai croes tosturi yw croes Iesu:

'Un Iesu croeshoeliedig
Yn feddyg trwy'r holl fyd.'

Rhown glod tragwyddol i ti, ein Tad, nad ydym fel rhai sydd heb obaith wrth i ni gredu yn Iesu a derbyn ei aberth fel ein hunig obaith am faddeuant pechodau a bywyd tragwyddol.

'Yn awr hen deulu'r gollfarn,
Llawenhawn;
Mae'n cymorth ar un cadarn,
Llawenhawn:
Mae galwad heddiw ato,
A bythol fywyd ynddo;
Ni chollir neb a gredo,
Llawenhawn;
Gan lwyr ymroddi Iddo,
Llawenhawn.'

Trwy farwolaeth, diddymodd Iesu'r hwn sy'n rheoli marwolaeth, sef y diafol, a rhyddhau'r rheini oll oedd, trwy ofn marwolaeth, yng ngafael caethiwed ar hyd eu hoes! Haleliwia!

'Clod byth i'r Oen am roi ei fryd
Ar fyd mor ddrud i'w brynu;
Cydganwn gyda theulu'r nef –
Rhaid Iddo ef deyrnasu.'

'Teilwng yw'r Oen a laddwyd i dderbyn gallu, cyfoeth, doethineb a nerth, anrhydedd, gogoniant a mawl'. 'I'r hwn sy'n eistedd ar yr orsedd ac i'r Oen y bo'r mawl a'r anrhydedd a'r gogoniant a'r nerth byth bythoedd!' Yn enw gogoneddus Iesu. Amen.

***Gareth Hughes***

## Y GROGLITH

**Darlleniad: Eseia 53:1–12, 55:1–5**

O! Dduw, ein Tad nefol, wrth i ni gofio digwyddiadau mawr y Groglith, rydym yn diolch i ti o'r newydd am dy gariad mawr tuag atom yn yr Arglwydd Iesu Grist.

Rydym yn diolch i ti o'r newydd heddiw nad cariad rhad y cylchgronau, nad rhamant rhwydd y llyfrau clawr papur na chariad heulwen haf sy'n darfod yw dy gariad di, ond cariad amhrisiadwy.

Rydym yn diolch heddiw dy fod ti wedi ein cymryd o ddifrif, dy fod wedi ein caru o ddifrif, dy fod wedi plymio i ddyfnder ein hangen o ddifrif.

Rydym yn diolch heddiw fod yr Arglwydd Iesu Grist wedi dod i ganol y profiad o fod yn ddynol i faddau ac i dosturio, i achub ac i iacháu.

Rydym yn cofio heddiw ei ddioddefaint ef sy'n ein rhyddhau ni, a'i glwyfau ef sy'n ein hiacháu.

Wrth i ni feddwl am gorff drylliedig ein Harglwydd,

Myfyriwn ar ddelw ddrylliedig y ddynoliaeth;
Meddyliwn am hunanoldeb a balchder ein bywydau,
Meddyliwn am gasineb a thwyll,
trais a lladd yn ein gwlad a'n byd...

*Saib o dawelwch*

O! Dduw ein Tad, er i ti ein creu ar dy ddelw
Cyffeswn nad ydym yn debyg i ti;
Er i ti ein caru fel dy blant,
Cyffeswn i ni dy anwybyddu fel dieithryn;
Er i ti dosturio wrthym a maddau i ni,
Cyffeswn i ni galedu'n calonnau yn erbyn ein cyd-ddyn
a gwrthod maddau i eraill;
Er i ti wneud cymaint drosom er ein lles,
Cyffeswn i ni'n aml esgeuluso lles ein cymydog.
Cofiwn heddiw am y rhai mewn dicter a gwallgofrwydd
sydd wedi dolurio neu ddinistrio bywyd pobol eraill;
Cofiwn heddiw am y rhai sydd wedi camddefnyddio grym
i reoli a chaethiwo eraill gyda bygythiadau ac ofn...

*Saib o dawelwch*

Dyro i ni weld o'r newydd yn y Crist ar y Groes
Cymaint yw dy gariad a'th drugaredd di.
Diolch am Iesu sy'n cymryd ein heuogrwydd ni,
Sy'n estyn ei faddeuant amhrisiadwy i ni o'r Groes.
Wrth i ni feddwl am ddioddefaint Iesu ar y Groes,
Myfyriwn am bobl ddioddefus ein byd:
Y rhai sy'n sâl mewn corff, meddwl neu ysbryd,
Yr unig, y rhai gorthrymedig, y rhai sy'n galaru.
Meddyliwn yn arbennig am rai rydym ni yn eu hadnabod...

*Saib o dawelwch*

O Dduw ein Tad nefol, er i ti ein creu i gael cyflawnder bywyd,
Cydnabyddwn y rhwystrau sy'n cadw pobl rhag ei

fwynhau:
Er i ti ein creu i iechyd, mae llawer mewn afiechyd;
Er i ti ein creu i lawenydd, mae llawer yn galaru;
Er i ti ein creu yn gyfartal, mae llawer yn byw dan ormes;
Er i ti ein creu i ffydd, mae llawer yn cael eu bwrw i amheuaeth.
Cofiwn heddiw am gleifion yn yr ysbyty neu yn eu cartrefi;
Cofiwn heddiw am rai sy'n galaru mewn hiraeth am anwyliaid;
Cofiwn heddiw am rai sy'n dioddef dan ormes
ac anghyfiawnder...

*Saib o dawelwch*

Dyro i ni weld o'r newydd, yn y Crist ar y Groes,
Cymaint yw dy gydymdeimlad a'th dosturi di.
Diolch i ti am yr un a archollwyd am ein troseddau,
Ac a gymerodd ein dolur a'n gwaeledd arno'i hun,
Ein Harglwydd a'n Gwaredwr Iesu Grist. Amen.

***Casi Jones***

## Y Sadwrn Sanctaidd – Cadw'r Pasg

**Darllen Ioan 19:31–42; Marc 15:42–47**

**Myfyrdod**

Brysiodd aelodau'r dorf adref, o'r archoffeiriad at y person mwyaf di-nod, i orffen y paratoadau olaf ar gyfer cadw'r Pasg, fel crefyddwyr da. Erbyn hyn, roedd gwteri'r Deml yn rhedeg yn goch gyda gwaed yr ŵyn a laddwyd ar gyfer cadw'r Pasg. Ni sylweddolodd neb o'r dorf iddynt sefyll gydol Gwener y Groglith yn dystion o'r Bugail Da yn rhoi ei einioes drostynt fel Oen Duw yn cymryd ymaith bechodau'r byd.

'O'i gael ar ddull dyn, fe'i darostyngodd ei hun, gan fod yn ufudd hyd angau, ie, angau ar groes' (Philipiaid 2:8).

***Ivor Thomas Rees***

**Gweddi**
Diolch a fo i ti, O Arglwydd Iesu Grist, am yr holl boenau a'r gwaradwyddiadau creulon a ddioddefaist drosom ni, am yr holl fendithion lu a enillaist i ni.

O sanctaidd Iesu, drugarocaf Iachawdwr, Cyfaill a Brawd, pâr i ni dy adnabod yn gliriach, dy garu'n anwylach, a'th ddilyn yn ffyddlonach. Amen.

***Risiart o Gaerfuddai***

## Coffau Enidwen Jones, Dôl-Nant, Heol y Beirdd, Pontgarreg

Er bod Pasg yn y glasgoed – yn camu
Drwy'r cwm yn ysgafn droed,
Yr un yw galar henoed
Â galar llanc ieuanc oed.

I'th yrfa doed ei therfyn – drwy hir drai
Ac o drawiad sydyn:
Ni waeth gan yr hiraeth p'run,
'Run yw hawl yr hen elyn.

Diau yfory deuant – yn dylwyth
Hyd aelwyd y rhamant,
Ond heb Farged fe ddwedant
Mai dal yn wag mae Dôl-nant.

***Dic Jones***

## Disgynnodd i Uffern

Ystyr yr ymadrodd hwn yw ei fod wedi ei daro gan Dduw a'i fod wedi dioddef effaith ofnadwy. Nid barn Duw trwy osod ei hun rhyngom ni a dicter Duw. Felly y bodlonodd gyfiawnder Duw ar ein rhan. Dioddefodd a dygodd y gosb a haeddai ein hanghyfiawnder ni, er nad oedd ynddo ef unrhyw arlliw o bechod. Nid oedd y Tad wedi gwylltio ag ef – pa fodd y gallai golli ei dymer gyda Mab oedd yn dod â hyfrydwch perffaith iddo? A pha fodd y gallai'r Mab heddychu Duw os oedd wedi ei wylltio? Ond dyweder iddo ddioddef holl rym dicter Duw yn yr ystyr ei fod wedi ei daro gan law Duw, a dioddef holl ddialedd Duw nes y gwaeddodd, 'Fy Nuw, fy Nuw, paham y'm gadewaist?' (Mathew 27:46).

***John Calfin, Addasiad Euros Wyn Jones***

## SUT Y GALLWN FYND I'R NEFOEDD

Ie, dyna'r cwestiwn! – y cwestiwn pwysicaf yn y byd, yn ôl honiad Soren Kierkegaard unwaith. Ac y mae'n gwestiwn; oherwydd nid y nefoedd yw lle dyn wrth natur. Lle dyn wrth natur yw gyda Gelyn Duw yn y pwll diwaelod. Y mae dyn yntau'n wrthryfelwr yn erbyn Duw ac wedi derbyn dedfryd marwolaeth dragwyddol am ei wrthryfel. Ond mesur cariad Duw tuag at ddyn yw iddo ddod ei hun yn ddyn yn ei Fab, a dioddef y farwolaeth honno yn lle dyn. Bellach er mai anghyfiawn yw dyn, a heb le i obeithio am ddim ond cael cau porth y nefoedd yn ei wyneb am byth, y mae Crist yn cynnig iddo ei gyfiawnder Ef ei hun, a mynediad i'r nefoedd yng nghysgod y cyfiawnder hwnnw. Nid yw'n gofyn dim gan ddyn ond ei fod yn troi cefn ar ei anghyfiawnder cynhenid, ac yn arbennig ar unrhyw weddillion cyfiawnder y mae o hyd yn tybio eu bod ganddo (y tlodion yn yr ysbryd yn unig biau teyrnas nefoedd); ac yna ymddiried yn syml yng Nghrist y rhydd iddo, yn ôl ei addewid, faddeuant a chymod â Duw, a bywyd newydd yr Ysbryd Glân i'w helpu ar ei daith. Dyna'r newid cyfeiriad sylfaenol. O hyn allan, nid llithro i lawr goriwaered natur tua'r Pwll y bydd y dyn, ond dringo'n araf a chlunherciog ddigon tua'r Porth, a hynny

'Er cwyno lawer canwaith – a gweled
Twyll y galon ddiffaith'.

A pheidied neb â meddwl mai rhyw fywyd aflawen ac 'arallfydol' yw'r bywyd newydd hwn. I'r gwrthwyneb, o'i fyw yn iawn, dyma'r unig fywyd sy'n cyfrannu gwir lawenydd, a dyma'r bywyd hefyd, yn anad yr un, sy'n gadael ei ôl er gwell ar y byd hwn: y tlodion yn yr ysbryd piau teyrnas nefoedd ond hwy, hefyd, yw halen y ddaear.

'Llawenhewch oherwydd fod eich enwau wedi eu sgrifennu yn y nefoedd', meddai Crist wrth ei ddisgyblion unwaith. Ac meddai Paul, 'Y mae arnaf awydd ymadael a bod gyda Christ, gan fod hynny'n llawer iawn gwell'. Tybed a wyddom ni rywbeth am y llawenydd a'r awydd yma?

***Dr R. Geraint Gruffydd***

## Cristnogion a Phaganiaid

Y mae dynion yn mynd at Dduw yn eu dirfawr raid,
deisyfant Ei help, erfyniant am hawddfyd ac am fwyd,
am swcwr iddynt yn eu gwaeledd a'u pechod a'u gwaed:
        Cristnogion, paganiaid – yr un yw eu llên.

Y mae dynion yn mynd at Dduw, ac Yntau'n Ei raid,
fe'i cânt yn dlawd, yn druan, heb na llety na bwyd,
wedi'i lethu, Yntau, gan bechod a gwendid a gwaed:
        fe saif y Cristion wrth ochr Duw yn Ei wŷn.

Y mae Duw yn mynd at bob rhyw ddyn yn ei raid,
fe ddigona eu cyrff a'u heneidiau gyda'i fwyd,
ac ar y groes, dros Gristion a phagan, fe gyll Ei waed,
        gan faddau i'r ddau'n ddiwahân.

***Dr R. Geraint Gruffydd***

## Daniel Owen a'i Ddiafol

Ymysg llenorion Cymraeg y mae'n ofynnol i ni roi lle pwysig iawn i Daniel Owen (1836-1895) o'r Wyddgrug. Heddiw cofir amdano fel nofelydd, awdur *Y Dreflan*, *Hunangofiant Rhys Lewis, Enoc Huws* a *Gwen Tomos*, pob un ohonynt yn glasuron ein llên. Ond cofier mai pregethwr oedd ei alwedigaeth ar ôl iddo adael siop y teiliwr yn yr Wyddgrug. Yn y siop y daeth i adnabod cymeriadau'r dref a'r cyffiniau a chael cyfle i ymarfer ei ddawn fel llenor. Dechreuodd bregethu'r Efengyl yn 1864, a blwyddyn yn ddiweddarach aeth i Goleg y Bala i eistedd wrth draed dau ysgolhaig grymus, y Dr Lewis Edwards a'r Dr John Parry. Dau o'i arwyr. Enillodd ysbryd gostyngedig Dr John Parry ei holl fryd. Anwylai'r Dr Lewis Edwards am ei urddas a'i wybodaeth eang o Ddiwinyddiaeth a Llenyddiaeth. Ymserchodd hefyd yn ei gyd-fyfyrwyr a daeth nifer ohonynt yn gyfeillion gweddill ei oes.

Rhaid dweud fod cyfnod Coleg y Bala, er mai dwy flynedd ydoedd ei hyd, yn dra phwysig. Dychwelodd i'r Wyddgrug lle bu weddill ei oes yn llenydda a phregethu pan fyddai ei iechyd yn caniatáu. Fel pregethwr yr oedd yn 'ddifyr ryfeddol i wrando arno' oedd disgrifiad un a'i cofiai.

Ond y peth oedd yn ei flino fwyaf oedd y Diafol. Yr oedd hwnnw yn gwbl real iddo. Trueni na luniodd nofel ar Jwdas Iscariot gan ei fod yn poeni'n gyson amdano. Darllenodd waith yr Almaenwr Goethe, a cherdd John Milton i Satan, a Llyfr Job er mwyn dod o hyd i gymeriad Satan. Yn ôl John Morgan, Wyddgrug, un o'i edmygwyr, 'mynnai fod yna rhyw gyfatebiaeth ddirgelaidd rhwng y ddau', hynny yw rhwng Iesu a'r Diafol. Cafodd Iesu'r llaw drechaf ar y diafol bob tro, ac ar Groes Calfaria y llwyddodd i ddinistrio grym y tywyllwch a theyrnas y Fall. Collai Daniel Owen ddagrau yn gyson wrth greu ei gymeriadau. Diolchwn ni am iddo fod mor ddiddorol fel llenor a phregethwr yr Efengyl.

***D. Ben Rees***

## Dioddefaint a Chroes Crist

**Galwad i Addoli:**

Sanctaidd Dduw,
sanctaidd a thrugarog,
sanctaidd a thragwyddol,
trugarha wrthym.

**Darllen Mathew 26:1–5,14–16,47–50**

**Darllen Marc 14:22–26**

**Gweddi:**

Y Groes – fe'i cymerwn.
Haws dweud na gwneud, Arglwydd. Mae'r pren yn arw, heb ei drin. Hyd yn oed wrth gymryd gofal mae'n gadael ei ôl ar fy nwylo. Edrych ar y gwaed! A phan fydd y gwaed wedi peidio â llifo, fe fydd yna graith.
Y Bara – fe'i torrwn.
Wrth Fwrdd y Cymun mae'r bara wedi'i dorri'n barod. Dyna arwydd, Arglwydd. Dim ond estyn fy llaw a derbyn – derbyn a bwyta – a chofio hefyd sut y torrwyd Y Bara.
Y Boen – fe'i dioddefwn.
Ond pa boen yw hon, Arglwydd? Fy mhoen i? Poen y byd? Poen y Cariad sy'n cael ei wrthod ar y Groes? Dy boen di?
Y Llawenydd – fe'i rhannwn.

Y llawenydd a ddaw wedi'r dagrau yw hwn, Arglwydd, y llawenydd na all neb ei ddwyn oddi arnaf. Diolch am gael ei brofi. Gwared fi rhag ei gadw i mi fy hun.
Yr Efengyl – ei byw a wnawn.
Pa werth y Newyddion Da, Arglwydd, os nad wyf yn eu byw? Fy ngeiriau a'm gweithredoedd yn un. Y dweud a'r gwneud yn ddiwahân.
Y Cariad – fe'i rhoddwn.
A'i roi os gallaf, Arglwydd, fel y gwnaeth Iesu, heb ddal dim yn ôl a heb gyfrif y gost.
Y Goleuni – fe'i hanwylwn.
Cynorthwya fi, Arglwydd, i garu'r goleuni yn fwy na'r tywyllwch ac i fod yn oleuni i eraill.
Y Tywyllwch – Duw a'i dinistria.
Arglwydd, dinistria'r tywyllwch sydd ynof fi ac yn ein byd rhanedig. Amen.

**Neges:**
Roeddwn yn synhwyro o'r foment yr agorais fy llygaid y bore hwnnw y byddai'n un o'r dyddiau yna! Codi, gwisgo, cael brecwast – y patrwm dyddiol arferol. Ac yna allan o'r tŷ'r un amser ag arfer er mwyn agor y stondin yn brydlon. Mae'r stondin wedi bod yn y teulu ers cenedlaethau. Busnes bach da yw'r busnes gwerthu colomennod yn y Deml yn Jerwsalem! Does dim prinder cwsmeriaid, a does dim byd gwell i ddyn busnes na chael monopoli. Os yw'r cwsmeriaid am brynu colomennod, wel, mae'n rhaid iddyn nhw wneud hynny ar fy nhelerau i, ac mae awdurdodau'r Deml yn gosod telerau ariannol ffafriol iawn. Ond roedd gen i deimlad annifyr y diwrnod hwnnw. Digon tawel oedd hi peth cynta', yna prysuro tua chanol y bore. Ond wedyn, daeth rhyw ddyn fel corwynt i ganol y stondinau. Gweiddi i ddechrau – rhywbeth am dŷ gweddi ac ogof lladron. Ac wedyn yn troi'r byrddau, a'r adar a'r anifeiliaid a'r arian yn mynd ar chwâl i bobman. Cyrhaeddodd fy stondin i, ac fe oedodd am eiliad ac edrych arnaf – edrych i fyw fy llygaid, a minnau hefyd yn cael fy ngorfodi i edrych arno ef. Roeddwn i'n teimlo mod i'n edrych i mewn i'w enaid. Gwelais y fath dristwch a phoen. A theimlais gywilydd, oherwydd sylweddolais mai fi a'm tebyg oedd yn gyfrifol.

**Gweddi:**

'Fy Nuw, fy Nuw, pam yr wyt ti wedi fy ngadael?'
Daw dyddiau, Arglwydd, pan fydd geiriau Iesu ar y Groes yn fwy na geiriau.
Gweddïwn dros y rhai sy'n teimlo nad wyt ti'n rhan o'r hyn sy'n digwydd iddynt:
y rhai sydd mewn anobaith;
y rhai sydd mewn argyfwng;
y rhai sydd mewn dryswch.
Gweddïwn dros y rhai sy'n teimlo dy fod ti wedi cefnu arnynt:
y rhai sydd wedi gofyn, ac sy'n credu nad oes dim wedi'i roddi;
y rhai sydd wedi chwilio, ac sy'n credu nad oes dim wedi'i gael;
y rhai sydd wedi curo, ac sy'n credu nad oes yr un drws wedi'i agor.
Gweddïwn dros y rhai sy'n teimlo dy fod ti wedi eu gadael:
y rhai sydd yn cael eu trin yn anghyfiawn oherwydd lliw eu croen, eu hil, eu cred.
Arglwydd, pan 'ddaw'r niwl i guddio'r wybren las' yn ein hanes ni fel yn hanes Iesu, paid â gadael i'n hofnau ein gwneud yn ddall i'th bresenoldeb. Amen.

**Neges:**

**Gair o'r Groes**

Cawn ein hunain yn troedio tir cysegredig heddiw. Mae'n anodd meddwl am domen sbwriel fel tir cysegredig, eto dyna oedd Golgotha, Lle'r Benglog. Pwy fasai'n meddwl y byddai gan Dduw le i domen sbwriel yn ei gynlluniau? Ond dyna ni, Duw'r annisgwyl fu ef erioed, ac i'r rhai sy'n effro i'r pethau hyn, mae'n medru'n synnu ni o hyd.

Dioddefaint yw un o allweddeiriau heddiw, a dyw'r hyn y mae'r gair yn ei gyfleu ddim yn ddieithr i neb ohonom. Dyma un o'r profiadau sy'n gyffredin i'r teulu dynol ym mhob man. Go brin fod neb yn ei chwennych. Mae'n dod i ran y diniwed. Gall ddod i ran y rhai sy'n digwydd bod yn y lle anghywir ar yr adeg anghywir.

Weithiau ni fydd achos dioddefaint eraill, yn fwriadol ac yn anfwriadol. Ac mewn byd nad yw eto wedi ymwrthod â chasineb, trais a rhyfel, bydd llawer yn profi chwerwedd ei flas. Ond i'w gosod ochr yn ochr â'r gair 'dioddefaint' mae yna allweddeiriau eraill, yn codi o'r un domen sbwriel, ac maen nhw'n eiriau i ni i gyd: 'O Dad, maddau iddynt, oherwydd ni wyddant beth y maent yn ei wneud.'

**Y Fendith:**
Bydded i Dduw eich cadw rhag pob drwg;
bydded i'r Arglwydd Iesu eich cynnal beth bynnag ddaw;
bydded i'r Ysbryd Glân eich calonogi bob cam o'r daith.
Amen.

***Oedfaon Ffydd, gol. Aled Davies***

# 6. Dydd Sul y Pasg

## Sul y Pasg: Dydd yr Atgyfodiad

**Darllen Salm 114; Eseia 12:1–6; Luc 24:1–11; Marc 16:1–8; 1 Corinthiaid 15:12–20**

### Yr Atgyfodiad

Trwy ei atgyfodiad y mae gennym sicrwydd diysgog o ennill buddugoliaeth dros rym marwolaeth. Ni allai cadwynau ei angau ei ddal yn gaeth. Trwy ymaflyd yn ei holl nerth daeth yn rhydd gan falu'n yfflon arfau marwolaeth fel na allant ein niweidio mwyach.

Atgyfodiad Crist yw'r ffaith sicr, y gwirionedd cadarn, sy'n sylfaen nid yn unig fod ein hatgyfodiad ni i ddyfod, ond hefyd ein bywhad i fywyd newydd yn y presennol.

Agorodd ddrws Teyrnas Nefoedd i ni trwy ei esgyniad – drws a gaewyd i bawb yn Adda. Yn wir, aeth i mewn i'r nefoedd yn ein natur ni yn ein henwau megis, er mwyn i ni ynddo ef allu mewn gobaith feddiannu'r nefoedd yn awr ac eistedd gydag ef yn y nefolion leoedd. Er ein lles ni aeth ef i mewn i gysegr Duw – cysegr nid o waith llaw. Yn unol â'i swydd fel offeiriad tragwyddol aeth i mewn yno i fod yn eiriolwr a chyfryngwr parhaol drosom ni.

***John Calfin, addasiad Euros Wyn Jones***

## Atgyfodiad Crist – a'r tystion

'Pennod y claddu' y gelwir 1 Corinthiaid 15, ond bywyd ac atgyfodiad yw ei phwnc. Roedd rhai yng Nghorinth yn gwadu bod atgyfodiad y meirw, yn gwadu bod bywyd ar ôl hwn. Ateb hyn yw byrdwn y bennod.

Mae'n dechrau gydag atgyfodiad Crist sy'n warant o'n hatgyfodiad ninnau. Eithr ni ellir sôn am atgyfodiad Crist heb sôn am ei farw a'i gladdu. Mae'r apostol yn eu hatgoffa i ddechrau o'r efengyl a bregethasai iddynt (ac efengyl yr apostolion i gyd). Y peth cyntaf ynddi oedd marwolaeth Crist dros ein pechodau a'i gladdu a'i atgyfodi, a hyn oll fel yr oedd ysgrythurau'r Hen Destament wedi dweud amdano.

Mae'n werth sylwi mai dyma ganol yr efengyl. Nid cyfarwyddyd yw Cristnogaeth sut i lunio trefn wleidyddol neu economaidd neu gydwladol, nac yn wir gyfundrefn o foeseg i fyw wrthi. Yn gyntaf oll, trefn i faddau pechod ydyw. O'r berthynas newydd â Duw trwy faddeuant y deillia popeth Cristnogol ym mywyd y crediniwr. Dyma'r efengyl a dderbyniwyd (gweithred unwaith ac am byth) gan y Corinthiaid hyn (1 Corinthiaid 1:23); yr oeddynt yn sefyll ynddi, a thrwyddi yn cael eu cadw os oeddynt yn dal i lynu wrth y neges (Mathew 24:13).

Yna rhoir rhestr o dystion i atgyfodiad Crist. Nid rhestr gyflawn – ni sonnir am y gwragedd na'r ddau ar y ffordd i Emaus. Ni wyddom pa bryd y gwelwyd ef gan 'fwy na phum cant o frodyr ar un waith', ond mae'r apostol yn swnio'n hollol sicr o'i ffeithiau, gan gyfeirio bod y mwyafrif ohonynt yn dal yn fyw. Ar y ffordd i Ddamascus y gwelwyd ef gan Paul yntau 'megis gan un annhymig [wedi ei eni allan o amser]'. Mae'n ymwybodol iawn o'i annheilyngdod, ond eto'n canmol gras Duw a'i galluogodd i wneud cymaint dros Grist.

***Emyr Roberts***

## Eithr... Crist a Gyfodwyd

Trafodir dau beth yn 1 Corinthiaid 15:12-28, sef beth fyddai'r canlyniadau pe na chyfodasai Crist, ac wedyn canlyniadau'r ffaith o'i atgyfodiad.

Mae nifer o bethau'n dilyn os na chyfododd:
(1) Nid yw'r efengyl yn dda i ddim i'w phregethu na'i chredu. Trwy ei atgyfodiad y dangosodd Duw pwy oedd Iesu (Rhufeiniaid 1:4), ac felly rym a gwerth ei farw.

(2) Os na chyfodwyd Crist, tystion twyllodrus a chelwyddog oedd yr apostolion yn cyhoeddi'r fath beth. (Sut y gall neb â'r Testament Newydd yn ei law gredu mai mynd o gwmpas i ledaenu celwydd oedd y dynion cywir a duwiol hyn? Ac i ba beth?)

(3) Os Crist ni chyfodwyd, ni ddaeth dim ond marw a darfod amdanynt o'r rhai a gredodd ynddo.

(4) Os gobaith am y byd yma yn unig a gawn trwy ein perthynas â Christ, yna dynion i dosturio wrthynt yn anad neb oedd yr apostolion a ddioddefodd gymaint o'i herwydd tra oeddynt yma.

Ond y gwir yw, fe gyfodwyd Crist, 'yn flaenffrwyth y rhai a hunasant' (1 Corinthiaid 15:20). Mae'n werth sylwi nad yw Cristnogion y Testament Newydd ddim yn sôn am farw, dim ond huno. O ganlyniad i'n perthynas ag Adda, yng nghysgod y ddedfryd arno ef, marw yw ein rhan i gyd, a marwolaeth y corff yn ddim ond arwydd o'n marwolaeth ysbrydol trwy ein gwahaniad oddi wrth Dduw. Ond, mewn perthynas fywiol â Christ, fe gyfranogwn yn ei fywyd anfarwol ef (Ioan 14:19). Mae ei atgyfodiad ef ac atgyfodiad ei bobl yn ei ailddyfodiad yn arwain i'r Diben mawr, pan fydd llywodraeth Duw yn llwyr, angau ei hun wedi ei ddileu, a Christ yn cyflwyno ffrwyth ei waith i Dduw, a Duw bellach oll yn oll.

***Emyr Roberts***

## Gweddi

Gogoniant fo i ti, O Dad hollalluog: ar y dydd sanctaidd hwn cyfodaist dy Fab o blith y meirw a'n gwneud ninnau yn gyfrannog o'i fuddugoliaeth ar bechod a marwolaeth. Gogoniant fo i ti, O Arglwydd Iesu Grist: trwy dy aberth a'th atgyfodiad, trechaist angau ac agor i ni byrth y bywyd tragwyddol. Gogoniant fo i ti, O Ysbryd Glân: yr wyt yn ein harwain i'r holl wirionedd.

Cydnabyddwn, Arglwydd, nad ydym yn deilwng o'th ras achubol. Hwyrfrydig ydym, fel dy ddisgyblion gynt, i gredu'r dystiolaeth am y bedd gwag. Araf yw ein calonnau, fel y ddau ar eu ffordd i Emaus, i gredu'r hyn a lefarwyd gan y proffwydi. Fel Thomas, fe fynnwn ninnau weld â'n llygaid ôl yr hoelion. Trugarha wrthym, O Dduw. Dwg ni o garcharau ein hanghrediniaeth i ryddid gorfoleddus dy blant, sydd heddiw ym mhedwar ban y byd. Yn uno gyda holl dyrfa'r nef i lawenhau yn yr enw sydd goruwch pob enw, ac sy'n cyffesu bod Iesu Grist yn Arglwydd.

Bywha dy Eglwys, O Arglwydd, â grym yr atgyfodiad, a boed i bobl ym mhob man gael eu meddiannu gan y bywyd newydd ac anorchfygol a ddatguddiwyd ar y trydydd dydd. I ti, Dad y Mab ac Ysbryd Glân, y bo'r mawl a'r gogoniant heddiw ac yn oes oesoedd. Amen.

***Llyfr Gwasanaeth Undeb yr Annibynwyr Cymraeg***

## Corff yr Atgyfodiad

Mae dysgeidiaeth yr apostol Paul am y math o gorff a fydd gennym yn y byd a ddaw yn wahanol i'r syniad Iddewig ac i'r syniad Groegaidd. Atgyfodiad materol a llythrennol oedd syniad y rabiniaid Iddewig. Yng ngeiriau un ysgrifennydd am y meirw yn atgyfodi, 'Ni newidir dim ar eu ffurf, ond fel y derbyniodd y ddaear hwy, felly y bydd yn eu hadfer.' I'r athronwyr Groegaidd, ar y llaw arall, nad oedd y corff iddynt ond carchar yr ysbryd, digorff ac anfaterol hollol fydd bodolaeth yn y byd a ddaw. Mae'r apostol yn gwrthod y ddau olygiad. Ni fydd corff o gig a gwaed yno. Mae hwn, o reidrwydd, yn llygru ac yn darfod. Ar y llaw arall, nid bodolaeth ddigorff fydd yno, eithr fe roddir i ni gorff ysbrydol; hynny yw, corff cymwys i ysbryd. Mae'n wir fod ysbryd y Cristion wedi ei fywhau yn y corff daearol yma, ond mynegiant annigonol ac anfoddhaol yw'r corff hwn i'r bywyd ysbrydol. Felly fe'i newidir – i fod yr un ffurf â'i gorff gogoneddus ef (Philipiaid 3:21).

Dim ond corff o lwch wedi ei fywhau oedd yr Adda cyntaf, ac felly ei hiliogaeth i gyd. Ond mae'r Adda diwethaf, Iesu Grist, yr Arglwydd o'r nef, yn dwyn bywyd ysbrydol i'w bobl, ac yn y byd a ddaw, boent wedi marw neu yn dal yn fyw yn ei ailddyfodiad, cânt gorff addas i'r bywyd ysbrydol hwnnw.

Yna fe wireddir y proffwydoliaethau (Eseia 25:8; Hosea 13:14) y bydd angau wedi ei orchfygu am byth. Pechod sy'n gwneud angau yn ddychryn a'r Gyfraith sy'n dinoethi pechod a'n condemnio. Ond mae Iesu Grist wedi bodloni hawliau'r Gyfraith trosom. Gan hynny, gallwn fyw a marw yn fuddugoliaethus (Rhufeiniaid 8:37-39).

***Emyr Roberts***

## Rhyfeddodau Dydd yr Atgyfodiad

Bydd myrdd o ryfeddodau
    Ar doriad bore wawr,
Pan ddelo plant y tonnau
    Yn iach o'r cystudd mawr,
Oll yn eu gynau gwynion,
    Ac ar eu newydd wedd,
Yn debyg idd eu Harglwydd
    Yn dod i'r lan o'r bedd.

***David George Jones***

## Atgyfodiad y Meirw

Yn 1 Corinthiaid 15:35-44 try'r apostol i drafod sut y mae atgyfodiad yn bosibl o bydredd a dadfeiliad marwolaeth. Cwestiwn ffôl, meddai, pan fo natur ei hun yn dangos posibilrwydd y peth mewn bywyd newydd yn tarddu o had wedi ei gladdu yn y ddaear a marw, yn fywyd gwahanol ac eto'r un. Y fath amrywiaeth sydd o'r un peth! Yn gnawd (y gwahanol greaduriaid), yn gyrff (nefol ac ysbrydol), yn ogoniant (yn haul a lloer a sêr). Felly'r corff a godir. Mae'n wahanol iawn i'r corff sy gennym, yn anllygredig, yn ogoneddus, yn nerthol, yn ysbrydol. Os felly, os nad y corff darfodedig ac anianol hwn fydd gennym, paham mai atgyfodiad y corff yw'r athrawiaeth Gristnogol ac nid anfarwoldeb yr enaid fel y dysgai athronwyr Groeg? Am hyn: mai chi eich hun a fyddwch yn y byd nesaf, y person unigol ag ydych, yn anhraethol fwy gogoneddus, os yng Nghrist, ac nid cysgod disylwedd neu ddiferyn yn y môr.

***Emyr Roberts***

## Pan Ddaw fy Nhro

Pan ddaw fy nhro, fy Nuw, yn falch neu'n flin,
I ddiosg hyn o wisg yr enaid tlawd,
Mi rof ffarwel yn rhwydd wrth groesi'r ffin
I ddifyr, ddarfodedig bethau'r cnawd.
A bodlon fyddaf pan ddaw niwl y glyn
I lwyr anghofio miri'r bywyd hwn,
A'm hebrwng draw lle nad oes bren na bryn,
Na lloer na sêr i roddi balm neu bwn.
Popeth a welodd llygad gynt yn gain,
Pob lliw a roed i wanwyn, hydref, haf;
Popeth a glywodd clust, pob ias, pob sain,
Ildiaf y cwbl yn llon, pe'n siŵr y caf
Ryw hen gwmnïaeth wiw mewn arall fyd
A wnaeth baradwys im yn hwn gyhyd.

***Rhydwen Williams***

## Mair o Magdala

**Luc 8:2; Marc 15:47; 16:1–8,9; Ioan 20:1–18**

Wrth ddarllen adroddiad yr Atgyfodiad o Efengyl Ioan, cawn weld pwysigrwydd Mair o Fagdala yng ngweinidogaeth Iesu. Ar y dechrau, credai mai garddwr oedd Iesu Atgyfodedig, gan lefaru yn ei dagrau:

'Os mai ti, syr, a'i cymerodd ef, dywed wrthyf lle y rhoddaist ef i orwedd, ac fe'i cymeraf fi ef i'm gofal.' Ac meddai Iesu wrthi, 'Mair'.

Adnabu ei lais. Cyfarchodd ef yn yr iaith Hebraeg, 'Rabbwni'. Ef oedd ei Hathro. A chafodd orchymyn i fynd yn ddiymdroi i gyhoeddi'r newyddion da. Meddai Nantlais, yr emynydd:

'Cyhoedder y gair, atseinier y sôn,
A thrawer y salm soniarus ei thôn,
Dywedwch wrth Seion alarus a gwyw
Am sychu ei dagrau, mae'r Iesu yn fyw!'

Bûm lawer tro ym Magdala yng Ngalilea, ar ochr orllewinol y llyn, ond bellach nid oes dim byd ond olion o'r pentref lle y ganwyd Mair, un o ganlynwyr ffyddlon Iesu. Yn wir, bu yn un o gynorthwywyr Iesu yng Ngalilea, ac yn anffodus cafodd ei chyflwyno fel merch anwadal ac ansicr, gwan o gymeriad. Traddodiad diflas yw'r traddodiad hwnnw. Gwelwn yn hanes yr Atgyfodiad ei bod yn wraig sensitif ac yn barod i ddilyn trwy bob anhawster. Meddyliai Ioan, awdur yr Efengyl, yn fawr ohoni. Er bod gwragedd eraill wedi mynd i'r Ardd fore'r trydydd dydd, hi yn unig a gaiff sylw Ioan. Yr oedd hi yno i eneinio corff Iesu. Ond methodd â gweld corff drylliedig yr Un a glywodd hi ar fryn Calfaria'n cyhoeddi wrth y canrifoedd, 'Gorffennwyd'. Ond trwy drugaredd fe adnabu, ar ôl cryn drafferth, Iesu'r Ceidwad. Gallai hi ddweud gyda Gwilym Hiraethog:

'Am iddo oddef marwol glwy'
A'n prynu drwy ei waed,
Caiff holl goronau'r nefoedd mwy
Eu bwrw wrth ei draed.

Boed peraroglau'i enw drud
Yn llenwi daear lawr,
A chladder enwau'r byd i gyd
Yn enw Iesu mawr.'

*D. Ben Rees*

## Iesu'n ymddangos i'r Saith Disgybl

### Darllen Ioan 21:1–25

Dywed aml i ysgolhaig fod y bennod hon yn atodiad i Efengyl Ioan. Ond nid yw hynny'n tynnu dim oddi wrth werth a chynnwys y bennod hon sy'n epilog ardderchog. Mae'n amlwg fod y disgyblion wedi gadael y Ddinas Sanctaidd a dychwelyd i Galilea, ar ôl Gŵyl y Bara Croyw. A dyma Iesu yn ymddangos i'w ddisgyblion ger Llyn Tiberias (enw arall am Fôr Galilea). Yn ei gorff atgyfodedig ymddangosodd i'r saith disgybl oedd yn bresennol. Simon Pedr oedd y cyntaf oherwydd mai ef, er ei ymddygiad trist cyn y croeshoelio, oedd eu harweinydd answyddogol. Enwir Tomos wedyn, y gŵr a gâi drafferth i gredu, ond a argyhoeddwyd yn llwyr gan Iesu'r Atgyfodiad. Yna daw Nathanael, na chafodd ei enwi o gwbl ers pennod gyntaf Efengyl Ioan (Ioan 1:45-51) a deallwn ei fod ef yn hanu o Cana yn Galilea, lleoliad gwyrth gyntaf y Crist (gweler Ioan 2:1-11, 4:46-54). Yna enwir meibion Sebedeus. Dyma'r tro cyntaf i Ioan eu cyfarch felly ac mae hyn yn hynod o ddiddorol. Yn yr efengylau eraill portreadir Pedr a meibion Sebedeus, sef Iago ac Ioan, fel y tri disgybl a dderbyniodd gyfrinachau'r Gwaredwr. Ac mae'r tawelwch hwn wedi gorfodi rhai i'r syniad mai neb llai na Ioan ei hun yw'r 'disgybl annwyl'.

Mae'n amlwg fod y disgyblion wedi dychwelyd i Galilea gan fod ganddynt gymaint i'w ddweud wrth eu teuluoedd a'u ffrindiau. Y dystiolaeth yw eu bod am ddychwelyd i'w hen oruchwylion fel pysgotwyr ar Fôr Galilea. Y rheswm pennaf oedd bod Iesu yn disgwyl iddynt fynd adref (gweler Marc 14: 28, 16:17), a bellach yr oeddent yn dystion o'r Atgyfodiad ac yn awyddus i gyfrannu at y Deyrnas trwy waith a thystiolaeth. Yr oeddent yn cyflawni'r dasg o ddwyn pobl o'r newydd i'r Deyrnas, sydd yn y byd ac eto allan o'r byd. Ac fel Apostolion, fe wnaeth y disgyblion weithredu yng nghwmni Iesu.

***D. Ben Rees***

## Gweld Iesu

Hwn ydyw'r dydd y cododd Crist
Gan ddryllio pyrth y bedd;
O! cyfod, f'enaid, na fydd drist
I edrych ar ei wedd.

Cyfodi wnaeth i'n cyfiawnhau,
Boddlonodd ddeddf y Nef;
Er maint ein pla, cawn lawenhau,
Mae'n bywyd ynddo Ef.

Gorchfygodd angau trwy ei nerth,
Ysbeiliodd uffern gref,
Ac annherfynol ydyw'r gwerth
Gaed yn ei angau Ef.

Esgynnodd mewn gogoniant llawn
Goruwch y nefoedd fry,
Ac yno mae, ar sail ei Iawn,
Yn eiriol drosom ni.

Os gofyn pur gyfiawnder Nef
Am fywyd euog ddyn,
Fe ddengys Iesu drosto ef
Ei werthfawr waed ei hun.

Pob gallu llawn trwy'r byd a'r nef
Sydd yn ei law yn awr.
Ni rwystra gallu uffern gref
Ddibenion Iesu mawr.

***Robert Owen***

## Gweddi Sul y Pasg

Dad Nefol, ein Noddfa a'n Gobaith, caniatâ i ni gyfle newydd i ddathlu'r newydd gorfoleddus am yr Atgyfodiad.

'Fe dorrodd y wawr, sancteiddier y dydd,
Fe ddrylliwyd yr iau, mae'r Cadarn yn Rhydd,
Fe gododd y Ceidwad, boed moliant i Dduw,
Fe goncrwyd marwolaeth, mae'r Iesu yn fyw.'

Diolch felly fod y Groes yn gwbl wag, a bod y bedd benthyg yn wyrthiol o wag.

'Gyda sanctaidd wawr y bore
teithiai'r gwragedd at y bedd,
clywid ing yn sŵn eu camre,
gwelid tristwch yn eu gwedd;
Cododd Iesu!
Ocheneidiau droes yn gân.'

Paid â gadael i ni, fwy na'r gwragedd, geisio'r byw ymhlith y meirw. Mae Iesu yn fyw, a'r gwaith sydd dan ei law. Gwyddom y derfydd pob grym ond grym yr Atgyfodiad.

'Er ein gallu gweiniaid ydym,
Tlawd yw dysg heb olud ffydd,
O addoli nerthoedd daear
Ni ddaw dyn o'i rwymau'n rhydd,
Derfydd grymoedd
Arglwydd rhyngom a thydi.'

Gad i ni yn ein haddoliad heddiw mewn rhyfeddod groesawu â chalon a meddwl agored ei atgyfodiad sy'n esgor ar foliant, gan deimlo gyda'n gilydd bresenoldeb Iesu byw yn ein plith.

'Tydi yw'r ffordd, a mwy na'r ffordd i mi,
Tydi yw 'ngrym:
Pa les ymdrechu, f'Arglwydd, hebot ti,
A minnau'n ddim?
O Rymus Un, na wybu lwfwrhau,
Dy nerth a'm ceidw innau heb lesgáu.'

Gad i ni, fel aelodau o'th deulu yn y nef ac ar y ddaear, gael ein dwysbigo gyda'r newyddion da, nes teimlo mai ein hanrhydedd yw ei rannu ag eraill –'Y mae Iesu wedi ei gyfodi yn wir – Halelwia!'

Yn ei enw gogoneddus Ef y dymunwn heddiw fel pob dydd arall offrymu'r weddi hon. Amen.

### Atgyfodiad

Pa beth yw'r cynnwrf sy'n y tir
Er gwawr y bore cynnar?
Mae'r gron fu dan gŵys mor hir
Yn torri'n glir ei garchar.

Er gweithio'n ddyfal wrtho'i hun
Drwy'i furiau llwydion allan,
Ni chlywodd ungwr sŵn ei gân, –
Ni thorrodd hun yn unman.

Mae'n dyfod heddiw gyda'r myrdd
A gafodd newydd drwsiad,
Yn wyn a choch, a choch a gwyrdd
Ar ffyrdd yr atgyfodiad.

***David Jones, Gwilym Davies a Dan O. Jones***

### Gweddi ar Sul y Pasg

Arglwydd Gobaith, mewn dyddiau pan yw'n hawdd i ni fel Cymry gwyno a beirniadu ein gilydd, helpa ni Gristnogion i ddal i obeithio, yn arbennig ar Sul y Pasg. Pan fyddwn ni'n digalonni, yn gweld pwerau'r Drwg yn herio'r Da, yn gweld y cryf yn bychanu'r gwan, helpa ni yn ein haddoliad i gofio yn gyson mai Ti, O Dduw, sydd yn llywodraethu arnom ni, ac nid neb arall. Ti gynlluniodd y byd, Ti sy'n ei gynnal yn ei amrywiaeth, Ti biau'r gair olaf dros yr hyn sy'n digwydd o'n cwmpas ac ymhell oddi wrthym. Pa mor llwyddiannus a chryf bynnag yw'r drwg heddiw, gwyddom fod y dydd hwn yn cyhoeddi mai daioni a chariad sydd drechaf ar Galfaria ac yn y Bedd gwag. Canys eiddot Ti yw'r deyrnas a'r gallu a'r gogoniant yn oes oesoedd yn ein hanes ni oll, yr eglwys a'i haelodau.

Arglwydd Cariad, a'n carodd ni cyn ein geni, ac sy'n dal i'n caru ni bob munud o'n hoes, gwna i ni ryfeddu at y fath gariad a roddaist arnom. Mewn byd lle mae cariad yn ymddangos yn rhyfedd o brin, a chasineb a thrais a dinistr i'w brofi a'i weld mor amlwg, yr wyt ti, Dad y trugareddau, wedi ein caru er ein gwaethaf ac yn ein gwaethaf. Gogoniant byth i Ti am farwolaeth achubol dy Fab Iesu ar y Groes, lle y dangosaist yn derfynol dy gariad anfeidrol at blant dynion. Do, carodd Duw y byd gymaint nes iddo roi ei unig Fab er mwyn i bob un sy'n credu ynddo ef beidio â mynd i ddistryw, ond cael bywyd tragwyddol. Oherwydd nid i gondemnio'r byd yr anfonodd Duw ei Fab i'r byd, ond er mwyn i'r byd gael ei achub trwyddo ef.

Helpa ni i'th garu Di yn ôl, ac o'th garu Di, i garu'n gilydd, a charu pawb. A boed i eraill trwom ni adnabod cariad Duw. Duw, cariad yw. Gofynnwn hyn yn enw ardderchog ein Gwaredwr Iesu Grist. Amen.

## Marw i Fyw yn dragywydd

### Ioan 12:24; Rhufeiniaid 6:10–11

Dyna arwyddair y mae Iesu am i ni ei ystyried. Y mae'r gronyn gwenith yn ddiffrwyth cyhyd ag y cedwir ef mewn diogelwch. Pan gaiff ei daflu gan yr amaethwr i'r pridd yn y gwanwyn, a'i gladdu yn y ddaear, yna fe ffrwytha ar gyfer y cynhaeaf. Mewn geiriau eraill, mae yn marw er mwyn cael byw.

Dyma neges Iesu wrth ystyried ei bererindod ei hun. Ef oedd y Gronyn Gwenith. Os na fyddai'n wynebu ar Galfaria mi fyddai ei weinidogaeth heb dyfiant. Yr oedd yn rhaid i Grist farw er mwyn i'w ddilynwyr gael bywyd tragwyddol.

'Pan grymodd ef ei ben
wrth farw yn ein lle,
agorodd ffordd, pan rwyga'r llen,
i bur drigfannau'r ne'.'

Ac y mae'r gwirionedd yn dweud hyn: fe ddisgwylir i chwithau farw i ryw bethau, er mwyn Crist a Chymru a chyd-ddyn. Mae'n bechadurus o drist fod disgyblion yn amharod i farw i bleserau diwerth er mwyn rhoddi hwb ymlaen i'r Ffydd Gristnogol, a bod Cymry Cymraeg yn amharod i farw i fateroliaeth er mwyn hybu eu diwylliant a'u Cymreictod.

Dywed y gwirionedd fod yn rhaid i'r hedyn farw er mwyn ffrwythloni. Mae hynny'n wir amdanom oll. Daw adeg pan mae'n rhaid i ni farw i bechod. Os na fyddwn farw iddo nid oes ffrwythlondeb ysbrydol. Os na fydd y Cristion yn marw yn yr ystyr hyn, bydd ar ei ben ei hun. Ond os bydd yn marw, bydd yn ffrwythloni gyda Christ. Gall y Cristion fod yn ddiffrwyth neu yn ffrwythlon. Mae'n dibynnu'n gyfan gwbl ar ei barodrwydd i ymuno â Iesu, fel y'n dysgwyd gan Paul yn yr Epistol at y Rhufeiniaid. Darllener yr adnodau yn ofalus.

I dderbyn ffrwythlondeb yr Ysbryd, mae'n rhaid i ni fynd i gynhaeaf Calfaria gan edrych ar Iesu, Pen-tywysog a Pherffeithydd ein ffydd. Yr ydym yn marw i'r hen bethau er mwyn byw i'r ffrwythlondeb newydd sydd gyda'r Ysbryd. Gwrandawn o'r newydd:

'Mi a groeshoeliwyd gyda Christ: eithr byw ydwyf; eto nid myfi, ond Crist sydd yn byw ynof fi: a'r hyn yr ydwyf yr awron yn ei fyw yn y cnawd, ei fyw yr ydwyf trwy ffydd Mab Duw, yr hwn a'm carodd, ac a'i dodes ei hun drosof fi' (Galatiaid 2:20).

Mae ffrwyth y ddaear fel ffrwyth ein ffydd Gristnogol yn dibynnu ar hau'r had.

## Gweddi ar Arglwydd yr Atgyfodiad

Arglwydd Iesu Grist, cyfarchwn Di. Nid yw'r Groes wedi cael y llaw drechaf arnat, ac nid yw'r bedd wedi dy gadw yn ddistaw. Ar ddydd cyntaf yr wythnos, cyn i'r haul godi a phan oedd gwlith y bore ar ddail y coed, fe gefaist gyfle i gyfarfod â'n chwaer, Mair; a gelwaist hi a'i chyfarch yn annwyl wrth ei henw.

Nyni yw dy deulu a'th ffrindiau, ac er ein bod yn gwbl ddolurus dy fod wedi dioddef gwaradwydd y Groes ac yn sylweddoli nad yw ein dwylo ni chwaith yn lân rhag y weithred ysgeler hon, fe ddeuwn mewn ofn, ac eto yn falch y medrwn gadarnhau'r si sydd ar led dy fod ti'n fyw byth bythoedd.

'Gyda sanctaidd wawr y bore
teithiai'r gwragedd at y bedd,
clywid ing yn sŵn eu camre,

gwelid tristwch yn eu gwedd;
codod Iesu!
Ocheneidiau droes yn gân.'

Tyrd i'n cyfarfod fel y cofleidiaist Mair yn yr ardd gyda thynerwch a phenderfyniad.

'Bydd gyda ni, O Iesu da,
sancteiddia ein cymdeithas;
glanha'n meddyliau, pura'n moes
er mwyn dy groes a'th deyrnas.'

Sibrwd ein henwau bob yr un fel etifeddion dy wirionedd a'th Deyrnas, a rho i ni ddyfalbarhad a thystiolaeth yn ein geiriau a'n cerddediad.

'Gwna ni yn dystion tra bôm byw
dros gariad Duw at ddynion,
eneinia ni â'th ras o hyd,
rho d'Ysbryd yn ein calon.'

Dyna'n gweddi, O Arglwydd yr Atgyfodiad; llanw'n gwefusau â chân y waredigaeth a gorfoledd y Ffydd, fel y medrwn gwmpasu'r byd cyfan. Yn wir:

'Dysg inni gofio pobloedd byd
gan fyw o hyd i'w caru
nes delo'n daear yn y man
yn gyfan i'th foliannu.'

Yn dy Enw. Amen.

## Marwolaeth y Cyfiawn

Trannoeth yr oedd yn llawer gwannach, a dywedodd wrth mam: 'Yr wyf bron myned, Becca fach. Byddwch mor dawel ag y medrwch ar fy ôl oblegid fe fydd marw yn elw i fi. Llafuriwch chwithau am fod yn barod. Peidiwch â gadael i ofidiau y byd flino gormod arnoch. Ymdrechwch fod bob amser yn dawel, ac yn barod i farw. Yr wyf yn gobeithio y bydd i Anna a chwithau gyd-dynnu yn dda ar ôl i mi fyned.'

Y noswaith cyn iddo farw yr oeddwn i a Matti fy chwaer yng nghyfraith, a Beni yr Allt Goch, a William Bwlch Gwyn yn ei gwarchod, a thuag un o'r gloch y boreu ni glywem ganu gwan peraidd am ddwy neu dair munud o amser, rywle ger llaw i ni, ond nis gallem ddweud pa le'r oedd, na phwy oedd yn canu, ond yr oedd yn swnio yn hyfryd iawn. Y mae Beni yr Allt Goch yn credu taw angylion oedd yn canu, ac y mae wedi dweud hynny wrth lawer. Trannoeth yr oedd yn gwanhau yn raddol hyd tua dau o'r gloch, pan ddywedodd wrthyf: 'Mae yn dywyll iawn!'

'Ydyw hi nhad?' meddwn innau. 'Ydyw, merch i,' meddai yntau, 'ond dyma'r goleu yn dod! Dyna Iesu'n dod! O Iesu Annwyl!' Dyna y gair olaf ddywedodd, ac yr oedd wedi tynnu yr anadl olaf cyn ben munud. Bu farw ar y dydd cyntaf o fis Awst, a chladdwyd ef ar y trydydd. Yr oedd yna angladd lluosog anghyffredin, a phawb yn teimlo yn alarus ar ei ôl, ac yn rhoddi gair da iddo. Yr oeddem wedi paratoi digon o fwyd, a chacennau, a gwin ebilon ar gyfer pawb; ac y mae'r holl gymdogaeth yn ein canmol am baratoi popeth mor anrhydeddus. Pregethodd Mr Lewis yn yr angladd yn doddedig iawn oddi wrth y geiriau, 'Mi a ymdrechais ymdrech deg, mi a orffennais fy ngyrfa, mi a gedwais y ffydd'. Dywedodd ei fod wedi colli Aaron oedd yn arfer dal ei ddeheulaw i fyny. Adroddodd am drywydd yr hen dadau yn amser yr erledigaeth, a bod fy nhad yn un o grefyddwyr yn amser yr erledigaeth, a choffaodd am ei ffyddlondeb fel Cristion, a'i dystiolaeth ei fod yn myned i'r nefoedd, nes oedd pawb yn colli y dagrau.

***Anna Beynon, Golygydd, D. Elwyn Davies***

## Gweddi'r Atgyfodiad

Duw yr Atgyfodiad, dyrchafwn lef, fel pobl y dioddefaint mewn byd o ddoluriau a thymhestloedd. Yr ydym yn byw mewn byd sydd yn ein hatgoffa yn barhaus o Wener y Groglith,
lle gwelir y diniwed yn dioddef a marw,
lle daw tywyllwch dudew hanner dydd i ddileu'r goleuni,
lle gwelir gobeithion a breuddwydion yn diflannu yng nghysgod y trais a'r bychanu,
lle mae'r drwg fel pe bai'n chwerthin ar ein pennau ac yn rhoddi'r argraff ei fod i lwyddo maes o law.

Duw yr Atgyfodiad, dyhëwn am ddarganfod unwaith eto dy bresenoldeb hael, a theimlo drachefn y wefr o ganfod dy nerth ar waith; cerddwn gam wrth gam tuag at y beddau yn ein bywyd gan ddyheu am ddarganfod eu bod yn gwbl wag.

Tyrd i'n calonnau a'n llygaid a'n clustiau'r funud hon a'r Pasg hwn; ac i'n bywydau chwilfrydig y bore hwn a'r awr a'r funud dyngedfennol hon. Yn enw Crist, yr Un na fedrai bywyd na chariad mo'i anghofio, yr hwn sydd â'i obaith bywiol yng ngrym yr Atgyfodiad, sydd yn plannu llawenydd yn ein bywydau a gwytnwch yn ein gwythiennau, ac yn ein galluogi ninnau i gerdded yn ôl traed Gorchfygwr y Groes.

> 'Tystiolaeth llu'r merthyri sydd
>     o blaid y ffydd ysbrydol;
> O Dduw, wrth gofio'u haberth hwy,
>     gwna'n sêl yn fwy angerddol.'

Gwroldeb dros wirionedd yr Atgyfodiad yw ein braint ni heddiw, a dywedwn o'r newydd:

> 'Er mwyn y gair, er mwyn yr Oen,
>     er mwyn ei boen a'i gariad,
> gwna ni'n ddisyflyd dros y gwir,
>     a gwna ni'n bur ein rhodiad.'

Yn ei Enw. Amen.

## Y Pasg

**Darllen Marc 16:1–8**

Dduw pob syndod,
addolwn di
wrth i ni ddathlu'r syndod mwyaf erioed.

A: Yr Arglwydd a gyfododd.
C: Efe a gyfododd yn wir! Halelwia!

Rydym wedi cerdded gydag Iesu,
fel ei ddisgyblion, drwy'r Efengylau.
Rydym wedi gwrando ar ei ddysgeidiaeth;
gwelsom ef yn iacháu'r rhai oedd mewn angen
a daethom i'w adnabod drosom ein hunain.

Ac yna fe'i cymerwyd oddi wrthym,
ei drin yn greulon a'i ladd.
Disgynnodd nos dywyll ar ein henaid
nes i'r haul godi ar fore'r Pasg.

A: Yr Arglwydd a gyfododd.
C: Efe a gyfododd yn wir! Halelwia!

Dduw pob gobaith,
adferwyd ein ffydd ynot ti:
gwyddom na all hyd yn oed angau
ein gwahanu oddi wrth dy gariad.

A: Yr Arglwydd a gyfododd.
C: Efe a gyfododd yn wir! Halelwia!

Dduw pob llawenydd,
mae chwerthin ar ein gwefusau
a thangnefedd yn ein calonnau
wrth i ni gyfarch ein Crist atgyfodedig.

A: Yr Arglwydd a gyfododd.
C: Efe a gyfododd yn wir! Halelwia!

Dduw cariad,
yn Iesu Grist cyflawnaist
fwy nag y gallem ei ddisgwyl
na'i ddeall, trosom ni.

A: Yr Arglwydd a gyfododd.
C: Efe a gyfododd yn wir! Halelwia!

Dduw ein hiachawdwriaeth,
drwy gymorth dy Ysbryd Glân
rhannwn mewn gair a gweithred
y Newyddion Da am Waredwr byw.

A: Yr Arglwydd a gyfododd.
C: Efe a gyfododd yn wir! Halelwia!

*Olaf Davies*

## Gweddi a Diolch ar y Pasg

**Arweinydd:**
Gweddïwn gerbron Crist Iesu, a ddioddefodd drosom.

**Cynulleidfa:**
Trwy dy farwolaeth a'th Atgyfodiad, achub ni.

**Arweinydd:**
Rhoddaist dy fywyd yn aberth dros dy gyfeillion.

**Cynulleidfa:**
Boed i ni garu ein gilydd fel y ceraist ni.

**Arweinydd:**
Buost yn ostyngedig ac ufudd hyd angau, ie angau'r Groes.

**Cynulleidfa:**
Arwain dy Eglwys i ŵyl y Pasg a'r bywyd tragwyddol.

**Arweinydd:**
Gwnaethost y Groes yn symbol y Bywyd diddiflanedig.

**Cynulleidfa:**
Rhanna dy fuddugoliaeth gyda phawb a fedyddiwyd yn dy eglwys ar y ddaear.

**Arweinydd:**
Buost farw er mwyn ein hachub ni oll.

**Cynulleidfa:**
Cluda i'th Deyrnas bawb sy'n credu ac yn gobeithio. Amen.

## SUL Y PASG

**Galwad i Addoli:**
Crist a gyfododd. Haleliwia.
Y mae'r maen wedi ei dreiglo i ffwrdd oddi wrth y bedd. Haleliwia.
Nid yw ef yma ymhlith y meirw. Haleliwia.
Y mae'r Un Byw yn mynd o'n blaen. Haleliwia.
Awn gydag ef. Haleliwia.
Addolwn ef. Haleliwia.

**Darllen Salm 66; Datguddiad 1:12–18**

**Gweddi:**
Grist Bendigedig,
yr wyt ti'n sefyll yn ein mysg.
Agorwn ein llygaid, edrychwn o'n hamgylch a gwelwn y cyfarwydd –
wynebau cyfarwydd y rhai sy'n bererinion ar y ffordd gyda ni.
Clywn leisiau cyfarwydd –
lleisiau cyfarwydd y rhai sy'n moli gyda ni.
Synhwyrwn bresenoldeb cyfarwydd –
megis garddwr yn yr ardd,
megis cwmnïwr difyr ar y daith,
megis cyfaill sy'n ein gwahodd i frecwasta.

Mae ddoe, bore'r trydydd dydd, yn bell yn ôl,
ond drwy ffydd daw'n fyw yn ein dathlu yma'n awr.
Gad i ni weld y byw ymhlith y meirw;
gad i ni glywed ein henwau'n cael eu galw;
gad i'n calonnau gael eu cynhesu.

Grist Bendigedig,
yr wyt ti'n mynd o'n blaen;
maddau ein hamharodrwydd i'th ddilyn.
Yr wyt ti'n dangos y ffordd;
maddau ein hoffter o lwybrau eraill.
Yr wyt ti'n ein gwahodd i ddod atat;
maddau ein harafwch yn derbyn dy wahoddiad.

Grist Bendigedig,
gad i oleuni'r Pasg gyrraedd y mannau mwyaf tywyll ynom ni ac yn ein cymdeithas:
gad i ni weld ein hangen amdanat;
gad i ni weld y gwacter sydd ym mywydau eraill y gallwn ni a'r Efengyl ei lenwi;
gad i ni weld holl bosibiliadau ffydd ynot ti. Amen.

**Neges:**
Mair
Roedd rhaid mynd allan o'r tŷ. Ie, rhaid. Doeddwn i ddim yn teimlo fel gwneud hynny, ond dyletswydd yw dyletswydd. Dyna olwg oedd arna i. Doeddwn i ddim wedi gwneud dim ond crio ers tridiau. Roedd fy llygaid fel dwy soser fawr goch. Fe ddaeth ac fe aeth pob pryd bwyd, ond doedd dim chwant bwyd arna i. Roedd cwsg, ar wahân i ryw eiliadau digon anesmwyth, yn amhosibl. Roedd fy meddwl yn ferw gwyllt. Fedrwn i ddim credu, ac eto, roeddwn wedi gweld â'm llygaid fy hun. Fuo 'na ddim amser na chyfle i ddweud ffarwel. Fe ddigwyddodd y cyfan mor sydyn – roedd e gyda ni un funud, a'r funud nesaf...

Mae ei weld e'n hongian ar groes yn waeth na hunllef. Ofer yw cau fy llygaid – dw i'n dal i'w weld e.

Sefyll, edrych, ac yn methu gwneud dim.

Roedd hi'n fendith pan ddaeth y diwedd. Roedd hi'n hwyr yn y dydd. Roedd rhaid prysuro i'w gladdu, ond doedd dim amser i wneud popeth. Gorffen y gwaith yw fy nyletswydd.

Fedra i ddim credu hyn.
Dyw e ddim yn y man lle y cafodd ei roi i orwedd.
Ydw i'n dychmygu'r peth?
Ydw i'n colli arnaf fy hun?
Be' sy'n digwydd?
Ble mae e?
Falle fod y garddwr yma'n gwybod yr ateb?
Dim ond un gair ddwedodd e.
Roedd yr un gair yna'n ddigon.

**Gweddi:**

O Arglwydd ein Duw, y mae cwpan pob un ohonom yn orlawn.
Y mae'n llawenydd yn gorlifo.
Cododd Iesu – bendigedig fyddo d'enw di.

Ni wnaethom ddim i haeddu hyn;
ni allem fod wedi gwneud dim i haeddu hyn.
Dy waith di yw hyn – bendigedig fyddo d'enw di.

Yr ydym yma i ddathlu dy fuddugoliaeth.
Yr ydym yma i gael ein cyffwrdd gan dy fuddugoliaeth.
Yr ydym yma i gyhoeddi dy fuddugoliaeth.

Cofiwn a chyflwynwn i ti'r rhai sydd â'u cwpanau'n wag:
y rhai sydd heb brofi dim ond tristwch;
y rhai sydd heb brofi dim ond anobaith;
y rhai sydd heb brofi dim ond anghyfiawnder.

Gweddïwn y bydd i neges y Pasg ganiatáu iddynt brofi rhyw fesur o lawenydd, rhyw fesur o obaith, a'u nerthu i wrthsefyll pob anghyfiawnder.

Boed i'r hyn a ddywed heddiw wrthym ni ein hysbrydoli yn ein haddoliad, ein calonogi yn ein tystiolaeth, a bywhau ac adnewyddu'n ffydd
fel y gallwn ei rhannu er clod i'th enw ac er mwyn dy Deyrnas. Amen.

**Neges:**

Un o bregethwyr mawr yr ugeinfed ganrif oedd W. E. Sangster. Yr oedd wedi gwneud enw iddo'i hun cyn dechrau ei weinidogaeth yn y Methodist Central Hall yn Llundain yn 1939. Ar wahân i'w bulpud yn y capel enwog hwnnw, cafodd gyfle fwy nag unwaith i gyhoeddi'r Gair yn y llochesi yr heidiai pobl y brifddinas iddynt pan oedd y Blitz ar ei waethaf.

Yr oedd yn bregethwr dylanwadol ac yn ysbrydoliaeth i genhedlaeth o bregethwyr ei enwad. Ond torrodd ei iechyd, a chafodd hynny effaith nid yn unig ar ei symudedd corfforol ond hefyd ar ei allu i lefaru. Er na allai bregethu, fe ymroes i ysgrifennu a gweddïo. Yn un o'i weddïau mae'n apelio ar Dduw i ganiatáu iddo barhau yn y frwydr. 'Nid oes gwahaniaeth gennyf,' meddai, 'os na allaf fod yn gadfridog, dim ond i ti roi catrawd i mi i'w harwain.'

Fe gollodd ei lais yn llwyr cyn y diwedd. Ar fore Sul y Pasg, ychydig wythnosau cyn ei farw, ysgrifennodd lythyr at ei ferch â'i law sigledig. Meddai yn y llythyr, 'Peth ofnadwy yw dihuno ar fore'r Pasg heb lais i fedru gweiddi, "Efe a gyfododd". Gwaeth o lawer fyddai bod â llais ond heb yr awydd i weiddi.'

**Y Fendith:**
Boed i Dduw a gyfododd Iesu oddi wrth y meirw ein cyfodi ninnau hefyd fel y gallwn fod yn fendith i eraill. Amen.

***Oedfaon Ffydd, gol. Aled Davies***

## Y Pasg

### Darlleniad: Mathew 24:1-24

Diolchwn i ti ein Tad am newyddion syfrdanol dy Air iti atgyfodi dy fab, Iesu Grist, o'r bedd yn fyw, ac am gyfle'r oedfa hon i ddathlu hynny mewn gorfoledd a llawenydd mawr. Cydnabyddwn nad ydym fel meidrolion yn deall y dirgelwch rhyfedd hwn, na chwaith yn abl i'w egluro â'n geiriau brau. Ond gwyddom trwy dy Air mai dirgelwch dy gariad anfeidrol ydyw, a bod dy fab Iesu Grist mor fyw heddiw ag erioed. Yn wir, ein Tad, dyma yw ein ffydd a'n gobaith – fod Iesu Grist yn Arglwydd bywyd a marwolaeth, ac mai yn ei law ef y mae dyfodol ein bywyd.

Diolchwn i ti, ein Tad, am dystiolaeth dy Air i brofiadau amrywiol y disgyblion ar fore'r trydydd dydd – rhai yn credu ar ôl amau, ac eraill yn credu yn y fan a'r lle. Cydnabyddwn ein bod yn debyg iawn i'r disgyblion gynt, yn credu, ac eto'n llithro yn aml i anghrediniaeth. Ond bendigwn dy enw mai dod at rai fel ni wnaeth dy fab, Iesu Grist. Cofiwn y disgyblion yn ofnus yn yr oruwchystafell a drysau eu meddyliau wedi cau, y ddau ddisgybl yn cerdded adre i Emaus yn isel eu hysbryd ac yn wag eu calon, a Mair yn ei dagrau yn yr ardd yn gweld y bedd heb adnabod ei Harglwydd.

O! Arglwydd Iesu Grist, yr hwn a ddaeth at y disgyblion er bod y drysau wedi eu cloi, tyrd atom ni hefyd i'r oedfa hon. Datglo ni, a thyrd i mewn, fel y teimlwn wres dy gariad yn cynhesu ein calonnau, a chyfarchiad dy Air, 'Tangnefedd i chwi', yn gwefreiddio ein heneidiau.

O! Arglwydd, diolchwn i ti am ein hanrhydeddu â'th bresenoldeb yn yr oedfa hon. Dy bresenoldeb sy'n rhoi blas nefol ar ein cymdeithas ac yn peri i ni sylweddoli fod mwy i'r cyfarfod hwn na chwmni ein gilydd, oherwydd, fel y dywedaist wrth dy ddisgyblion gynt, 'lle y mae dau neu dri wedi dod ynghyd yn fy enw i, yr wyf yno yn eu canol hwynt'.

Bendigwn dy enw am dy addewid gwerthfawr i fod gyda ni yn y canol, ac am nad yw dy bresenoldeb yn dibynnu ar nifer ein cynulleidfa, na chwaith ar gryfder ein ffydd ynot ti. Cyffeswn ein llesgedd ysbrydol a'n diffyg ffydd yn aml, ond nid ydym heb obaith, oherwydd yr wyt ti gyda ni i'n nerthu yn ein gweddi, ac i'n hysbrydoli yn ein gwaith.

Gweddïwn dros dy Eglwys yn ei chenhadaeth fawr yn y byd. Yn dy drugaredd, gwna hi yn offeryn cân i lawenydd yr efengyl, ac yn gartref bendith i bwy bynnag sy'n credu ynot ti. O! Arglwydd, llwydda waith dy Eglwys ar yr ŵyl arbennig hon. Planna neges dy Air yng nghalonnau dy genhadon, a nertha hwy i gyhoeddi'r newyddion da o lawenydd mawr. Gweddïwn ar iti agor meddyliau dy bobl i ddirgelwch dy atgyfodiad, ac i'w cyflwyno eu hunain o'r newydd i feddyginiaeth dy gariad.

Gweddïwn dros dy Eglwys yn lleol ac yn y tŷ hwn. Erfyniwn dy fendith ar ein gwasanaethau, fel y bydd ein haddoliad yn destun clod i ti, ac yn gyfrwng cenhadaeth yn ein plith. Gweddïwn dros ein cyfeillion a'n cydnabod sy'n methu credu efengyl y bedd gwag. O! Arglwydd, defnyddia ni i'w tywys i awyrgylch addoliad dy Eglwys. Yn dy dosturi, meddala eu calonnau â grym yr Ysbryd Glân, agor eu meddyliau â gwirionedd dy Air, a llanw wacter eu bywydau â gorfoledd dy gariad.

Yn ein gweddïau, ein Tad, cyflwynwn ein hanwyliaid, ein cyd-aelodau a'n gilydd i'th sylw cariadus. Yn dy allu mawr, yr wyt yn gwybod am ein holl anghenion. Diolchwn am dy ofal llwyr ohonom. Gweddïwn ar i ti estyn dy ofal dros y cleifion a'r henoed, a phawb o'th blant sy'n amddifad o gariad. Clyw ein cri drostynt ac ateb ni yn ôl dy drugaredd a'th ddoethineb yn enw ein Gwaredwr byw Iesu Grist. Amen.

***John Lewis Jones***

## Y Pasg

**Darlleniad 1: Mathew 14:21-31**

**Darlleniad 2: Rhufeiniaid 6:3-11**

'Diolch, Arglwydd, am achubiaeth,
Byth ni allwn fod yn drist;
Rhoddaist inni fywyd newydd
Drwy gyfodi Iesu Grist;
Rhydd yn awr, Geidwad Mawr,
Rhwygwyd bedd mewn toriad gwawr.'

O! Dduw, Dad hollalluog, creawdwr a rhoddwr bywyd, cofiwn fel y bu i ti, ym more bach y dydd, dreiglo ymaith faen angau ei hun a dod â'th Fab yn ôl i blith y byw. Yn y weithred hon rhoddaist i ni gyfle newydd i bontio'r agendor sydd rhyngom a thi. Er gwaethaf y gwahaniaeth rhyfeddol rhyngom, megis tywyllwch a haul canol dydd, pechod a phurdeb, y ni yn ddim a thithau oll yn gyfan, fe drefnaist ffordd newydd i wneud hynny yn Iesu Grist – 'ffordd a drefnwyd cyn bod amser', 'ffordd a'i henw yn rhyfeddol' – i ni ei cherdded tuag atat. Iesu a ddywedodd, 'Myfi yw'r ffordd at y Tad', ac ynddo ef fe'th glodforwn di'r dydd hwn, O! Dduw. Bendigedig wyt am i ti blygu i'n cyfarfod ni drwy ddod fel un ohonom ni, y rhai sydd â dedfryd marwolaeth yn rhan annatod o'n natur. Ti yw ein Ceidwad mawr, sy'n driw i'r rhai sy'n dy garu ac yn cadw dy orchmynion.

> 'Diolch, Iesu, am dy aberth,
> Byth ni allwn wneud yn llawn;
> Rhoddaist inni gyfle newydd,
> Bore ddaeth 'rôl tristwch pnawn;
> Rhydd yn awr, Geidwad Mawr,
> Rhwygwyd bedd mewn toriad gwawr.'

O! Iesu, ein Ceidwad a'n Gwaredwr, diolch i ti am wynebu angau'r Groes ar ein rhan. Diolch i ti am gerdded ffordd bywyd yn llawn o'n blaenau. Er dy fod yn lân ac yn bur, cymeraist dy wneud yn bechod gan ddangos inni, er garwed y ffordd, a themtasiynau ar bob llaw, ei bod yn ffordd agored i bob un ohonom ei cherddded yn ôl dy droed di. Ac wrth dy ganlyn di a chredu ynot fel yr ymddiriedaist ti yn Nuw, dangosaist inni ei bod hi'n bosibl i ni bechaduriaid wynebu marwolaeth a'r bedd yn eofn, yn y sicrwydd y cawn atgyfodiad i fywyd tragwyddol – 'Mae Iesu wedi cario'r dydd, Caiff carcharorion fynd yn rhydd.'

'Diolch, Ysbryd, am d'arweiniad,
Byth ni allwn hebot ti;
Rhoddaist ynom galon newydd
Wedi'r siom ar Galfari;
Rhydd yn awr, Geidwad Mawr,
Rhwygwyd bedd mewn toriad gwawr.'

O! Ysbryd y Crist atgyfodedig, diolch i ti am fod gyda ni'n awr i'n harwain o siom ac amheuon Bryn Calfaria. Dyro dy dangnefedd i ni a rho dân yn ein calonnau wrth inni siarad â thi. Agor ein llygaid, O! Ysbryd Glân, i weld fod Iesu'n dal i aros gyda ni, er tywylled ein dyddiau. Cynorthwya ni i ymdeimlo â'i bresenoldeb, i gofio ei eiriau ac i werthfawrogi ei aberth. Cynorthwya ni i'w weld drwy lygaid y ffydd sy'n gweld y tu draw i'r dioddefaint a'r bedd, i weld y gogoniant hwnnw sydd ar gael i ninnau hefyd ynddo ef. Ar y dydd hwn, O! Ysbryd, anfon ni allan yn ôl troed Mair Magdalen i gyhoeddi i'r holl fyd, 'Yr wyf wedi gweled yr Arglwydd'.

'Newyddion braf a ddaeth i'n bro,
Hwy haeddant gael eu dwyn ar go' –
Mae Iesu wedi cario'r dydd,
Caiff carcharorion fynd yn rhydd.' Amen.

***Dafydd Hughes***

## Y Pasg

**Darlleniad: Luc 24:1-12**

Ein Tad nefol,
Wedi oerni'r gaeaf a chaledi'r tir,
Diolchwn am y gwanwyn sy'n meirioli, yn meddalu
ac yn meithrin bywyd newydd ym myd natur.
Ein Tad nefol,
Cyffeswn i ti ein gaeaf ysbrydol
A chaledi tir ein calonnau.
Cyffeswn ein hamharodrwydd i adael i'th gariad ein newid.
Diolchwn i ti o'r newydd heddiw
fod dy gariad yn ddigon cryf i dorri trwodd atom
i'n dadmer a'n deffro.
Diolch dy fod wedi rhoi rheswm inni ddathlu dechrau newydd y Pasg hwn.
Ynghanol bywyd newydd y gwanwyn a'i obaith gwyrdd,
Dathlwn y bywyd newydd sydd i ni yn Iesu Grist.
Fel y cododd Crist i fywyd newydd ar y trydydd dydd,
gad i ninnau, wedi i ni farw i'r drwg sydd ynom,
Godi i fywyd newydd yng Nghrist.
Fel y daeth Crist at ei ddisgyblion digalon ar y ffordd i Emaus,
Dyro i ninnau yn ein hamheuon a'n hanobaith brofi presenoldeb Crist fel tân yn ein calonnau.
Fel y daeth Crist i ganol pryder y stafell glo gyda geiriau o gysur,
Gad i ninnau ynghanol ein pryderon glywed ei lais yn cyhoeddi 'Tangnefedd i chwi'.
Fel y casglodd Crist ei ddisgyblion, a'u hanfon i gyhoeddi'r efengyl i'r holl fyd,
Anfon ninnau yn nerth dy Ysbryd Glân i gyhoeddi i'n byd heddiw fod Iesu wedi atgyfodi,
fod gennym wir reswm i ddathlu!
Cofiwn heddiw am ddigwyddiadau bore'r trydydd dydd wedi marwolaeth Iesu ac wedi gosod ei gorff mewn bedd.
Cofiwn heddiw am y gwragedd ffyddlon a ddaeth at y bedd
a'u dagrau'n gymysg â gwlith y bore bach.

Diolchwn heddiw am bawb sy'n ffyddlon i Grist pan fo llawer wedi cilio, ac am bawb sy'n golchi llwybr eu gwasanaeth â'u dagrau.
Cofiwn heddiw am y garreg fawr drom oedd yn ffordd y gwragedd, rhag sylweddoli gwirionedd gwyrthiol y Pasg cyntaf.
Gweddïwn heddiw dros bawb sy'n gweld rhwystrau rhag credu, a thros bawb sy'n teimlo pwysau llethol eu hanobaith.
Cofiwn heddiw am wacter y bedd y bore hwnnw,
Cofiwn am golli un annwyl, a cheisio ei gorff mud.
Dathlwn heddiw mai gwag yw ymffrost angau,
Dathlwn heddiw fod Iesu eto'n fyw!
Cofiwn am gwestiwn yr angel i'w ddilynwyr:
'Pam yr ydych yn ceisio ymhlith y meirw yr hwn sy'n fyw?'
Gwahoddaf chi i ymateb heddiw gyda'r geiriau:
'Nid yw ef yma: y mae wedi ei gyfodi!'

Clywsom sut y daliwyd Crist gan ei elynion,
Sut y cafodd ei brofi, ei watwar a'i guro.
Chwiliwn amdano heddiw ymhlith arwyr a fethodd:
Pam yr ydych yn ceisio ymhlith y meirw yr hwn sy'n fyw?

Pawb: 'Nid yw ef yma: y mae wedi ei gyfodi!'

Clywsom sut y traddodwyd ef i farw,
Sut yr hoeliwyd ef ar groesbren, sut y dywedodd 'Gorffennwyd'.
Chwiliwn amdano heddiw ymhlith syniadau a mudiadau a fethodd:
Pam yr ydych yn ceisio ymhlith y meirw yr hwn sy'n fyw?

Pawb: 'Nid yw ef yma: y mae wedi ei gyfodi!'

Clywsom sut y daeth y gwragedd at y bedd y trydydd dydd, a chredu.
Clywsom sut yr amheuodd y disgyblion fod Iesu eto'n fyw.
Chwiliwn amdano heddiw ymysg hen ddadleuon y gorffennol:

Pawb: 'Nid yw ef yma: y mae wedi ei gyfodi!'

Dathlwn heddiw brofiad bore'r trydydd dydd.
Dathlwn heddiw – Mae Iesu'n fyw!
Bydded iddo fyw yn ein profiad a'n bywyd bob un,

Bydded iddo fyw ym mywyd ein heglwys leol, a thrwy'r Eglwys gyfan,
Bydded iddo fyw ym mywyd ein cymdeithas, ein gwlad a'n byd!
Ni cheisiwn mwyach ymhlith y meirw yr hwn sy'n fyw ac yn teyrnasu am byth!
Oherwydd y mae yn wir wedi ei atgyfodi! Amen.

***Casi Jones***

## Atgyfodiad ac Esgyniad Crist

**Galwad i Addoli:**
Codwch eich pennau, O byrth!
Ymddyrchefwch, O ddrysau tragwyddol!
i frenin y gogoniant ddod i mewn.
Pwy yw'r brenin gogoniant hwn?
Arglwydd y Lluoedd, ef yw brenin y gogoniant.
(Salm 24:7,10)

**Darllen: Salm 47; Effesiaid 1:15–23**

**Gweddi:**
Hollalluog Dduw, cydnabyddwn dy allu a'th fawredd.
Y mae yn perthyn i ti lawer sydd yn ddirgelwch.
Diolch am ddod atom yn Iesu ac am ganiatáu i ni dy weld ynddo.
Diolch am ei eiriau sy'n dweud dy fod ti'n gariad, yn gyfiawnder, yn drugaredd ac yn dosturi.
Diolch am gyffwrdd ein calonnau, agor ein llygaid a goleuo'n meddyliau drwy ei weinidogaeth.
Eto, er hyn oll, nid ydym yn deall y cyfan amdanat, na chwaith yn medru ateb pob cwestiwn amdanat. Gweld mewn drych yr ydym, a hynny'n aneglur, ac yn chwilio am eiriau a darluniau i'n cynorthwyo i ddeall y dirgel.
Hollalluog Dduw, daethost yn agos atom yn Iesu –
Immanuel,
Duw gyda ni.
Diolchwn dy fod ti gyda ni bob amser – ddoe, heddiw ac yfory.
Yr wyt yn dod atom o hyd yn y Crist a fu farw, a gyfodwyd ac a ddyrchafwyd.

Deui atom yn y cyfarwydd – mewn oedfa, mewn emyn, mewn pennod ac adnod.
Deui atom yn yr anghenus y mae disgwyl i ni wrando ar eu cri.
Deui atom hefyd yn ddirgel, yn yr annisgwyl a'r anghyfarwydd, gan nad wyt yn gaeth i le nac amser.
Gwared ni rhag treulio ein dyddiau'n 'syllu tua'r nef' a chynorthwya ni i fod yn dystion i ti 'hyd eithaf y ddaear'. Amen.

**Neges:**

Fe ymddangosodd y neges yma mewn ffenest siop ddillad: 'Sefydlwyd y busnes hwn dros ganrif yn ôl ac ers hynny yr ydym wedi llwyddo i blesio rhai o'n cwsmeriaid a chythruddo eraill. Yr ydym wedi gwneud arian a cholli arian, yr ydym wedi dioddef effeithiau gwladoli'r diwydiant glo, dogni dillad, rheolaeth y llywodraeth a thalwyr sâl. Buom yn destun trafod; cawsom ein melltithio; fe ddywedwyd celwyddau wrthym, mae lladron wedi dwyn oddi arnom a phobl wedi'n twyllo. Yr unig reswm dros gadw'r busnes i fynd oedd er mwyn gweld beth fyddai'n digwydd nesaf.'

Ganed Iesu. Mae awdur y Llythyr at yr Hebreaid yn sôn am y Duw a lefarodd gynt 'yn y proffwydi' yn llefaru bellach 'mewn Mab'. Beth sy'n digwydd nesaf? Mae ei fywyd yn synnu ac yn rhyfeddu ac yn cynhyrfu'r dyfroedd. Beth sy'n digwydd nesaf? Mae'n cael ei drin fel troseddwr, a daw ei fywyd i ben ar groesbren. Beth sy'n digwydd nesaf? Dridiau yn ddiweddarach caiff ei gyfeillion brofiadau rhyfeddol. Mae'n fyw! Beth sy'n digwydd nesaf? Mae'n ffarwelio â'i ddisgyblion, ond cyn eu gadael mae'n eu comisiynu i barhau â'r gwaith, gan addo bod gyda nhw 'bob amser hyd ddiwedd y byd'. Beth sy'n digwydd nesaf? 'Fe dderbyniwch nerth wedi i'r Ysbryd Glân ddod arnoch, a byddwch yn dystion i mi hyd eithaf y ddaear.' A ninnau heddiw'n cadw i fynd – er mwyn gweld beth a ddigwydd nesaf.

**Gweddi:**

O Grist, sanctaidd a thragwyddol, Mab y Goruchaf Dduw –
derbyn yn awr ein gweddïau.
O Grist, a fu farw ar y groes ac a gyfodwyd er ein mwyn –
clyw ein cri
O Grist dyrchafedig –
yr ydym yn galw arnat.
O Grist, Fab Mair, yr wyt ti wedi byw ein bywyd ni –

cynorthwya ni ar daith bywyd.
O Grist, yr wyt ti wedi profi'n marwolaeth ni –
cynnal ni yn nydd profedigaeth.
O Grist, yr wyt ti wedi gorchfygu angau –
cryfha ein cred na all dim ein gwahanu oddi wrth dy gariad.

O Grist,
diolchwn i ti am dy gariad perffaith;
am dy fywyd o ufudd-dod i ewyllys Duw;
am ddatguddio i ni'r ffordd, y gwirionedd a'r bywyd.

O Grist,
trugarha wrth ein methiant a'n dryswch;
trugarha wrth ein pryderon a'n hanwybodaeth;
maddau ein pechodau.

O Grist,
yr wyt ti gyda ni bob amser –
datguddia dy hunan i ni o'r newydd;
amlyga dy hunan i'r byd ym mywyd dy Eglwys;
awn ymlaen gyda'n gilydd yn dy nerth. Amen.

Neges:
'Beth sydd ymlaen fore o Iau ar y bronnydd?'
(Saunders Lewis, 'Difiau Dyrchafael').

Mae Dydd Iau yn ddiwrnod pwysig i Dduw ac i ni. Dywed awdur Genesis mai'r pumed dydd oedd y diwrnod y crëwyd adar yr awyr a'r holl greaduriaid sy'n trigo yn y moroedd. 'Byddwch ffrwythlon ac amlhewch' oedd anogaeth y Duw a roddodd fywyd i bob creadur. Ar bumed diwrnod yr wythnos, dydd Iau arall, dydd Iau Cablyd, miloedd o flynyddoedd yn ddiweddarach, yr oedd cwmni bychan wedi dod ynghyd mewn goruwch ystafell i gynnal hen ddefod. Fe drodd yr hen ddefod yn sacrament newydd pan rannodd Iesu fara a gwin a dweud, 'Gwnewch hyn er cof amdanaf.' Y bara a'r gwin sy'n cynnal y sawl sydd wedi profi bywyd newydd yng Nghrist. Ar bumed diwrnod yr wythnos y dyrchafwyd Iesu. Dydd Iau arall. Iesu'n ymadael. 'Yn nhŷ fy Nhad y mae llawer o drigfannau. Yr wyf yn mynd i baratoi lle i chwi, er mwyn i chwithau fod lle'r wyf fi.' Bywyd tragwyddol yw'r addewid. Dydd Iau, diwrnod i ddathlu bywyd yn ei amrywiol agweddau.

Diwrnod i ddiolch am fywyd y greadigaeth.

Diwrnod i ddiolch am fywyd Iesu ynom ni.

Diwrnod i ddiolch am fywyd tragwyddol, y bywyd sy'n dechrau yma.

**Y Fendith:**

'Oherwydd ef yw ffynhonnell, cyfrwng a diben pob peth. Iddo ef y bo'r gogoniant am byth! Amen.'
(Rhufeiniaid 11:36)

***Oedfaon Ffydd, gol. Aled Davies***

## Sul y Pasg

**Galwad i Addoli:**

Cydunwn oll i gadw gŵyl
yng nghwmni'r saint â llawen hwyl,
a chyd-foliannwn Dduw – ein Rhi,
am roddi Crist yn Basg i ni.

**Darllen Marc 16:1–8; Rhufeiniaid 6:3–11**

**Neges:**

Nid diwedd oedd marwolaeth Iesu ond cychwyn rhyfeddol. Dathlu'r dechrau newydd a wnawn ar Sul y Pasg. Mae Iesu'n fyw, Haleliwia!

Ond nid yw'r efengylau yn cuddio'r ffaith nad oedd y disgyblion yn disgwyl y fath honiad nac yn ei gredu. Y profiad o Iesu byw a'u gorfododd i ailystyried ac arddel y fath gred.

Ofer yw ceisio profi neu wrthbrofi bod yr atgyfodiad yn ddigwyddiad hanesyddol. Ysgrifennwyd y Testament Newydd flynyddoedd wedi'r croeshoelio, ond mae'n amlygu profiad y Cristnogion cynnar o'r ffydd oedd i'w rhannu ganddynt ac o gariad Duw oedd wedi 'ei dywallt yn ein calonnau.' Cawn y mynegiant clasurol o'r profiad gan Paul (Galatiaid 2:20): 'a mwyach, nid myfi sy'n byw, ond Crist sy'n byw ynof fi. A'r bywyd yr wyf yn awr yn ei fyw yn y cnawd, ei fyw trwy ffydd yr wyf, ffydd ym Mab Duw, yr hwn a'm carodd i ac a'i rhoes ei hun i farw trosof fi.'

Mae grym cariad Crist wedi cyrraedd calonnau miliynau yn ystod bron i ugain canrif. Parhau i lefaru y mae ef.

> Na, na, nid marw fy Arglwydd a'm Duw,
> cyfododd yr Iesu: mae eto yn fyw,
> a ninnau a'i gwelsom a thystion ym ni,
> mai gobaith yr oesoedd yw croes Calfarî.

**Neges:**

Darllenais dro'n ôl am ŵr a gwraig yn mynd ar wyliau i Gaint. Prynu map a llawlyfr cyn mynd er mwyn gwybod am fannau diddorol i ymweld â nhw. Un diwrnod, daethant i dref lle'r oedd amgueddfa fechan i gofio un o enwogion yr ardal. Cawsant drafferth dod o hyd iddi oherwydd y traffig a'r strydoedd cul. Stopio'r car i gael golwg arall ar y map. Er syndod iddynt, gwelsant blismon yn cerdded yn eu hymyl. Dyma ofyn iddo eu cyfeirio at yr amgueddfa. 'Mae braidd yn gymhleth,' meddai, 'ond rwyf ar y ffordd adref ac yn mynd i'r cyfeiriad yna os caf ddod gyda chi.' Cytunwyd ar hynny, a daethant at yr amgueddfa gan ddilyn ei gyfarwyddiadau. Nid oedd y map na'r llawlyfr wedi bod yn ddigonol. Roedd yn rhaid cael rhywun oedd yn gwybod y ffordd yno i'w harwain.

Nid cyfeirio o bell a wna Duw yn ôl yr Efengyl, ond dod atom i ganol bywyd i ddangos y ffordd. Llawenhawn ar Sul y Pasg fod Iesu yn parhau gyda ni ac wedi addo ei gwmni. 'Ac yn awr, yr wyf fi gyda chwi bob amser hyd ddiwedd y byd' (Mathew 28:20).

> 'Tydi yw'r ffordd, a mwy na'r ffordd i mi,
> Tydi yw 'ngrym.'

**Gweddi:**

Deuwn i'th addoli, Arglwydd bywyd. Ynot ti yr ydym yn byw, yn symud ac yn bod. Daethost i ni gael 'bywyd' a'i gael yn helaethach trwy ymddiried ynot. Ar Sul y Pasg llawenhawn fod Iesu'n fyw. Gwna'r oedfa hon yn llawn o orfoledd. Llawenhawn yn yr Arglwydd bob amser. Diolch na fedr neb na dim ddwyn y llawenydd hwn oddi arnom. Diolchwn ein bod yn cydlawenhau gyda phawb o bob iaith a chenedl sy'n cyffesu Iesu Grist yn Arglwydd heb iddo ef fod yn fyw yn ein bywydau. Cofiwn mai bywydau a newidiwyd oedd y rhai a welodd y meistr wedi'r groes.

Digalondid ac anobaith yn cilio, meddyliau yn agored i'w wirionedd, calonnau a daniwyd ganddo, ac awydd i rannu newyddion da yn ei enw.

Bywha dy waith, O Arglwydd mawr,
yn ein calonnau ninnau nawr,
er marwhau pob pechod cas,
a chynnydd i bob nefol ras.

Diolchwn, O Grist, dy fod ar gerdded yn ein byd blinderog. Ti sy'n rhyddhau o bob caethiwed. Defnyddia ni, O Grist y Pasg, i fod yn ddwylo a thraed i ti, er clod i'th enw. Amen.

**Gweddi:**
Arglwydd, datglo ein bywydau.
Rydym mor fewnblyg:
yn anwesu bywyd;
yn ei wneud yn fach a chyfyng;
yn ei lapio o gwmpas ein pethau ni,
ein diddordebau, ein hawliau a'n heisiau;
ac felly yn ei wneud yn barsel bychan.
Mae'r gyfrinach gennyt ti:
'Pwy bynnag a fyn gadw ei fywyd, fe'i cyll,
ond pwy bynnag a gyll ei fywyd
er fy mwyn i, fe'i caiff.'
A bywyd wedyn yn agor allan
fel anturiaeth fawr.
Nid byw efo eraill yn unig
ond i eraill.

Ac yna rhyw orwelion newydd yn ymestyn,
un ar ôl y llall; wrth i ni gerdded at un,
bydd yn symud yn bellach o hyd oddi wrthym.
Rydym yn synhwyro mai dyna yw caru,
fel y ceraist ti, cariad sy'n ddiddiwedd
Pan feddyliwn ein bod wedi gafael ynddo
mae'n mynd o'n cyrraedd.
Mae'n rhy fawr i'n dwylo ei gwmpasu.
Un peth sy'n codi'r galon

yw bod gennyt ti ddwylo digon mawr
i droi ein cariad amherffaith ni
yn fwy na'r hyn a freuddwydiwn.
Arglwydd y Pasg,
gwna'r freuddwyd yn ffaith,
fel y bydd y drysau yn agor
tuag allan.

**Y Fendith:**
Iddo ef, sydd â'r gallu ganddo i'ch cadw rhag syrthio, a'ch gosod yn ddi-fai a gorfoleddus gerbron ei ogoniant, iddo ef, yr unig Dduw, ein Gwaredwr, trwy Iesu Grist ein Harglwydd, y byddo gogoniant a mawrhydi, gallu ac awdurdod, cyn yr oesoedd, ac yn awr, a byth bythoedd! Amen.

***Oedfaon Ffydd, gol. Aled Davies***

# 7. Wedi'r Pasg

## Gweddi am Agor ein Bywydau

Agor ni
Dduw Cariadus,
agor ein calonnau
fel y gallwn deimlo anadl dy
Ysbryd yn chwarae ynom,
agor ein dyrnau
fel y gallwn estyn llaw i'n
gilydd, a chyffwrdd ac iacháu;
agor ein gwefusau
fel y gallwn ddrachtio
mwynder a rhyfeddod bywyd,
agor ein clustiau
fel y gallwn glywed dy ddioddefaint
di yn ein creulondeb ni;
agor ein llygaid
fel y gallwn weld Crist mewn
cyfaill a dieithryn.
Anadla dy Ysbryd i mewn i ni
a chyffwrdd ein bywyd â
bywyd Crist.
Amen.

***Yr Esgob Helder Camara***

## Crist – person go iawn

Os na fu'r fath Berson ag Iesu o Nasareth yn y byd, o ba le, atolwg, y daeth yr hanes rhyfedd amdano, a'r geiriau grasol ac anghymharol a briodolir iddo yn yr efengylau? Pwy a allasai ffugio'r fath gymeriad, er enghraifft, â Syr Isaac Newton? Fe fuasai rhaid cael rhyw feddwl digon galluog i ddarganfod deddf fawr disgyrchiant ac ysgrifennu'r Principia i allu gwneud hynny. Mewn gair, fe fuasai rhaid cael rhywun cymaint â Newton ei hun i ddyfeisio a ffugio Newton. A'r un modd am Grist. Pwy a allasai ddyfeisio'r fath gymeriad gogoneddus â Christ, a llefaru'r geiriau a briodolir i Grist? Neb llai na Christ.

Fe fyddai yn fwy rhesymol credu y gallasai'r bugail mwyaf didalent a di-ddysg ar fynyddoedd Cymru gyfansoddi *Coll Gwynfa* Milton na chredu y gallasai pysgotwyr tlodion Galilea dynnu'r fath bortread sydd yn yr efengylau o Grist, oni buasai eu bod wedi ei weled a'i glywed. Ac os medr yr anffyddiwr gredu mai ffugchwedl brydferth yw'r hanes hwn, rhaid i ni ddweud wrtho, 'O anffyddiwr, mawr yw dy ffydd!'

***Owen Evans***

## R. TUDUR JONES

Ni fyddai, mae'n debyg, wedi dymuno cael ei anrhydeddu gan y Wladwriaeth am ei fod yn genedlaetholwr Cymreig (a heddychwr) o argyhoeddiad: rhannai ef ac Emyr Humphreys yr ymlyniadau hyn o'u llencyndod. Cyfrannodd hyd eithaf ei allu i Blaid Cymru, gan sefyll etholiadau ar ei rhan ym Môn yn 1959 ac 1964 a golygu ei newyddiadur Cymraeg *Y Ddraig Goch* am un mlynedd ar ddeg gron rhwng 1963 ac 1974. Myfyrdod ar genedlaetholdeb o safbwynt athronyddol a diwinyddol a geir yn ei gyfrol Saesneg swmpus, *The Desire of Nations* (1974), a gyflwynodd i Elinor ac Emyr Humphreys.

Soniodd T. H. Parry-Williams yn dyner unwaith am chwaer iddo a oedd wedi marw:

> '... Ymgeledd am ffawd ein teulu ni
> Oedd unig angerdd ysol ei byw a'i marw hi.'

Tybed beth oedd 'unig angerdd ysol' byw a marw Robert Tudur Jones? Ffawd y teulu yn sicr, ond nid ei deulu ef ei hun yn unig (er cymaint yr anwylai hwnnw) ond teulu Duw yng Nghymru a thrwy'r byd. Er mwyn gwasanaethu'r teulu hwnnw y cysegrodd ei alluoedd meddyliol a mynegiannol cwbl anghyffredin a'i nerth corfforol dihysbydd bron: mewn cyfweliad pur ddadlennol â Dr Gwyn Davies yn *Y Cylchgrawn Efengylaidd* (Haf 1991), soniodd am weithio 'o naw y bore tan hanner awr wedi hanner nos bob dydd (ar wahân i fis Awst) am ddeugain mlynedd', fel petai hynny'r peth mwyaf arferol dan haul! A'r tu ôl i'r ymadroddiad arwrol hwn, yr oedd argyhoeddiad yn deillio o brofiad:

Sôn yr ydys am y grym sy'n meddiannu'r galon; y cyswllt ffydd â'r Duw a greodd bopeth ac sy'n ein gwaredu oddi wrth drychineb ein pechod drwy aberth Crist ac sy'n ein sancteiddio trwy eneiniad yr Ysbryd Glân. A dyma felly sydd i reoli ein popeth (*Teyrnas Crist a'r Tywyllwch yng Nghymru*, 1994, t.24).

Felly'n wir y bu hi yn ei hanes ef. Wrth chwilio cofnod ei ddarlith *Duw a Diwylliant: Y Ddadl Fawr, 1800-1830* (1986) ar gyfrifiadur y Llyfrgell Genedlaethol, fe sylwais mai'r allweddair ar y cofnod oedd 'Iachawdwriaeth'. Dyna allweddair a weddai i fywyd Tudur ar ei hyd.

Amhosibl peidio â galaru amdano, fel cyfaill annwyl yn ogystal ag fel un o brif amddiffynwyr y Ffydd yng Nghymru yn ystod ail hanner y ganrif ddiffaith a aeth heibio. Ond y mae'n sicr na fynnai ef i ni alaru megis rhai sydd heb obaith. Credai'n ddiysgog ym mhenarglwyddiaeth rasol Duw. Fel y dywedodd gydag argyhoeddiad mawr ar ddiwedd y portread teledu ohono a ailddarlledwyd wedi iddo farw, 'Duw piau'r gair olaf!' Yn y frwydr, diolchwn am ryfelwr glew a aeth o'n blaen. Soli Deo gloria.

***Dr R. Geraint Gruffydd***

## GWEDDI AM GENHADAETH LEOL YR EGLWYS

Ein Tad a thad ein Harglwydd Iesu Grist, diolchwn i Ti am ganiatáu i ni fraint arall heddiw o ddod i'th bresenoldeb ar lwybr gweddi, er ein bod yn ymwybodol o'n methiant cyson. Cynorthwya ni i sylweddoli ein hanghenion ac i droi atat am arweiniad a gobaith gwefreiddiol y newyddion da.

Diolchwn i ti, O Dduw, am ddanfon dy Fab Iesu Grist i'r byd i osod ger ein bron y ffordd dra ragorol, dysgeidiaeth ddigyffelyb a chanllawiau i'n cynorthwyo i ddal ati heb dristáu. Gwelsom a phrofasom y weledigaeth a gafodd ei gwireddu'n llwyr yn aberth Iesu dros bob un ohonom. Mae'r gwirionedd yna yn newyddion da i'r holl fyd, i bawb o blant dynion; a'n braint a'n cyfrifoldeb fel eglwys leol, ac fel unigolion sydd wedi ymgrymu gerbron yr allor, yw dweud wrth ein cymdogion a'n ffrindiau yn y gymdogaeth am dy rodd fawr, trwy ein hymwneud dyddiol â'n teuluoedd ac aelodau o'n heglwys. Gwyddom fod y Newyddion Da hyn i bawb o fewn ein cymdeithas,

i'r tlawd a'r cyfoethog,

i'r ifanc a'r hen,
i'r claf ac i'r iach,
i'r person distadl a'r person amlwg,
i'r unig ac i'r cwmnïwr brwd,
i'r un sy'n wrthodedig
ac i'r un sy'n dderbyniol o fewn ein cymdeithas,
i'r un sydd heb hyder
ac i'r un sy'n orhyderus.

Gweddïwn, O Dad grasol, am i Ti adnewyddu dy Eglwys fyd-eang a'n heglwys leol gan ddechrau yng nghalon pob un ohonom ni. Boed i'th gariad weithio yn ein calonnau i'r fath raddau fel na allwn gadw'r newyddion da, ond bod rheidrwydd arnom i'w rannu ar air a gweithred â phawb y cawn y fraint o'u cyfarfod o fewn ein cymunedau. Dangos i ni o flaen popeth arall agenda'r gymuned. Hoffem, O Arglwydd da, ddarganfod beth yw anghenion dy bobl yn ein cymuned fel y gallwn gynnig cymorth yr Efengyl trwy dy nerth ac yn dy Enw i'n cymdogion. Yn ei Enw. Amen.

## Gweddi am Genhadaeth Fyd-eang

O Dduw, Ein Tad a thad holl bobl y byd, plygwn ger dy fron i'th addoli yn ôl dy gyfarwyddyd.

'Mae'r orsedd fawr yn awr yn rhydd,
    gwrandewir llais y gwan;
wel cyfod bellach, f'enaid prudd,
    anadla tua'r lan.'

A deuwn ar yr anturiaeth yn ein llesgedd ysbrydol gan wybod fod Croes Calfaria yn rhoddi i ni yr hyder.

'Myfi anturia' nawr ymlaen
    heb alwad is y ne'
ond bod perffeithrwydd mawr y groes
    yn ateb yn fy lle.'

Diolchwn felly am genhadaeth fyd-eang dy Eglwys ym mhob oes. A diolchwn fod Pren y Groes wedi mynd yn bren mawr iawn ac yn symbol o oruchafiaeth yr Efengyl ym mhob gwlad. Ein gweddi yw, prysured y dydd pan ddaw'r Groes nid yn symbol, ond yn drysor i'w drafod ac i gredu ynddo, ac y daw Crist y Groes yn frawd, yn Geidwad a Gwaredwr i fwy a mwy o drigolion y gwledydd.

Gwyddom, O Dduw, dy fod ti yn galw arnom i gydweithio er lles y gwledydd gydag arweinwyr ac aelodau crefyddau'r byd. Gwyddom, O Arglwydd, fod cydweithio yn magu adnabyddiaeth o'n gilydd, ac yn gymorth i'r trigolion sylweddoli neges heddwch a chydweithrediad. Cyflwynwn wahanol fudiadau cenhadol sy'n gweithio yn ein byd trwy anfon a chynnal partneriaid mewn cenhadaeth. Bendithia eu gwaith a'u gorchwylion. Edmygwn eu dewrder ym mhob amgylchiad, ac yn arbennig y rhai sy'n dy wasanaethu mor egnïol yng nghanol y trais a'r rhyfela sy'n blino ein byd. Cofiwn am y miloedd sy'n newynu; y rhai sydd ar ddarfod amdanynt; y rhai a flinir gan ddoluriau a thrafferthion; a'r rhai sy'n dibynnu cymaint ar fudiadau fel Cymorth Cristnogol i leddfu ac adfer y sefyllfa. Dywedwn:

'Calfaria fryn yw'r unig sail
adeilaf arno mwy,
a gwraidd fy nghysur fyth gaiff fod
mewn dwyfol farwol glwy'.'

Yn ei Enw. Amen.

## PAUL YN ATHEN YN CYFLWYNO CRIST

A hwn, fe ymddengys, dan Bontius Pilatus
Groeshoeliwyd yn warthus a bregus ar bren
Yn ninas Caersalem; fel caethwas a gosbem
Neu leidr a ddinoethem yn Athen.

Ond taerai yr Iddew bach tanllyd, a brithflew,
Â'r drem fel fflam olew, fod llwydrew y llawr
A'r bedd wedi methu â'i ddal a'i orchfygu;
Ddod Christos i fyny o'i fynawr.

A gafodd e gyffur rhag angau a dolur
Na wybu'n hathronwyr, meddylwyr mor ddoeth?
A gwyd un o'r beddrod? Mae'r Iddew yn gosod
Gwŷr Athen yn hynod o annoeth.

Ac yna, fel ynfyd, pregethodd Groes waedlyd,
A ffiaidd – fod bywyd a gwynfyd trwy'i gwerth!
Ni chlywais yn ddiau am ddim damcaniaethau
Mor ffôl am ein duwiau, a diwerth.

Ond meddwl di, Glaucon, os gwir ei ystraeon,
Y fath lon newyddion i ddynion a ddaeth:
Y Bedd mor ddiwenwyn â sarff heb ei cholyn,
A lladd ein mawr elyn, Marwolaeth;

A'r Duw nid adwaenir yn Arglwydd a gerir,
Yn Dad a anwylir. Fe genir ei gân
Mewn byd heb ryfeloedd gan blant yr holl diroedd;
Yn filoedd a miloedd y'i molan.

Mi gredaf fel Panlos, ddod gwawr ar ein hirnos,
Pwy bynnag oedd Christos, mae'n dangos Duw'n Dad.
Ond rheswm athronydd â'i wyrthiau ni chyd-ffydd,
– O'i fedydd i'w syn Atgyfodiad.

*A. E. Jones (Cynan)*

## TRAFOD CODI'R GROES HEDDIW

Ma' Iesu'n dweud bod rhaid i ni 'godi ein croes bob dydd' i'w ddilyn e. Ydy, mae ffydd person yn newid ac yn datblygu. Nid yw Duw yn newid, ond mae'n gadael i ni ddysgu o'n camgymeriadau ni. Y'n ni'n gallu neud mess o bethe – fel gwnaeth y brenin Dafydd a Jona. Ond ma' Duw yn dal yma. Dyma neges yr Efengyl. Pan o'n i'n 20 oed, o'n i'n meddwl bo fi'n gwybod popeth, ond erbyn hyn dwi'n gweld cyn lleied dwi'n gwybod.

Ma' perygl bod ni'n 'troi pobol bant' wrth ddefnyddio termau Cristnogol fel 'ein golchi yng ngwaed yr Oen'. Y'n ni'n gyfarwydd â syniadau fel 'na, ond ma' pobl eraill yn ei weld e'n od iawn. Fi'n trial siarad â phobol mewn iaith bob dydd – iaith ma' nhw'n ddeall, iaith plaen a gonest. Ma' rhai pobol wedi dod lan ata'i ar ddiwedd noson a dweud: 'Os bydde capel fel 'na, bydden i'n dod'. Rwy'n teimlo mod i wedi cael galwad, ac wedi ateb yr alwad yn fy ffordd i: sef defnyddio'r anrheg ma' Duw wedi rhoi i fi – y canu.

*Nia Price*

## DIOLCH

Diolchaf am dy gariad cu
Yn estyn hyd fy oes;
Diolchaf fwy am Un a fu
Yn gwaedu ar y Groes.

*David Charles*

## GWEDDI AR THEMA ANTURIAETH Y CYMRY A ADNABU GRIST Y PASG

Ein Tad, yr Hwn sydd bob amser wrth law i wrando ein cri, cynorthwya ni i'th addoli mewn dyddiau cyffrous ac anturus, o Tsieina i Ganada, o Awstralia i Awstria, o Seland Newydd i Ynys yr Iâ. Yng nghanol pob cyffro dysg ni i gofio am antur ffydd ein cenhadon a'n hefengylwyr. Diolchwn am bob hanes sydd gennym am Gymry a adawodd gysuron y byd a'th ddilyn Di pan olygai hynny beryglon, gwrthwynebiad, erledigaeth a chasineb. Cofiwn am hanes cynnar Abraham, a adawodd Ur y Caldeaid heb wybod i ble'r oedd yn mynd, ond ei fod yn dilyn d'arweiniad ac yn gwybod y câi dy gwmni. Bendigwn di am Gristnogion pob oes a wynebodd y dieithr a'r anodd yn enw anturiaeth dilyn Iesu.

Am John Davies o Faldwyn a fentrodd i Tahiti ac aros yno weddill ei oes, 55 o flynyddoedd, gan osod seiliau i'r Ffydd ymhlith pobl yr ynys.
Diolchwn i Ti.

Am Griffith John a lafuriodd heb laesu dwylo ymhlith Tsieineaid yng ngwlad fawr Tsieina.
Diolchwn i Ti.

Am Timothy Richards o Ffaldybrenin a wynebodd yr un sialens yn Tsieina gan gyflawni gwaith sy'n dal yn berthnasol.
Diolchwn i Ti.

Am Thomas Jones, y cenhadwr cyntaf ym Mryniau Casia yng ngogledd-ddwyrain India, a osododd seiliau cadarn i iaith y Casiaid: seiliau nad oedd yno cyn ei ddyfodiad ef yn 1840.
Diolchwn i Ti.

Am bawb a gymerodd ran yn antur y Ffydd o ennill y byd i Grist.
Diolchwn i Ti.

Maddau i ni, O Arglwydd, ein bod yn gallu bod mor fodlon yn ein cynulleidfaoedd a'n traddodiadau cysurus, nes methu gweld yr angen o fentro yn Dy Enw. Maddau i ni fod hunanoldeb a thrachwant cymdeithas faterol yn gadael cymaint o'i ôl ar ein ffordd o feddwl. Deffro ni i fentro o'r newydd dros Grist y Groes. Amen.

## GWEDDI O YMGYSEGRIAD

**Cyfraniad y Gynulleidfa:**
Canu Emyn 767 yn *Caneuon Ffydd.*
Y gynulleidfa i ganu pob pennill yn ei dro.

**Y Gynulleidfa:**
Cymer, Arglwydd, f'einioes i
i'w chysegru oll i ti;
cymer fy munudau i fod
fyth yn llifo er dy glod.

**Arweinydd:**
Arglwydd, dymunwn gysegru'n dwylo i gyflawni dy ofynion ac i weini ar eraill, a chysegru ein traed i fynd ar dy negesau a dwyn cysur i eraill.

**Y Gynulleidfa:**
Cymer di fy nwylo'n rhodd,
fyth i wneuthur wrth dy fodd;
cymer, Iôr, fy neudroed i,
gwna hwy'n weddaidd erot ti.

**Arweinydd:**
Arglwydd, dymunwn gysegru'n genau a'n lleisiau i gysuro'r rhai sy'n unig ac yn drist, i ddweud wrth eraill am dy gariad ac i offrymu iti ein gweddïau a'n haddoliad.

**Y Gynulleidfa:**
Cymer di fy llais yn lân,
am fy Mrenin boed fy nghân;
cymer fy ngwefusau i,
llanw hwynt â'th eiriau di.

**Arweinydd:**
Arglwydd, dymunwn gyflwyno'n heiddo i ti, ein cyfraniadau a'n hamser i hyrwyddo dy holl dystiolaeth werthfawr.

**Y Gynulleidfa:**
Cymer f'aur a'r da sydd im,
mi ni fynnwn atal dim;
cymer fy nghyneddfau'n llawn,
i'th wasanaeth tro bob dawn.

**Arweinydd:**
Arglwydd, dymunwn gysegru'n hewyllys a'n calon i ti, er mwyn eu dwyn i gytgord â'th ewyllys, er mwyn i'n meddyliau fod yn un â'th feddwl di, ac er mwyn i ni ufuddhau i ti a'th garu ym mhob peth.

**Y Gynulleidfa:**
Cymer mwy f'ewyllys i,
gwna hi'n un â'r eiddot ti;
cymer iti'r galon hon
yn orseddfainc dan fy mron.

**Arweinydd:**
Arglwydd, dymunwn roi ein hunain yn llwyr i ti, heb amau, heb betruso, heb ailfeddwl, heb ddal dim yn ôl ond mentro'r cyfan yn antur fawr dy Deyrnas. Arglwydd, cymer ni bob un ohonom sydd yn bresennol yn yr oedfa hon.

**Y Gynulleidfa:**
Cymer fy serchiadau, Iôr,
wrth dy draed 'rwy'n bwrw eu stôr;
cymer, Arglwydd, cymer fi
byth, yn unig, oll i ti.

**Pawb:** Amen.

## DIFIAU DYRCHAFAEL

Beth sydd ymlaen fore o Fai ar y bronnydd?
Edrychwch arnynt, ar aur y banadl a'r euron
A'r wenwisg loyw ar ysgwyddau'r ddraenen
Ac emrallt astud y gwellt a'r lloi llonydd;

Gwelwch ganhwyllbren y gastanwydden yn olau,
Y perthi'n penlinio a'r lluan fedw'n fud,
Deunod y gog dros ust llathraid y ffrwd
A'r rhith tarth yn gwyro o thuser y dolau:

Dowch allan, ddynion, o'r tai cyngor cyn
Gwasgar y cwning, dowch gyda'r wenci i weled
Codi o'r ddaear afrlladen ddifrycheulyd
A'r Tad yn cusanu'r Mab yn y gwlith gwyn.

***Saunders Lewis***

## Y WEDDI DERFYNOL

Hosanna! Bendigedig yw'r un sy'n dod yn enw'r Arglwydd Dduw at Grist y Dioddefwr, yr un a ddrylliwyd gan yr hoelion dur ar y Groes. Agor yn llydan dy freichiau er mwyn cofleidio'r byd yn ei gyflwr arteithiol, fel na foed i neb ohonom anwybyddu galwad Calfaria, ond cyflwyno ein hunain fel ag yr ydym i'th drugaredd. Amen.

## Rhestr ffynonellau a chydnabyddiaethau

**Y Cymry yn Genedl: Y Parchedig Robert Ambrose Jones** (Emrys ap Iwan, 1851–1906), gweinidog gyda'r Methodistiaid Calfinaidd yn Nyffryn Clwyd.
**Gweddi adeg y Grawys: Derek Wales** (wedi ei addasu o *Llawlyfr Gweddi 2004–2005*, t.52)
**Cyflawnder yr Iachawdwriaeth: Pedr Fardd, 1775–1845.**
**Rho heibio!:** Allan o ***Llawlyfr Gweddi 2004–2005***, t. 45.
**Beth yw'r Efengyl: Dr R. Geraint Gruffydd**, *Y Ffordd Gadarn, Gwasg Bryntirion.*
**Caru ein Gilydd:** Gweler **John Thomas**, Liverpool, *Cofiant y Parch. T. Rees, DD.*
**Cwestiynau ar gyfer y Grawys: *Llawlyfr Gweddi 2004–2005***, t. 49.
**Myfyrdod Grawys: Rhydwen Williams,** *Y Chwyldro Gwyrdd* a D. Ernest Williams, *gol. Dros eich Gwlad: Cerddi Heddwch.*
**Y Bywyd: Dr R. Geraint Gruffydd,** *Y Ffordd Gadarn,* Gol. E. Wyn James.
**Myfyrdod Y Grawys: Huw John Hughes**, *Myfyrdodau Cyhoeddus, Cyhoeddiadau'r Gair.*
**Gweddiau Y Grawys:**
**Robin Samuel,** allan o *Gweddiau Cyhoeddus, Cyhoeddiadau'r Gair.*
**Dafydd Hughes,** allan o *Gweddiau Cyhoeddus, Cyhoeddiadau'r Gair.*
**Gareth Hughes,** allan o *Gweddiau Cyhoeddus, Cyhoeddiadau'r Gair.*
**Dal ati i Ganmol: David Jones, Treborth, Bangor.**
**Gweddi ar weithredoedd y Sanhedrin:** Yn seiliedig ar **E. Milner-White ac Ivor Thomas Rees.**
**Gweddi'r Pasg:** O ***Llyfr Gwasanaeth Undeb yr Annibynwyr Cymraeg*** (Abertawe, 1998) tt. 78–79.
**Credais mai ffŵl ydoedd: Olaf Davies,** *Does debyg iddo Fe, Cyhoeddiadau'r Gair.*
**Un o'r Dorf yn Jerwsalem: Olaf Davies,** *Does debyg iddo Fe, Cyhoeddiadau'r Gair.*
**Pontius Pilat: Olaf Davies,** *Does debyg iddo Fe, Cyhoeddiadau'r Gair.*
**Un o'r Milwyr a Groeshoeliodd Iesu: Olaf Davies,** *Does debyg iddo Fe.*
**Roedd yn ymladd am ei wynt: Olaf Davies,** *Does debyg iddo Fe, Cyhoeddiadau'r Gair.*
**Yr oedd yn dywyll: Olaf Davies,** *Does debyg iddo Fe, Cyhoeddiadau'r Gair.*
**Joseff o Arimathea: Olaf Davies,** *Does debyg iddo Fe, Cyhoeddiadau'r Gair.*
**Jwdas Iscariot: Olaf Davies,** *Does debyg iddo Fe, Cyhoeddiadau'r Gair.*
**Joanna: Olaf Davies,** *Does debyg iddo Fe, Cyhoeddiadau'r Gair, Cyhoeddiadau'r Gair.*
**Ni allaf fynegi yr hyn a deimlais: Olaf Davies,** *Does debyg iddo Fe, Cyhoeddiadau'r Gair.*
**Y Pasg: Huw John Hughes**, *Myfyrdodau Cyhoeddus, Cyhoeddiadau'r Gair.*
**Dychwelodd!: Olaf Davies,** *Does debyg iddo Fe, Cyhoeddiadau'r Gair.*
**Teirgwaith: Olaf Davies,** *Does debyg iddo Fe, Cyhoeddiadau'r Gair.*
**Ystyr y Pasg (1): Emyr Roberts**, *Dyddiau Gras,* Gol. John Emyr, Gwasg Efengylaidd Cymru, 1993.
**Gweddi'r Wythnos Fawr: Bobi Jones**, *Y Gân Gyntaf.*
**ECCE HOMO: Rhydwen Williams**, *Y Chwyldro Gwyrdd.*
**Suly Blodau : Huw John Hughes**, *Myfyrdodau Cyhoeddus, Cyhoeddiadau'r Gair.*
**Gweddiau Sul y Blodau:**
**Ifan Roberts,** allan o *Gweddiau Cyhoeddus, Cyhoeddiadau'r Gair.*
**Dafydd Hughes,** allan o *Gweddiau Cyhoeddus, Cyhoeddiadau'r Gair.*
**Gareth Hughes,** allan o *Gweddiau Cyhoeddus, Cyhoeddiadau'r Gair.*
**Sul y Blodau a Dechrau'r Wythnos Fawr: *Oedfaon Ffydd***, gol. Aled Davies.
**Gweddi o'r Gwadu:** Yn seiliedig ar **Lancelot Andrews** (1556–1626) ac **Ivor Thomas Rees.**
**Y Tad Rhadlon: Bobi Jones**, *Yr Amhortreadwy a Phortreadau Eraill.*
**Iwdas Isgariot: Gwenallt,** *Ysgubau'r Awen.*
**Swper yr Arglwydd: John Treharne,** *Geiriau Ffydd, Cyhoeddiadau'r Gair.*
**Dydd Iau Cablyd: Olaf Davies,** *Does debyg iddo Fe, Cyhoeddiadau'r Gair.*
**Iesu o Nasareth: Evan Rees (Dyfed), 1850–1923.**
**Y Pasg: Dic Jones,** *Y Flodeugerdd Delynegion.*
**Dyma'r Byd: Bobi Jones,** *Y Cân Gyntaf.*
**Dehongliad y Bardd o'i Gerdd: Bobi Jones.**
**Myfyrdod Dioddefaint Crist: Rhidian Griffiths** (Addasiad o 'Gwefr' gan Rhidian Griffiths, *Cristion*, Gorffennaf/Awst 2011, Rhifyn 167, t. 21).

**Y Gwas Dioddefus: Pennar Davies** allan o Pennar Davies, *Y Brenin Alltud*, (Llandybie, 1974), tt. 29–30.
**Yng ngoleuni Duw:** O ***Llawlyfr Gweddi 2004–2005***, Deled dy Deyrnas, t. 59.
**Dydd Gwener y Groglith: Huw John Hughes**, *Myfyrdodau Cyhoeddus.*
**Iesu: Bobi Jones,** *Y Cân Gyntaf.*
**Bara'r Bywyd**: **T. E. Nicholas, Gweriniaeth a Rhyfel**, *Dros eich Gwlad: Cerddi Heddwch* R. M. Jones, *Blodeugerdd Barddas o'r Bedwaredd Ganrif ar Bymtheg.*
**Gweddi ar Aberth Iesu:** Addasiad o weddi **Michael L. Pennanen** *The Westminster Collection of Christian Prayers* (a luniwyd gan **Dorothy M. Stewart**, Louisville, 2002), t. 180.
**Hunllef Eirlys a Dwylo y Gobaith: Ennis Evans** O'r stori fer 'Dwylo', Ennis Evans, *Barn*, Chwefror 1978, Rhif 181, t.47.
**Simon o Cyrene: T. E. Nicholas**, *Canu'r Carchar.*
**Calfaria Fryn yw'r Unig Sail : Fenatius Honorius Clemantius Ffornatus** (c.535-c.600), Esgob Poitiers.
**Gweddi wrth y Groes:** O gyfrol **Ivor Thomas Rees**, *Yr Wythnos Honno* (Cyhoeddiadau'r Gair, 2011), t. 61
**Cristoleg yr Eglwys: Pennar Davies** allan o Pennar Davies, *Y Brenin Alltud*, (Llandybie, 1974), tt. 13–14.
**Gwener y Groglith**: **Emyr Roberts**, *Dyddiau Gras, Gwasg Bryntirion.*
**Mair, ei Fam Ef: J. Gwili Jenkins** Gwili, *Mair ei Fab Ef: Pryddest Gadeiriol*, (Caerdydd, 1908), tt. 29, 31–32.
**Myfyrdod Trwydded i'w ladd:** O ***Llawlyfr Gweddi 2004–2005***, Deled dy Deyrnas, t. 57.
**Myfyrdod ar gyfer y Groglith: John Lewis Jones,** *Coronwch Ef yn Ben.*
**Dydd Gwener y Groglith: Olaf Davies,** *Does debyg iddo Fe, Cyhoeddiadau'r Gair.*
**Tua thri o'r gloch: John Treharne,** *Geiriau Ffydd, Cyhoeddiadau'r Gair.*
**Gorffennwyd: John Treharne,** *Geiriau Ffydd, Cyhoeddiadau'r Gair.*
**Y Groglith: Casi Jones,** allan o *Gweddiau Cyhoeddus, Cyhoeddiadau'r Gair.*
**Coffau Enidwen Jones, Dôl-Nant, Heol y Beirdd, Pontgarreg: Dic Jones,** Blaenannerch Tlws Coffa Roy Stephens, *Barddas*, Rhif 272 Ebrill/Mai 2003, t. 20.
**Disgynnodd i Uffern: John Calfin** Addasiad Euros Wyn Jones.
**Sut y gallwn fynd i'r Nefoedd: Dr R. Geraint Gruffydd**, *Y Ffordd Gadarn.*
**Cristnogion a Phaganiaid**: **Dr R. Geraint Gruffydd**, *Y Ffordd Gadarn, Gwasg Bryntirion.*
**Sul y Pasg: Dydd yr Atgyfodiad**: **John Calfin** addasiad Euros Wyn Jones.
**Atgyfodiad Crist – a'r tystion: Emyr Roberts**, *Dyddiau Gras, Gwasg Bryntirion.*
**Eithr... Crist a Gyfodwyd : Emyr Roberts**, *Dyddiau Gras, Gwasg Bryntirion.*
**Gweddi**: *Llyfr Gwasanaeth Undeb yr Annibynwyr Cymraeg* (Abertawe, 1998), tt. 79–80.
**Corff yr Atgyfodiad : Emyr Roberts**, *Dyddiau Gras, Gwasg Bryntirion.*
**Atgyfodiad y Meirw**: **Emyr Roberts**, *Dyddiau Gras, Gwasg Bryntirion.*
**Pan Ddaw fy Nhro: Rhydwen Williams,** *Y Chwyldro Gwyrdd.*
**Marwolaeth y Cyfiawn: Anna Beynon** Golygydd, D. Elwyn Davies, *Llythyrau Anna Beynon*, (Llandysul, 1976), tt. 88–89.
**Sul y Pasg**: ***Oedfaon Ffydd***, gol. Aled Davies, *Cyhoeddiadau'r Gair.*
**Y Pasg 1: John Lewis Jones,** allan o *Gweddiau Cyhoeddus, Cyhoeddiadau'r Gair.*
**Y Pasg 2: Dafydd Hughes,** allan o *Gweddiau Cyhoeddus, Cyhoeddiadau'r Gair.*
**Y Pasg 3: Casi Jones,** allan o *Gweddiau Cyhoeddus, Cyhoeddiadau'r Gair.*
**Atgyfodiad ac Esgyniad Crist: *Oedfaon Ffydd***, gol. Aled Davies, *Cyhoeddiadau'r Gair.*
**Sul y Pasg SUL Y PASG : *Oedfaon Ffydd***, gol. Aled Davies, *Cyhoeddiadau'r Gair.*
**Crist – person go iawn: Owen Evans**, Llundain a Lerpwl (1829–1920).
**R. Tudur Jones: Dr R. Geraint Gruffydd**, *Y Ffordd Gadarn, Gwasg Bryntirion.*
**Paul yn Athen yn cyflwyno Crist: E. Jones (Cynan), 1895-1970** O 'Awdl I'r Duw Nid Adwaenir'.
**Trafod Codi'r Groes Heddiw: Nia Price** (Allan o Nia, Cristion, Cantores a Mam, cyfweliad Alun Lenny, *Cristion*, Gorffennaf/Awst 2011, Rhifyn 167, tt. 16–17).
**Difiau Dyrchafael: Saunders Lewis** Saunders Lewis, *Siwan a Cherddi Eraill* (Llandybie, 1954), t. 21.
*Diolch am gydweithrediad y cyhoeddwyr â'r deiliaid hawlfraint. Os na nodwyd yr hawlfraint yn gywir, byddai'r wasg yn falch o glywed gennych.*